How to Decide

誰もが学べる決断の技法

アニー・デューク
Annie Duke
片桐恵理子 訳

サンマーク出版

教えることへの情熱と、
書くことへの愛で日々私を励ましてくれた父、
リチャード・レデラーへ

How to Decide　誰もが学べる決断の技法　目次

「最善」の決断と「最悪」の決断……11

イントロダクション……13

第1章 結果主義 ——バックミラーに映る結果は実際よりも大きく見える……23

1 転職する……24
2 結果の悪影響……28
3 結果を左右する運……34
4 結果の良し悪しで決断の良し悪しを決めない……39
5 結果主義の他の影響……43
6 「最善」の決断と「最悪」の決断についてもう一度考える……47
7 結果主義　まとめ……49

結果主義　チェックリスト……50
コラム①✣遠い昔、ある映画のシリーズで……52

第2章 後知恵バイアス
——昔から言われているように、あとから指摘するのは簡単だ……55

1　ふたたび転職する……56
2　自分の後知恵バイアスを認識する……62
3　何を知っていたか？ いつ知ったか？……67
4　後知恵バイアスはどこにでもある……72
5　後知恵バイアス　まとめ……76
後知恵バイアス　チェックリスト……77
コラム②✣投票前の世論調査はあてにならない……79

第3章 決断によって生まれる無限の可能性
――学習には経験が必要だが、経験が学習の妨げになることも多い……83

1 浅はかなアイディア……84
2 経験のパラドックス……86
3 決断の枝を切り落とす……88
4 決断の枝をもとに戻す……91
5 反事実思考……97
6 決断によって生まれる無限の可能性　まとめ……103
決断によって生まれる無限の可能性　チェックリスト……104
コラム③✣高い城の男……105

第4章 「好み」「見返り」「確率」がモノを言う
――推測することで決断の質を上げる……107

1 優れた決断を下す6つのステップ……108
2 北米最大の動物を挑発するな……110

3　「見返り」を利用して「好み」を特定する……112
4　それぞれの結果が起こる「確率」を推測する……120
5　すべての推測は自分に基づいた推測……122
6　可能性を表す言葉を使って「確率思考」をつける……131
7　質問をしなければ、答えは得られない……139
8　「好み」「見返り」「確率」がモノを言う　まとめ……144
「好み」「見返り」「確率」がモノを言う　チェックリスト……146
コラム④❖牛の推測……148

第**5**章
正確性の力
――未来にまっすぐ目を向ける……151

1　可能性を示す用語をどう使うか？……152
2　ちゃんとした推測で正確に「ど真ん中」を定義する……161
3　予測の幅をもつ……165
4　正確性の力　まとめ……178
正確性の力　チェックリスト……179
コラム⑤❖不正確さがもたらす負担……181

第6章 決断を外から見る
――自分の視点から脱却し客観的になる……183
1 客観性を追求する……184
2 内の視点と外の視点……188
3 結婚式で歓迎されないゲストになる……195
4 真実は内の視点と外の視点の交わったところにある……198
5 決断を外から見る まとめ……215
決断を外から見る チェックリスト……217
コラム⑥✣天候と気質……218

第7章 意思決定の時間を賢く使う
――堂々めぐりから脱却する……221
1 「幸福度テスト」で影響の少ない決断をする……226
2 「フリーロール」なら即断をする……232
3 狼の皮をかぶった羊……239

4　「やめられる」力を理解する……249
5　意思決定プロセスが「終了」するとき……260
6　意思決定の時間を賢く使う　まとめ……264
意思決定の時間を賢く使う　チェックリスト……267
コラム⑦✣ターミネーターはフリーロールだった……269
コラム⑧✣「それなり」で十分――満足化VS最大化……271

第8章　ネガティブもときには必要
――目的までの障害物をイメージする……273

1　思考はポジティブ、プランはネガティブ……277
2　プレモータムとバックキャスト……286
3　ある行動を事前に約束する……301
4　あなたを失敗に導く「ドクター・イーブル・ゲーム」……305
5　悪い結果への対応が重要……311
6　不運への回避策を打つ……317
7　ネガティブもときには必要　まとめ……321
ネガティブもときには必要　チェックリスト……323

コラム⑨✣ダース・ベイダーとチームリーダー
——フォースの暗黒面の化身か、マイナス思考の名もなき英雄か……326
コラム⑩✣フォースダウンでのドクター・イーブル……328

第9章 健康的な決断
——他人の思考を知りたければ、自分の考えで汚染してはいけない……329

1 自分と違う他人の考えを引き出す……336
2 自分の意見は言わない……341
3 グループ内で意見を隔離する方法……347
4 関連事項をチェックリストにまとめ、説明する……356
5 最終考察……363
6 健康的な決断 まとめ……365
健康的な決断 チェックリスト……367
謝辞……370

訳者あとがき……376
注……407（i）
参考文献および推薦図書……395（xiii）
その他参考書……390（xviii）

装丁　重原隆
翻訳協力　株式会社リベル
編集協力　株式会社鷗来堂
DTP　山中央

「最善」の決断と「最悪」の決断

去年の決断で「最善」だったものは？　直感に従い、最初に思いついたものを書き出してみよう。

去年の決断で「最悪」だったものは？　こちらも直感に従い、最初に思いついたものを書き出してみよう。

「最善」の決断は、最終的にうまくいっただろうか？　はい　いいえ

「最悪」の決断は、最終的にうまくいかなかっただろうか？　はい　いいえ

あなたが大半の人と同じなら、いずれの質問にも「はい」と答えただろう。しかし決断についての記述は、決断のプロセスそのものではなく、決断の結果を記したものではなかっただろうか？

私はこれまで何百人もの人たちとこのエクササイズをおこなってきたが、結果はいつも同じだ。私が最善の「決断」について尋ねると、彼らは最善の「結果」について話し、最悪の「決断」について尋ねると、最悪の「結果」について話すのだ。

のちほど、このエクササイズをふり返っていく。

イントロダクション

あなたは日々、大きなものから小さなものまで、何千という決断を下している。仕事選びといった大きな結果をともなうものもあれば、朝食のメニューといった些細なものもある。

いかなる決断であれ、決断のプロセスは向上させたほうがいい。そうすれば、決断の質が上がるだけでなく、決断を整理し、何が大事で何がそうでないかを見極めるのにも役に立つ。

ではなぜ、質の高い意思決定プロセスがそれほど大切なのか？

あなたの人生を決めるのは「運」と「決断の質」である。そしてふたつのうち、あなたがコントロールできるのはひとつだけだ。

「運」は定義上、自分の手に負えるものではない。あなたがいつどこで生まれたか、職場の上司の機嫌がいいか悪いか、大学入試の面接でどの担当官に当たるか、これらはすべてあなたにはどうしようもないことだ。

あなたがコントロールできるもの、改善できるものは、「決断の質」である。そして決断の質が高いほど、いいことが起こる確率も上昇する。

これにはほとんど議論の余地はないだろう。決断のプロセスの向上が重要なのは、それが人生の質を決めるうえでコントロールできる唯一のものだからだ。

質のいい決断を下すことは重要だと思われているのに、優れた意思決定プロセスがどういうものかを理解している人はほとんどいない、というのは驚くべきことだ。

大人になってから、私はこの件についてずっと考えてきた。認知科学の博士課程の学生として、プロのポーカープレーヤーとして、私はつねにすばやくいちかばちかの決断を——実際に現金を賭けて——下さなければいけなかったし、明らかに運が目の前の結果を左右する環境に身を置いてきた。そして18年間、意思決定戦略のビジネスコンサルタントとして、経営者の方々や、従業員のみなさんが適切な決定を下せるようお手伝いしてきた（もちろん親としても、4人の子どもが健康で幸せに育つよう尽力してきた）。

さまざまな場面で思ったのは、ほとんどの人は、質の高い決定に関する説明ができていないということだ。

これはポーカー初心者や学生や新入社員にかぎった話ではない。つねに決断を下す立場にある組織の幹部たちでさえ、質の高い意思決定プロセスについて尋ねると、その答えに一貫性がないのだ。「結局のところ、私は自分の勘を信じている」と言う人もいれば「委員会の総意に従うのが理想だろう」あるいは「長所と短所を書き出して選択肢を比べる」と言う人もいる。

人生を左右するもののなかであなたが唯一コントロールできるのは、決断の質だけである。

この結果は、当然と言えば当然かもしれない。批判的思考力は漠然と奨励されているものの、意思決定に関しては、5歳から18歳までの教育期間で具体的に教わる機会はないのだ。大きな決断を下すことについて学びたくても、大学かそれ以降、もしくは自分で選択しないかぎりそういう授業に出合えることはまずないと言っていい。

したがって、共通のアプローチ法がなくても不思議ではないし、私たちは意思決定を語るための、共通の言語さえ持っていない。

「いい決断」とは何かを明確にできないと、悲惨な結果を招きかねない。決断するという行為は、目標達成の途上であなたがコントロールできる唯一のものなのだ。

私が本書を記した理由はここにある。

本書では、意思決定能力を向上するための方法と、それを実践するためのツールを提供する。

では、いい決断を下すためのツールとは何だろう？

ツールとは、特定の機能を動かすために使用される装置、または器具である。ハンマーは釘を打つのに使うツールで、スクリュードライバーはねじを回すのに使うツールだ。仕事に見合った適切なツールを使えば、颯爽と簡潔に作業をこなすことができるだろう。

- いいツールはくり返し使える。同じ道具を同じように使えば、同じ結果を得られる。
- ツールの正しい使い方は他人にも教えてあげられる。正しい使い方を知れば、彼らもまた同じ目的で同じツールを使うことができる。
• ツールを使用したあと、自分やほかの人がそれをうまく使えたか、のちにふり返って考えることができる。

どういうことかと言うと、CEOのなかにも、意思決定にあたって実は貧弱なツールを使っている人がいるということだ。

どれほど経験を積んでいても、あるいは過去に成功したことがあったとしても、あなたの「直感」は意思決定のツールではない。

直感が役に立たないということではない。直感ですばらしい決断を下せることもある。しかし、それが偶然なのか、必然なのかはわからない。直感の仕組みは誰にもわからないからだ。最終的に見ることができるのは、直感の弾《はじ》き出した結果だけ。直感がその結論にいたった過程をさかのぼって調べることはできない。直感をのぞいてその仕組みを知ることも無理だ。直感を他人に「教える」こともできないし、他人がそれを使って決定を下すこともできない。それに、毎回同じように直感を使っているかどうかも不明である。

そう、あなたの直感には、意思決定ツールとしての資格すらないのだ。

ほかにも、利点と欠点を比べたリストのようなものがあって、それらはたしかにツールではあるが、しかし適切なツールとは言い切れない。本書でこれから示すように、客観的に最善の決定を目指すなら、利点と欠点のリストはとりたてて有効な意思決定ツールではなく、たとえるなら小さな釘を打つためのハンマーを、アスファルトを砕くために使おうとするようなものである。

優れた意思決定ツールは、認知バイアス（自信過剰、後知恵バイアス、確証バイアスなど）を軽減する。対して利点と欠点のリストは、バイアスを増幅する傾向にある。

＊理想的な意思決定ツール

どのような決定も、本質的には未来の予測である。

何かを決めるとき、あなたはリスクテイキングを考慮したうえで、確実に自分の目標を達成できる選択肢を選ぼうとするだろう（最適な選択肢がない場合は、損失を最小限に抑える選択をするだろう）。

ある決定が、ひとつの結果しかもたらさないというのはまれである。大半の決定は、さまざまな未来をもたらす。通勤経路ひとつとっても、選んだルートによって異なる結果がもたらされる。道路が空いていたり、混んでいたり、タイヤがパンクしたり、スピード違反で止められたり。

未来の可能性はたくさんあり、そのなかで最善のものを選べるかどうかは、もしそれを選んだらどうなるかという、あなたの的確な想像力しだいなのだ。

つまり、理想の意思決定ツールは未来を告げる魔法の「水晶玉」だと言っていい。

水晶玉があれば、世界や使える選択肢に関する完璧な知識を手にすることができるし、（未来が視えるあなたには）そうした選択肢の結果も見通せるだろう。

世間には未来を簡単に教えてくれる占い師、というのがいる。しかし悲しいことに、本物の水晶玉は物語のなかにしか存在しない。そして『オズの魔法使い』のように、それさえも幻想の場合がある。頑丈なツールボックスを用いて優れた意思決定プロセスを構築できれば、あるいは占い師の予言に近づけるかもしれない。が、そのやり方によって、今後の未来は大きく変わってくる。

決断の良し悪しを判断することは、その決断にいたる信念の質、選択肢、その選択によって未来がどうなるかを精査することである。

もちろん、最善の意思決定プロセスやツールを用いても、水晶玉のようにはっきりと未来がわかるわけではない。それでも、そうしたプロセスの向上は、追求する価値のない目標にはならない。

あなたの意思決定プロセスがいまよりいいものになるなら――知識や信念の精度、選択肢を比較する能力、そこから導き出される未来を予測する能力が向上するなら、やはりそれは追求する価値があるものだろう。

＊よりよい意思決定への道筋――本書の簡単なあらまし

将来の決断を改善する最善の方法のひとつは、過去の決断から学ぶことである。本書はそこからスタートし、まずは経験から学ぶ力を向上させていく。

初めの3章では、経験から学ぶつもりが（過去の決定の良し悪しにかかわらず）横道にそれ、よくない決断を下してしまう、という事例からいくつかのことを学んでいきたい。また、**経験から学ぶことの危険性を指摘しつつ、過去の経験が教えてくれたことをきちんと理解するためのツールも紹介する。**

なぜあんな結果になってしまったのか？　どんな結果も、あなたの選択と少しの運がもたらすものだ。運と（未来の決定につながる）信念がどんな結果をもたらすか、それを判断するスキルのバランスを見つけてほしい。過去の決定を見直す明確な手段なくしては、経験から学んだ教訓は損なわれてしまうだろう。

そして**第4章から、新たな意思決定に焦点を絞り、質の高い意思決定プロセスをおこなう方法、またそのプロセスを実行するためのツールを提供していく。**ここからあなたは、自分の予測や決断の基礎となる信念や知識の質を向上するさまざまな方法をはじめ、不確かな未来を経験から推測するという決断の質に目を向けながら、水晶玉に相当するスキルを構築することの美徳を学ぶことになる。

ご想像のとおり、品揃え豊富な汎用性の高いツールがあれば、質の高い意思決定プロセスが可能になる。質の高い決断をするには、完璧な未来を教えてくれる架空のガラス玉をのぞくよりも、はるかに時間と労力がかかる。しかし時間をかければ、重要な決断に深みとプラスの効果がもたらされる。

　とはいえ、あなたの意思決定ツールはすべての決断に堪えられるわけではない。ドレッサーを組み立てようと思って、付属のねじを締めるのにスクリュードライバーが手元になければ、あなたはハンマーを使うかもしれない。ハンマーでこと足りれば時間の節約になるだろう。しかしハンマーを使えばドレッサーは壊れるかもしれず、もしくはちょっとした怪我をする可能性もある。

　問題は、質が大して問題ではないときに、それをうまく認識できないことだ。ハンマーを使っても問題ないのはいつか、ということを理解するのは、開発する価値のあるメタスキルである。

　第7章では、腰を据えた意思決定プロセスをどの時点で用いるか、また、要点だけを抜き出して**すばやい意思決定プロセスをおこなうのはいつかを考える方法を紹介していく。**これを本書の後半で紹介するのは、近道の方法を知る前に、本当の意思決定プロセスというものをしっかり把握してもらう必要があるからだ。

　時間を節約してもかまわないときを知ることは、優れた意思決定プロセスの一部である。

　最終章では、あなたの行く手を阻む障害物を効率的に特定し、他人が持っている知識や情報をうまく活用するためのツールを提供する。これには、他人からのフィードバックを引き出す方法をはじめ、チームとしての意思決定、とくに集団思考の落とし穴を避ける方法も含まれている。

＊本書の使い方

本書には、メンタルモデル、フレームワーク、意思決定ツールの強化に使用できるエクササイズ、思考実験、そしてひな形が掲載されている。

本書を最大限に活用するには、鉛筆を手に向き合うといいだろう。しかし、エクササイズは必須ではない。指示どおりにすべておこなわなくても、本書から得るものは多いだろう。書きこむスペースが小さい場合には別に紙やノートを用意して取り組んでも良いだろう。ちなみに、マークはエクササイズをおこなう箇所を示し、マークは説明や解説が始まることを示している。いずれにしても、本書に掲載されているエクササイズ、ツール、定義、表、「知識の追跡」、ワークシート、まとめ、チェックリストは、コピーしたり、再利用したり、共有したり、再検討したりしながら、今後の参考にしてほしい。

また本書は、最初から順に読んでもらうと高い効果を得られると思う。多くのアイディアは、その前に言及されたアイディアの上に成り立っている。

とはいえ、各章は独立した章として完結しているので、自分の興味のある章から始めてもらってもかまわない。

＊「巨人の肩に乗る」

本書は、心理学や経済学などの分野で活躍する多くの偉大な思想家や科学者、また、意思決定と行動の研究に人生を捧げた人々のアイディアを取りまとめ、翻訳し、実用化したものである。本書がどのくらい意思決定の向上に貢献できるか、そしてニュートンなどの偉人の言葉に近づけるかは、私が偉大な巨人の肩に乗って、先人の見た景色からどれだけ恩恵を受けたかにかかっている。

本文、注記、謝辞、参考文献など、本書のいたるところで特定の科学者や専門家の研究に言及しているが、もし気になったアイディアがあれば、巻末の参考資料などを参照して、さらに知識を深めていただきたい。

第1章

結果主義

――バックミラーに映る結果は実際よりも大きく見える

※本書のエクササイズは、あなたの情報処理能力を高めることを目的としている。これらを最大限に活かすために、「正しい」答えを出そうとするのではなく、まずは直感で答えてほしい。回答の正誤は問題ではなく、あなたの思考回路を理解することが目的である。

1
転職する

❶新しい会社で仕事をするために、いまの仕事を辞めたと想像してみてほしい。

新しい職場は最高だ！　同僚はいい人たちだし、与えられた肩書きも満足のいくもので、数年以内に昇進もある。

前の仕事を辞めて新たな職に就いたのはいい決断だったろうか？

はい　　いいえ

❷新しい会社で仕事をするために、いまの仕事を辞めたと想像してみてほしい。

新しい職場は最悪だ。会社ではみじめな思いをし、数年で解雇されることになった。

前の仕事を辞めて新たな職に就いたのはいい決断だっただろうか？

はい　　いいえ

　おそらくあなたは、初めのケースでは仕事を辞めたのはいい決断で、あとのケースでは悪い決断だと判断しただろう。結果として仕事がうまくいけば前職を辞めたのはいい決断で、うまくいかなければ悪い決断だと感じたのではないだろうか。

　いずれのケースでも、私はこの決断にいたるまでの詳細情報を与えていない。ただ、ふたつの情報を示しただけだ。①結論にいたるまでの（同等の）要点と、②決断にともなう結果。

　結論にいたるまでの詳しい過程を聞かされていなくても、結果だけ聞くと、人は結論の良し悪しをきちんと判断できたような気になってしまうのだ。

　しかも、決断の結果は意思決定プロセスの質と密接に関わっているという感覚はとても強く、たとえ決断にいたる過程の説明が同じでも（仕事を辞めて新たな職に就く）、結果の質によって決断に対するあなたの見方も変わっていく。

　この現象はあらゆる場面で起こる。

　株を買う。価格が4倍になる。すばらしい決断だと感じる。株を買う。価格がゼロになる。

最低の決断だと感じる。

新たなクライアントや顧客を獲得しようと半年間努力する。その相手が最大の取引相手になる。半年間がんばった甲斐があったと思う。一方、半年間費やしても取引が成立しない。時間を無駄にし、ひどい判断をしたと感じる。

家を買う。５年後に売ると50％以上の利益を得られる。最高の決断だ！　家を買う。５年後、家は水没している。最悪の決断だ！

クロスフィットを始めて２カ月で体重が減り筋肉が増えた。最高の決断だ！　しかし始めて２日で肩を脱臼したら、最低な決断に思えるだろう。


どんな場合も、決断は結果にふりまわされている。

これは「結果主義（リザルティング）」と呼ばれるものだ。

結果がともなう場合、人はその結果から判断し、決断の良し悪しを見極めようとする（心理学者はこれを「成果バイアス」と呼ぶが、私はもっと直感的に理解しやすい「結果主義」を使いたい）。結果主義が起きるのは、「決断」の良し悪しがちゃんと「見えていない」一方で、「結果」の良し悪しははっきりと目に見えているからだ。

結果主義は、決断の質に関する複雑な評価をシンプルにする。

ではその問題点は？　シンプルがいつもいいとはかぎらないことだ。

意思決定の質と結果の質は、当然のことながら関係している。しかしその相関関係は完璧ではなく、少なくとも普段私たちがおこなう大半の決断で完璧な相関関係が示されることはないし、一度きりの決断に関してはさらにその可能性は低い。このふたつの相関関係が明らかになるには、ある程度時間がかかるのだ。

たとえば、仕事を辞めてひどい結果になったのは、一概に決断の質のせいとは言い切れない。いい決断がいい結果をもたらすこともあれば、いい決断が悪い結果をもたらすこともあるからだ。

赤信号で交差点を突っ切って無傷の場合もあれば、青信号で走っていて、事故に遭うこともある。つまり、ひとつの結果から決断の良し悪しを判断しようとすると、誤った結論につながる可能性がある。

結果主義のせいで、赤信号を車で突っ切るのがいいことだと判断するかもしれないのだ。

いい決断をするには、経験から学ぶことが重要だ。経験には未来の決断を向上するための教訓が含まれている。結果主義から学ぼうとすると、間違った教訓を得ることになる。

結果主義：
　結果から決断の質を判断してしまうこと。

2 結果の悪影響

最初のエクササイズでは、決断の良し悪しを判断するための十分な情報を伝えていなかった。情報が少ないと、人は錯視が起こったときのように、空欄を勝手に埋めてしまう。だがそうした状況下で、結果主義がいい結論へつながるわけではない。たまたま結果を知っていても、空欄を自動的に埋めないほうが、さまざまなことを学べるだろう。といってもおそらく結果主義は、決断に関する情報が少ない場合に限定される。

ならば結果重視の傾向は、情報を持っていれば消えるのだろうか？

次のエクササイズで確認してみよう。

❶電気自動車を購入したあなたは、その車をとても気に入っている。それは幅広い層に支持されている稀代の名技術者がつくったすばらしい車だ。車に関する経験に基づき、あなたはその会社の株を買う。

2年後、会社の株価が急騰し、あなたの投資は20倍の利益を生む。
投資に対する決断の質を0から5の段階で評価してほしい。

ひどい決断　0　1　2　3　4　5　いい決断

評価の理由

❷電気自動車を購入したあなたは、その車をとても気に入っている。それは幅広い層に支持されている稀代の名技術者がつくったすばらしい車だ。車に関する経験に基づき、あなたはその会社の株を買う。
2年後、会社は倒産、あなたの投資は無駄になる。
投資に対する決断の質を0から5の段階で評価してほしい。

ひどい決断　0　1　2　3　4　5　いい決断

評価の理由

あなたが大半の人と同じなら、株を買った理由を結果の良し悪しに照らし合わせて解釈するだろう。

いい結果なら、あなたはおそらく、肯定的な視点で決断の詳細を解釈する。製品について個人的に知っていたし、それは大いに役立った。なにしろ自分がその車を気に入っているのだから、ほかの人だって気に入る可能性は高い。加えて、稀代の天才は成功者であり、その人物が経営しているのなら、それはいい投資になるはずだ、と。

しかしその会社が失敗して結果が芳《かんば》しくなければ、同じ決断の詳細を別の角度から見ることになる。このとき、自分の経験に基づいて株を選ぶといった思考は、デューデリジェンス（適切な企業の価値やリスクの調査）の代わりにならない可能性が高い。その会社は利益を上げているか？　利益を上げることができるか？　債務負担は？　収益を達成するまでの資金は？　需要に追いつき、製造能力を高められるか？　また、会社が車を売るたびに損をしていたなら、消費者としてはいい会社を選んだのかもしれない。

もちろん、これは投資の決断にかぎったことではない。

有望なスタートアップ企業が株を分けてくれることになり、あなたは仕事を辞めてそちらへ参加する。その企業は次のグーグルとなった。すばらしい決断だ！

有望なスタートアップ企業が株を分けてくれることになり、あなたは仕事を辞めてそちらへ参加する。1年後、倒産する。半年間仕事がなく、貯金が底をつく。ひどい決断だ！

高校時代の恋人と同じ学校に行きたいという理由で大学を選ぶ。大学を優秀な成績で卒業し、高校時代の恋人と結婚、いい仕事に就く。その大学を選んだのはすばらしい決断だったと思う。

高校時代の恋人と同じ学校に行きたいという理由で大学を選ぶ。6カ月で破局する。専攻を変えようとするが、その学校にはいいプログラムがない。あなたはその学校がある町を恨めしく思う。そして1年目が終わるころ別の大学に編入。その学校を選んだのは最低な決断だったと思う。

これらのケースは、たとえそこにいたる決断の詳細が同じだったとしても、結果の質が決断の見え方にフィルターをかけている。詳細の解釈は、結果の質に左右されるのだ。

これが結果主義の力である。

結果

決断の質

悪い結果になると、決断の過程がまずかったと思わせる内容に目がいきやすい。私たちは、「過程のまずさは一目瞭然なのだから、決断の質を客観的に見ることができている」と思ってしまう。

しかし結果が逆になれば、結末にふさわしい物語を書こうとして、今度は決断の質に関する情報を割り引いたり解釈し直したりする。

結果の質は、私たちの決断の質を見極める能力に影を落とす。

人は、結果と決断の質を一致させたいと思う。世界はそうあってほしいし、なるべく一貫していてほしいと思う。そして整合させようとすると、大半の決断にまつわる事実を見逃し、その先にあるさまざまな展開を認識できなくなる。

最高の教師であるはずの経験は、ときとして結果と決断の質を必要以上に強く結びつけてしまうことがある。

実際に起きることよりも、起きるかもしれない未来は数多く存在する。

結果主義は私たちの水晶玉を曇らせてしまうのだ。

結果主義について学んだところで、あなたが結果を出したときのことを考えてみよう。次の空欄にそのときの状況を記してほしい。

例題が必要なら、私が最初にした質問を読み返してみてほしい。去年の最善の、そして最悪の決断は何だったか？　ここでのポイントは、「大半の人は自分の最善の、そして最悪の決断についてあまり考えたことがない」という点だ。たいていの人は最善と最悪の結果について考えてから、決断へとさかのぼる。

それはすべて、結果主義のせいである。

3 結果を左右する運

どんな決断にも、その先にはさまざまな展開が――いいものも、悪いものも――待ち受けている。決断をする際、その決断には（どこへ向かうかわからなくとも）可能な道と不可能な道がある。あなたの下す決断によって、どういう結果になるか、それぞれの結果が生じる可能性は変わってくるが、実際にその結果を決められるわけではない。

優れた決断とは、将来の可能性を的確に予測することである。本書はあなたの能力を磨き、水晶玉を手にできるようデザインされている。しかし占い師が言うように、未来はぼんやりとしか見えない。未来はつねに不確かなものだからだ。

言い換えれば、私たちの人生を左右する重要な要素には「運」が存在するということだ。

運とは（さまざまな結果をともなう）あなたの決断と、実際に手にする結果のあいだに介在するものである。（図1）

運：
運は、決断と、実際にたどり着く可能性のある結果への道中ばでその影響力を発揮する。実際に目にする結果を決める制御できない要素である。

図1

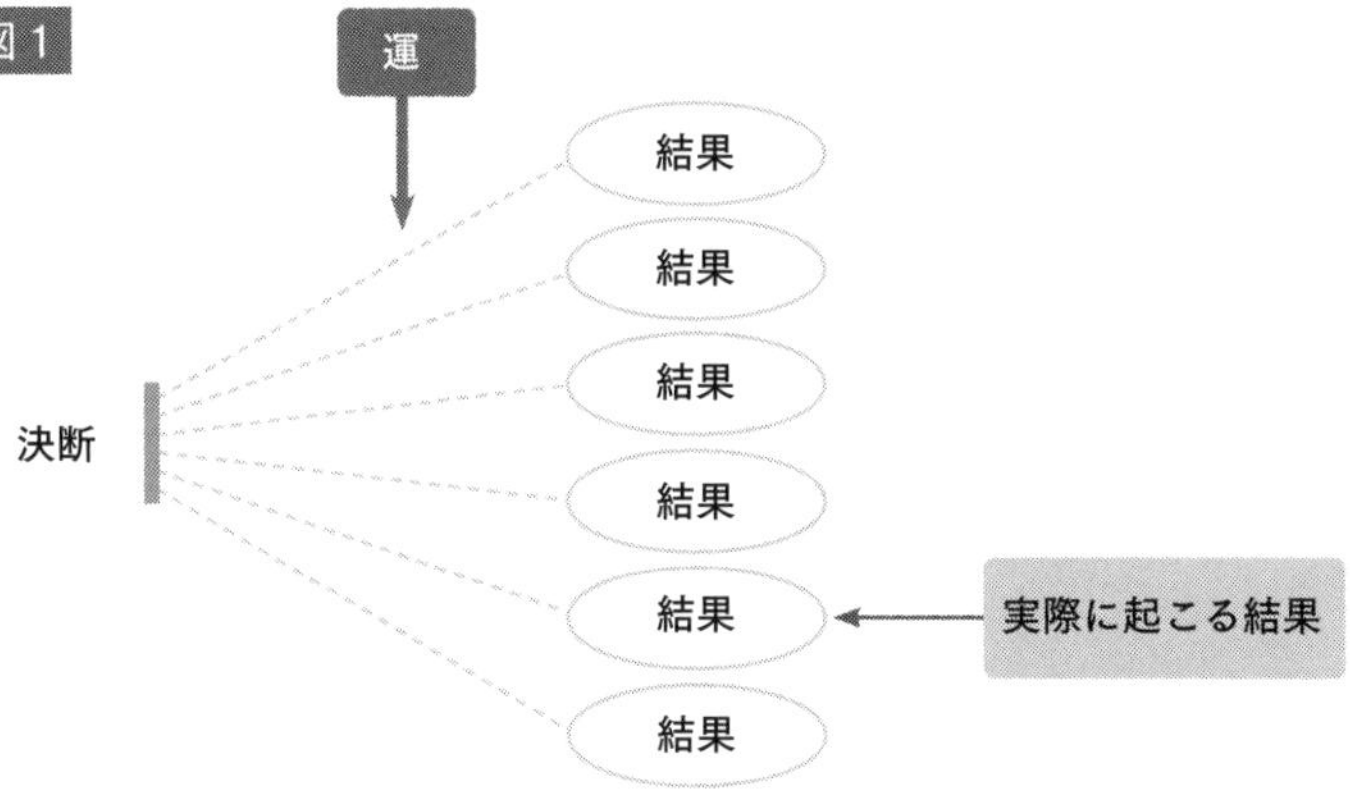

というのも、どんな決断であれ、起こりうる結果の質を決めることはできないからだ。**いい結果は、いい決断からも悪い決断からも生じる可能性があり、悪い結果もまた、いい決断からも悪い決断からも生じる可能性がある。**

決断と結果の関係は、次のように考えることができる。（36ページ図2）

- 「努力の賜物」は、青信号で安全に交差点を通過するような、質のいい決断がいい結果をもたらすときに生じる。
- 「まぐれ」は、質の悪い決断がいい結果をもたらすときに生じる。たとえば信号待ちでSNSに夢中になり、信号が青になっても渡らなかったあなたは、たまたま赤信号を無視して交差点に突っこんできた車にぶつからずにすんだ。もちろん運転中にSNSを見るというのはいい決断ではないの

図２

決断＼結果	いい	悪い
いい	努力の賜物	不運
悪い	まぐれ	当然の報い

で、これはただの偶然による幸運である。

- 「不運」は、いい決断が悪い結果をもたらすときに生じる。青信号で進んでいても、他人が交通違反をしたせいで事故に遭う場合がある。これは悪い結果だが、あなたが交通ルールを無視したせいではない。
- 「当然の報い」は、赤信号を無視して事故に遭うような、悪い決断が悪い結果をもたらすときに生じる。

　4つのカテゴリーに当てはまる決断の例は、誰しも経験があると思う。いい決断がいい結果をもたらすこともあれば、不運に阻まれることもあるし、悪い決断が悪い結果をもたらすこともあれば、運に恵まれることもある。

　しかし結果主義は、一連の出来事における運の役

図3

		結果	
		いい	悪い
決断	いい	努力の賜物	不運
	悪い	まぐれ	当然の報い

目を見失わせることがある。

多くの場合、私たちは結果を知ると、物事を「努力の賜物」か「当然の報い」として受け止めてしまい、「不運」や「まぐれ」は影に隠れてしまうのだ。（図3）

経験から学ぼうとすると、この影は多くの悪影響を与えかねない。

悪い結果になる確率が10％の決断をすれば、定義上、悪い結果が生じる確率は10％だ。だが90％うまくいく可能性があったにもかかわらず、結果主義のせいで、その10％だけを見て悪い決断だったと考える危険がある。

これが結果主義の代償だ。

では、結果主義の影から脱出するために、次の空欄を埋めてみよう。（38ページ図4）

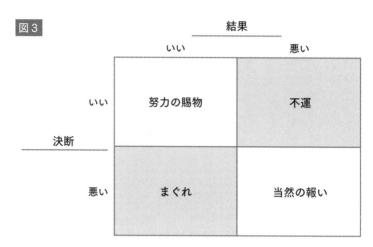

図４

決断＼結果	いい	悪い
いい	努力の賜物	不運
悪い	まぐれ	当然の報い

まず、物事がうまく運び、その決断もよかったと実感できる出来事を思い浮かべ、「努力の賜物」の欄にその状況を簡潔に記す。

次に、決断はよかったのにうまくいかなかった出来事を「不運」の欄に記す。

それから、決断は悪かったのにうまくいった出来事を「まぐれ」の欄に記す。

最後に、悪い決断をして結果もよくなかった出来事を「当然の報い」の欄に記す。

4 結果の良し悪しで決断の良し悪しを決めない

ここで、決断の質が結果の質と一致しない、あなたの「不運」と「まぐれ」について掘り下げてみよう。

❶先ほど「不運」の結果として挙げた出来事を記してほしい。

悪い結果になったのに、いい決断だったと思う理由は何か？　たとえば、悪い結果（もしくは望ましくない結果）が起こる確率、決断にいたった情報、助言など。

いい決断をしたにもかかわらず、悪い結果が生じた理由——当初の決断の過程で自分が制御できなかったこと、もしくは予想外の出来事を３つ挙げてほしい。

①
②
③

それを踏まえたうえで、ほかに起こる可能性のあった結果を３つ挙げてほしい。

①
②
③

2「まぐれ」の結果として挙げた出来事を記してほしい。

いい結果になったのに、悪い決断だったと思う理由は何か？

悪い決断をしたにもかかわらず、いい結果が生じた理由――当初の決断の過程で自分が制御できなかったこと、もしくは予想外の出来事を３つ挙げてほしい。

①
②
③

それを踏まえたうえで、ほかに起こる可能性のあった結果を３つ挙げてほしい。

①
②
③

3「不運」と「まぐれ」、どちらの例を思いつくのが簡単だっただろうか？

不運　　まぐれ

その理由は何か？

あなたが大半の人と同じなら、いい結果をもたらす幸運を信じるより、悪い結果をもたらす不運を非難するほうが簡単だろう。

悪いことが起きると、それが自分のせいでなければ慰めになる。望ましくない結果でも、いい決断だったと思えば苦しまなくてすむし、自尊心を損なうことなく、うまくいかないときでも肯定的な視点で自分を見つめることができる。

一方、いい結果を得るのは気分がいい。しかし前向きな結果を生み出すために、運にその役割を任せれば、自分が賢くて、主導権を握っているというすばらしい感覚を放棄することになる。いい結果に関しては、運があなた自身の物語を邪魔してしまうのだ。

いい決断をするには、決断の質と結果の質が相互に関連している状況を積極的に追求する必要がある。

自分がいい結果をもたらしたと感じたときに、その感覚を手放すのは容易ではないが、長い目で見ればその価値はある。見逃しがちな運に気づけるようになれば、今後のあなたの人生に大きな影響がもたらされるからだ。こうした小さな変化は、今後の意思決定において、利益がどんどん膨らむ複利効果のような役割を果たすだろう。

人は普通、不運には気づくが、
大半のまぐれには気づかない。

意思決定能力を向上する方法は、経験から大いに学ぶことができる。が、それはきちんと耳を傾けた場合にかぎられる。**決断の質と結果の質を切り離す訓練は、「どの決断をくり返し、どの決断をやめるべきか」を判断するのに役立つだろう。**

5 結果主義の他の影響

決断を結果に必要以上に結びつけてしまうと（幸運のおかげでいい結果がもたらされた場合の）誤った決断をくり返す恐れがある。

結果と決断の質が一致しないときこそ、最大の学びのチャンスである。

しかし、結果と決断の質が一致し見逃されがちな「努力の賜物」（良い決断で良い結果）から学ぶべき教訓もいろいろある。

❶先ほど記入した項目をふり返ってほしい。あなたの「努力の賜物」（良い決断で良い結果）がもたらした結果は何だっただろうか？

その決断がよかったと思う理由――悪い結果（もしくは望ましくない結果）が起こる確率、

その決断にいたった情報、助言など――をいくつか記入してほしい。

次に、その決断がもっといいものになった可能性について考えてみよう。

決断の前にもっと多くの、あるいはいい情報を集めるべきだった　はい　いいえ

もっと迅速に決断するべきだった　はい　いいえ

もっと時間をかけて決断するべきだった　はい　いいえ

事前に知っていれば決断に影響したかもしれない、決断後に知った事実があった　はい　いいえ

実際の結果よりもさらにいい結果を出せる可能性があった　はい　いいえ

もしそうなら、別の決断を下せば、さらにいい結果になる確率は高かった　はい　いいえ

もう一度同じ状況になったら、別の決断を下す理由を挙げることができる　はい　いいえ

はい　いいえ

もう一度同じ決断を下す可能性が高い場合でも、決断のプロセスを改善する方法を思いつく

はい　いいえ

❷次の空欄を利用して、「はい」と答えた項目について考えてみよう。

❸決断の質と結果の質が一致しているケースについて考えるのも、一致していないケースについて考えるのもどちらも重要だ。「努力の賜物」では、あなたはいい決断をしていい結果を得たかもしれないが、さらにその決断を検討することで、価値ある教訓を見つけられる可能性がある。

「当然の報い」（悪い決断で悪い結果）についても同じことが言える。

このエクササイズをふり返り、結果と決断がいずれも悪かった場合、これらの質問の答えがどうなるか考えてみよう。

いい決断を下したとしても、それが最善の決断とはかぎらない。実際、そうなることはほと

んどない。改善に取り組むということはつまり、いい決断がいい結果につながった際の自己満足と、あえて闘う姿勢を示すことである。

経験から学ぶとは、その過程でいい決断ができるようになるということだ。結果主義は、水晶玉をのぞくあなたの視界を曇らせ、過去からの学びを奪い、将来をうまく予見できなくする。

決断の質と結果の質が一致する場合、結果主義で生じる無意識の代償は考慮されない。そうなると、とくに物事がうまくいった場合、あなたの決断は省みられることなく、「ここで学ぶことはない」という直感に従う可能性が高くなる。

勝利を得ても、そこから学ぶことはないと思ってはいけない。

6 「最善」の決断と「最悪」の決断についてもう一度考える

本書の最初に記したあなたの最善と最悪の決断をふり返ってほしい。

その答えに対して、いまはどう感じるだろうか？　気持ちは変わっただろうか？　もう一度ふり返ってみて、それは（結果主義の影響を受けていない）あなたの本当に最善の、そして最悪の決断だっただろうか？　いまなら結果の質がそれらの決断に与えた影響をより明確に理解できるだろうか？

書き出してみよう。

それが終わったら、最善の、そして最悪の決断と考えられる、その他の決断についても記してみよう。

結果主義は、私たち自身にとっても他者にとっても思いやりを欠く。

誰かが悪い結果を出したら、私たちは結果だけを見て相手の決断がまずかったのだと判断する。結果を批判するのは簡単で、結果が悪いのは彼らのせいなのだから同情する必要はないと考える。

これは他者に対してだけではない。私たち自身も、日々のなかで悪い結果を出すと、自分に対して思いやりを持てなくなる。望みどおりに物事が進まないと自分を責めてしまうのだ。

たまたまうまくいったからといってミスを見逃したら、これもまた、いい結果を出すためには役に立たない。一定の状況下でいい決断を下したことよりも、結果を重視すれば、私たちは学び損ねるだけでなく、自分の価値をも見誤ってしまうことになる。

7
結果主義　まとめ

本章のエクササイズを通じて次のことを考えてほしい。

- **結果主義**とは、結果の良し悪しを見て、決断の良し悪しを決める傾向のことである。
- **結果**は決断のプロセスに影を落とす。プロセスに関する情報を見落とし、あるいは歪め、決断の質に対するあなたの見方を結果の質と一致させようとする。
- 短期的には、どのような決断に関しても、決断と結果の質のあいだには緩い関係性しかない。両者は相関関係にあるが、その関係が明らかになるには時間がかかる。
- **運**とは、決断と実際の結果のあいだに介在するものである。結果主義は運の役割を過小評価する。
- ひとつの結果だけでは、決断の質の良し悪しは断定できない。そこには運の存在があるからだ。
- 何かを決断する際、いい結果を（あるいは悪い結果を）保証できるケースはめったにない。だからあなたが目指すのは、**最善の結果を導く**ための選択をすることだ。

- よりよい決断をしたいなら、まずは経験から学ぶこと。結果主義はその学びを妨げ、質の低い決断をくり返し、質の高い決断を下せないようにする。また、今後の決断にとって重要な教訓となる、質が高く／いい結果をもたらす決断（もしくは質が低く／悪い結果をもたらす決断）を見極める機会も奪ってしまう。
- 結果主義は他者や自分に対する思いやりを損なう。

結果主義　チェックリスト

□　結果はどの程度、決断に対するあなたの判断（もしくは誰かの判断）を曇らせるか？

□　悪い決断が悪い結果を招いた場合でも、その途中で下されたいい決断を挙げることができるか？　その決断にいたるまでのプロセスでよかった点を言えるか？

□　いい決断がいい結果を招いた場合、改善の余地があったと思う決断を挙げられるか？その決断にいたるまでに改善できた決断を言えるか？

□　他人の行動も含め、決断をする人（あなたの場合もある）がコントロールできない要因はいったい何か？

□　ほかにどのような方法があったか？

コラム①　遠い昔、ある映画のシリーズで

『スター・ウォーズ』は記録的な成功を収めている。第一作目の製作費は1100万ドルで、総興行収入は7億7500万ドルを超えた。これは氷山の一角にすぎない。さらに11本のシリーズが成功を収め（40年前のインフレは考慮に入れていないが、全世界の興行収入は2020年初期時点で103億ドル以上を記録している）、タイアップ商品やテーマパークの乗り物など、巨大産業も誕生している。2012年には、ディズニーが40億ドルを払ってフランチャイズの権利を獲得した。

映画スタジオ「ユナイテッド・アーティスツ」は、最初に『スター・ウォーズ』を手がけるチャンスを得たが、それを放棄した。その後、カンヌ映画祭でジョージ・ルーカスのSF映画『THX 1138』が上映されると、同社はルーカスと2本の映画契約を結んだ。ルーカスが持ちこんだ『スター・ウォーズ』の企画を見送った同社は、その前にも、のちに大ヒットとなる『アメリカン・グラフィティ』の企画を見送っている。

『スター・ウォーズ』はほかのスタジオにも拒否されており、そのなかにはユニヴァーサル（『アメリカン・グラフィティ』の配給で大儲けをした）やディズニー（1970年代に見送った約400倍もの金額を、35年後のフランチャイズ参入で支払った）もいた。

一般的には、ユナイテッド・アーティスツ、ユニヴァーサル、ディズニーそれぞれが、三者三様のやり方で大失態を演じたと考えられている。映画シリーズの続編などを放映す

るウェブチャンネルのひとつSyfy Wireは、ユナイテッド・アーティスツの決断の質に言及し、典型的な見解を述べている。「このスタジオは『ピンクパンサー』の続編製作に忙しく、安定性の乏しい、もしくはそれなりの映画にはあまり興味がなかった」

『スター・ウォーズ』の製作が困難だった理由は、伝説的な小説家で脚本家、故ウィリアム・ゴールドマンがハリウッドについて語った「誰も、何も知らない」という有名な言葉に集約されているのではないだろうか。

　結果だけ見て判断するのは簡単で、誰もがそうしがちだ。しかしこのとき、私たちが無視していることは非常に多い。先に紹介したエクササイズを使えば、「『スター・ウォーズ』を見送ったのは大きな間違いだった」というのは結果主義だとわかるだろう。

　違う展開を見せた可能性――映画ビジネスについて詳しくなくとも、ルーカスが企画を持ちこんだときの『スター・ウォーズ』のように、映画のコンセプトしか示されていなければ、さまざまなリスクを考えるだろう。いくらコンセプトがよさそうでも、1000万ドルを使ってそれを実行するというのは、賢明に思えないかもしれない。出演者のなかに大物はいなかったが、もしルーカスが別の俳優を起用していたら映画は失敗したかもしれない。観客である大衆は、SFは面白くないと判断したかもしれない。映画の公開直後に不況に見舞われ、客足が遠のいたかもしれない。

　見逃した、もしくは知りえなかった情報：ルーカスが『スター・ウォーズ』を前述のスタジオに持ちこんだときに下された決断の内容。企画を採用した20世紀フォックスも、どうやら有望な映画として契約を結んだわけではないらしい。スタジオはルーカスのやろうとしていることの意図を理解していなかった、とルーカスとフォックスの幹部はインタビューで述べている。スタジオ側にとっては突拍子もない企画に思えたが、スタジオの責任者はルーカスにこう告げた。「この企画はよくわからないが、私は『アメリカン・グラフィティ』を気に入っているから、好きにやってくれていい」

結果ありきの不合理な推論：これらのスタジオが企画を見送り、結果としてそれが優れた決断となった可能性もある。

決断が正しかったという結論を引き出すデータの不足：映画スタジオが採用したものと却下したものをすべて把握しないかぎり、どんな結論であれ情報は不十分。

つまり、ひとつの結果だけで決断の質の良し悪しを決めるのはむずかしいということだ。ひとつの結果を、（スタジオ幹部が下したあらゆる決定やそれに付随する結果など）大量のデータと同等に扱うべきではないし、（その企画が持ちこまれたときの決断のようすを）質の高いデータとして数えるべきではない。

第**2**章

後知恵バイアス

——昔から言われているように、
あとから指摘するのは簡単だ

1 ふたたび転職する

1 あなたはフロリダで育ちジョージアの大学に通う。大学卒業後、ふたつの会社からオファーをもらう。ひとつはジョージア、ひとつはボストン。
ボストンの仕事のほうが条件はよさそうだが、南部育ちのあなたはニューイングランドの天候が心配で仕方ない。あなたは2月にボストンに出向き、冬のようすを確認して、大丈夫そうだと判断する。チャンスを見送るほど悪くはないと。

あなたはボストンの仕事を受ける。


結果は最悪！

最初の冬を迎えて2カ月、あなたは寒さと暗さに滅入ってしまう。仕事は望んだとおりのものだったが、2月になるころには仕事を辞め、地元に戻ってくる。

地元に戻った自分が言うであろう台詞、または友人から言われるであろう台詞に○をつけてみよう（複数可）。

（　）友人「やっぱり向こうは合わないと思ったんだよね」（でも前もって言ってくれなかった）。

（　）こうなることを予想すべきだった。寒さに耐えられるほどいい仕事じゃなかった。

（　）冬が厳しいことをもっと理解しておくべきだった。南部育ちの私に耐えられるわけがなかったのに！

（　）ジョージアで仕事を受ければよかった。

（　）友人「1年以内に戻ってくると思った」

私たちには、「だから言ったのに」と言ってくる友人がいる（本当に前もってそう忠告してくれたかどうかは関係なく）。

そして私たちは、明白な結果を予見できなかった自分を打ちのめすのが得意だ。

あなたが大半の人と同じなら、すべての項目に丸をつけたかもしれない。

2 あなたはフロリダで育ちジョージアの大学に通う。大学卒業後、ふたつの会社からオファーをもらう。ひとつはジョージア、ひとつはボストン。
ボストンの仕事のほうが条件はよさそうだが、南部育ちのあなたはニューイングランドの天候が心配で仕方ない。あなたは2月にボストンに出向き、冬のようすを確認して、大丈夫そうだと判断する。チャンスを見送るほど悪くはないと。

あなたはボストンの仕事を受ける。


受けてよかった！

冬は大して問題じゃない。むしろあなたは雪が気に入り、スノーボードに夢中になる。そのうえ仕事は望んだとおりのものだった。

結局、あなたはボストンに長く留まることになる。

あなたが次の台詞を言う可能性はどのくらいだろうか？「冬の心配をしてこの仕事を断ろう

としていたなんて信じられない。冬なんて大したことなかったのに」

言わない　0　1　2　3　4　5　言いそう

誰かが次の台詞を言う可能性はどのくらいあるだろう？「だから大丈夫だって言ったでしょう。絶対気に入るって！　そっちでの幸せに比べたら冬なんて大したことないって！」（ただし、事前にそう思っていたことは伝えてくれなかった）。

言わない　0　1　2　3　4　5　言いそう

おそらくいずれも「言いそう」が優勢だったのではないだろうか？

結果はさておき、どちらかの仕事を受けるという決断は同じだった。そしてあなたはボストンのほうがよさそうだと判断した。問題は、天候があなたの幸せにどれほど影響を与えるか、という点だ。

しかしニューイングランドの冬を本格的に体験したことがないあなたには、経験する以外にその答えを知るすべはない。

結果

決断時の知識

あなたはボストンへ移るべきか悩んでいる。ボストンは好きな場所じゃなかった。どうして来る前に気づかなかったのだろう？

あなたはボストンへ移るべきか悩んでいる。ボストンはいいところだ。どうして来る前に気づかなかったのだろう？

同じ決断に、反対の結果。いずれにしても、もっと早く知っていればと思う。どちらの結果になっても、結果は必然だったと感じるし、友人は「やっぱりね！」と言うだろう。

もちろん、「気に入ると思っていた」と「気に入らないと思っていた」を同時に言うことはできない。だが、私たちはそう感じているのだ。

つまり、これはどういうことか？

いわゆる、後知恵バイアスだ。

決断をする際には、知っていることと知らないことがある。

絶対に知らないことのひとつは、いくつもの可能性のある結果のうち、どれが実際に起こるかということだ。

しかし結果を前にすると、「どうしてわからなかったのか」、あるいは「最初からわかっていたのに」と思うことがある。実際の結果は、決断時の知識をあいまいにする。

結果主義は、結果の良し悪しから決断の良し悪しを判断させる。

後知恵バイアスは、結果を知ったあとにあれこれ言うだけでなく、決断時に知っていたことをふたつの方法で歪める。

①　決断時の見解を誤った記憶に置き換え、結果が出たあとの知識に一致させる。

②　予測可能性や必然性の観点から、こうなることを予想するべきだったと考える。

もちろん、その決断はあなたひとりのものではない。他人の決断にも影響されるし、他人もあなたの決断に影響される。

「あのとき、ああすればよかった」と後悔して過ごすよりも、もっと悲惨なことを知っているだろうか？

それはその後悔に加えて、ほかの人から「だから言っただろう」と言われることだ。

後知恵バイアス：
ことが起こったあとに「予測できた」「必然だった」と思う傾向。「初めからわかっていた思考」あるいは「後づけ論」とも呼ばれる。

2 自分の後知恵バイアスを認識する

仮想通貨を買う。投資金額が5倍になる。あなたは友人にこう言う。「ほら、君も投資すればよかったのに！」

仮想通貨が暴落し、投資したお金すべてを失う。あなたは悔しまぎれにこう言う。「どうして高値で売らなかったんだろう！」

ぎりぎりまで強気な商談をして、破談になる。そして、なぜあそこで手を打たなかったのかと自分を責める。

その後数週間で顧客が戻り、あなたの条件を受けると言う。あなたは最初から取引がうまくいくとわかっていて「だから言っただろう！」とみんなに言う。

＊手がかり

結果主義を示す明白な言葉や精神的な手がかりはない。「決断がひどいかどうかは、結果の悪さから逆算して判断するので、あの決断は悪かった」と口に出して言う人はあまりいないからだ。

しかし、後知恵バイアスを示す明らかな手がかりがある。「あんなことになるなんて思わなかった」「やっぱりね」「そうなると思っていた」「だから言ったでしょう」「どうして気づかなかったんだろう」といった言葉たちだ。

こうした精神的、言語的な手がかりに耳を傾ける訓練をすれば、後知恵バイアスを見抜くスキルが身につくだろう。

ではここで、あなたの人生における後知恵バイアスの実例を掘り下げてみよう。

これは食料品店で実際に耳にした例だ（ちなみに食料品店は、人間の行動を研究するにはすばらしい研究室である）。

男性：電話で話しているのが聞こえたのですが、すてきなアクセントですね。イタリアの方ですか？
女性：いいえ、ギリシャ人です。
男性：そうだと思いました！

❶「そうだと思った！」と自分や他者に言ったときのことを、もしくは誰かにそう言われたときのことを思い出してほしい。そのときの決断と結果は？

そのとき自分、もしくは別の人に何と言ったか？　後知恵バイアスを示す精神的、言語的手がかりは？

そう思った自分をどう感じたか？　また「そうなると思っていた」別の人はあなたに何と言ったか？

あなたや別の人が最初から知っていると思っていた情報は、実際に結果がわかってから判明した情報だったか？

はい　　いいえ

❷「気づくべきだったのに！」と自分や他者に言ったときのことを、もしくは誰かにそう言われたときのことを思い出してほしい。そのときの決断と結果は？

そのとき自分、もしくは別の人に何と言ったか？　後知恵バイアスを示す精神的、言語的手がかりは？

そう思った自分を、もしくは別の人をどう感じたか？

あなたや別の人が最初から知っていると思っていた情報は、実際に結果がわかってから判明した情報だったか？

はい　　いいえ

人が「知っていた」と感じるのは、たいてい結果が出てから判明した情報だ。後づけの記憶は、後知恵バイアスが生み出す「知っていた」記憶の再構築である。

あなたが過去を誤って記憶していると、意味のない教訓を経験から学ぶことになる。それはふたつの点で混乱を引き起こす。

① 決断に際して自分が知っていたことを忘れると、決断の良し悪しを判断できなくなる。決断の質を評価し、経験から学ぶには、自分の心の状態を素直に見つめ、自分が知っていたこと、知りえなかったことをできるだけ正確に思い出す必要がある。

② 後知恵バイアスのせいで（実際はそうではないのに）結果は予見できたはずだと思いこむ。これによって質の低い決断をくり返し、質の高い決断を下せなくなる。

後知恵バイアスは、水晶玉をビックリハウスの歪んだ鏡に変えてしまうのだ。

後づけの記憶：
前もって知っていた記憶に事実を知ったあとの情報が忍び込むこと。

3 何を知っていたか？ いつ知ったか？

私たちの思い出には、タイムスタンプが押されていない。パソコンでファイルを見ると「作成日」と「更新日」が表示される。残念ながら私たちの脳はそのようになっていない。

あなたの記憶装置に任せてしまうと、決断時に持っていた知識の記憶は、結果によって歪められる可能性がある。決断の前に知っていたことと、のちにわかったことを意図的に再構築する時間を設けると、後づけの記憶を補修するのに役立つ。

次の「知識の追跡（Knowledge Tracker）」（図5）を利用して、いま述べたことを視覚化してみよう。

決断の前に知っていたこと：決断時の知識と信念の総和。ここで注目すべきは、決断を下す際にあなたが意識したもの。

結果のあとにわかったこと：これには決断前に知っていたすべての情報と、

図5　知識の追跡

決断後に新たにわかった情報が含まれる。ここで注目すべきは、結果がわかったあとに判明した新たな情報。「知識の追跡」を使えば、決断時にあなたがおこなったこと、決断時にあなたが知らなかったことが明確になり、後知恵バイアスを減らすことができるだろう。当初から持っていた知識や、のちに得た知識について詳細に記すことで、事後に明らかになったことが反射的に事前の知識に入りこんでくるのを防いでくれるのだ。

ではここで、あなたの人生における後知恵バイアスの例を「知識の追跡」にあてはめてみよう。まずは決断するにいたったポイントを３つ挙げ、決断と結果について記したら、最後に事実が判明したあとに明らかになったことを３つ挙げてほしい。

先ほどのボストンで仕事をするか否かの決断を例に、

図６　知識の追跡

決断の前に知っていたこと	決断	結果	結果のあとにわかったこと
1. ボストンの平均気温、冬の長さ、雪が降ること。	→ ボストンでの仕事を受ける。	→ 半年で辞める。	→ 1. ボストンの冬を数カ月間体験するのがどんな感じか。
2. 仕事の詳細。			2. 仕事をどの程度気に入ったか。
3. ２月に訪れた際の経験。			3. 半年で仕事を辞め、故郷に帰ることになる。

「知識の追跡」（67ページ図5）の使い方を説明する。

ボストンに引っ越して半年で仕事を辞めた場合。（図6）

ボストンに引っ越していい結果になった場合。（図7）では次に、あなたの後知恵バイアスの事例を記入してみよう。（70ページ図8）

結果の出る前と出た後の知識の状態を追跡したことで、後づけの記憶は減少したか？

はい　　いいえ

自分の知識を追跡することで、「知っていればよかった」けれど「知りようがなかった」ことに気づけたか？

はい　　いいえ

これ以外に、「知識の追跡」を試して思ったことを記

図7　知識の追跡

決断の前に知っていたこと	決断	結果	結果のあとにわかったこと
1. ボストンの平均気温、冬の長さ、雪が降ること。 →	ボストンでの仕事を受ける。 →	仕事を続ける。 →	1. ボストンの冬を数カ月間体験するのがどんな感じか。
2. 仕事の詳細。			2. スノーボードが得意になる。
3. 2月に訪れた際の経験。			3. 長期間ボストンに滞在することになる。

入してほしい。

「最初から知っていた」という感情を消すのはむずかしいし、「最初から知っていれば……」という感情を消すのもむずかしい。こうした直感的な反応を完全に止められると思うのは現実的ではない。

　しかし、心や言葉につきまとう後知恵バイアスに注意し、それを意識するほど、後知恵バイアスの影響を受けにくくなっていく。

　経験をどう処理するかで、今後の決断も決まってくる。「事前に知っていたこと」と「事後に知ったこと」を認識すれば、後知恵のせいで経験からの学びが歪むこともなくなり、そうした誤った感覚に基づいて今後の決定を下すことも減っていくだろう。また、自分（あるいは他

図８　知識の追跡

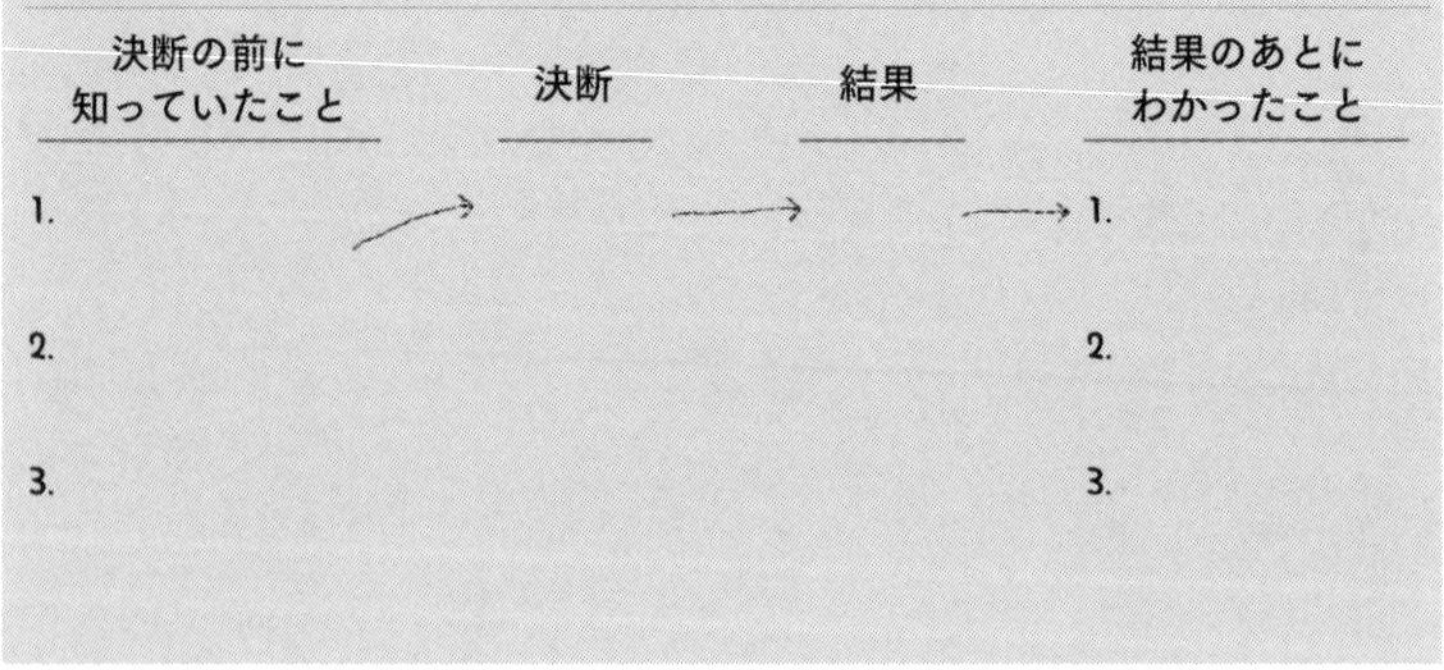

人）を責めることも減るはずだ。

自分の知識を追跡すれば、後知恵バイアスのなかで混乱してしまった「決断の前に知っていたこと」と「決断のあとにわかったこと」が明確になる。

＊後知恵バイアスワクチン

「知識の追跡」と併用して、「決断の前に知っていたこと」を決断の途中で記録しておくといいだろう。

結果を知ってしまうと、事前に知っていたことを正確に思い出すのはむずかしくなるが、記録しておけば、あとから参照できる。

決断にいたった重要なポイントを書き留めておけば、後知恵バイアスに対するワクチンにもなるし、決断時に知っていたことをより深く考えることで、後づけの記憶を遮断する明確なタイムスタンプを作成することができる。

本書の後半で、決断を記録しておく方法についてさらに掘り下げていく。

4 後知恵バイアスはどこにでもある

後知恵バイアスを理解したところで、数日間、職場や家で（ニュース、スポーツ、上司、友人、家族などの）後知恵バイアスに耳を傾けてみよう。大切なのは、後知恵バイアスに気づいたら、注意を払うことだ。

気づいた事例をふたつ書き出してほしい。

❶事例1

事例を端的に書き出してみよう。

どちらの後知恵バイアスだったか？

「最初からわかっていた」　「知っているべきだったのに」

その際、言葉や精神的な手がかりはあったか？

はい　　　いいえ

あったとしたら、それはどんなものだったか？

いまの事例を使って「知識の追跡」を完成させてみよう。（図9）

事例が他人の決断をともなうものなら、決断時に彼らが知っていたことを知るのはむずかしいだろう。とはいえ、相手の気持ちになって推測してみるのは悪くない。実際に相手に尋ねて、ギャップを埋めてもかまわない。

❷事例2

事例を端的に書き出してみよう。

図9　知識の追跡

決断の前に知っていたこと		決断		結果		結果のあとにわかったこと
1.	→		→		→	1.
2.						2.
3.						3.

どちらの後知恵バイアスだったか？

「最初からわかっていた」　「知っているべきだったのに」

その際、言葉や精神的な手がかりはあったか？

はい　いいえ

あったとしたら、それはどんなものだったか？

いまの事例で「知識の追跡」を完成させよう。（図10）

＊後知恵バイアスと思いやり

結果主義と同じような後知恵バイアスは、自分や他者への思いやりを損なう。その人にとって何が妥当だったかを考えるには、相手に対する共感が必要だ。私たちは普段、そうし

図10　知識の追跡

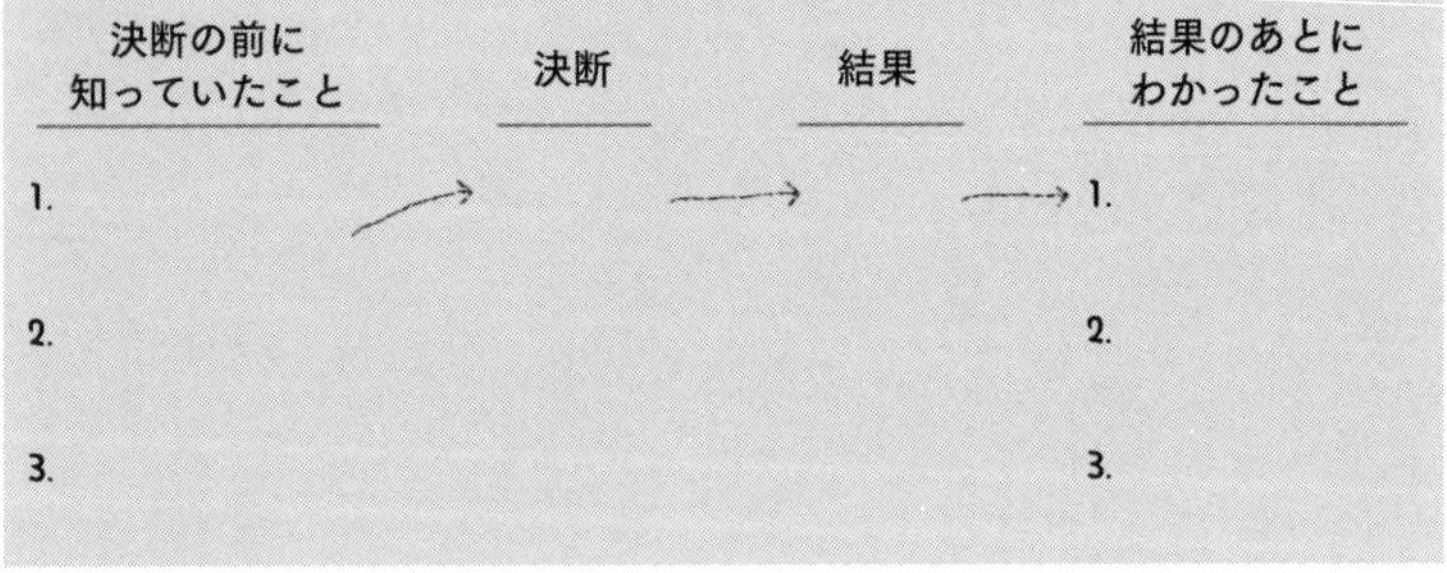

たことをゆっくり考えずに、その場ですぐ決断を下してしまう。

結果が悪いと、決断を下した相手のことを考えもせず、決断した相手を即座に非難する（例：あなたの「近道」のせいで空港に着くのが遅れちゃったじゃない。あの道が混むってどうしてわからなかったの？）。

これは自分が決断する側になっても同じだ。

こうした思いやりが欠けるのは、結果が悪いときにかぎったことではない。後知恵バイアスは、結果としてうまくいった決断に対してでも、慎重だったり、悩んだりしたときに私たちはそのことを必要以上に責める（例：どうしてあんなに天候を心配したのだろう？）。

5　後知恵バイアス　まとめ

本章のエクササイズを通じて次のことを考えてほしい。

- **後知恵バイアス**は、結果が出たあとにそれが**予測可能**だった、あるいは**必然**だったと信じる傾向である。
- 後知恵バイアスは、結果主義同様、結果がいかに大きな影響があるかを示している。この場合、結果はあなたが「決断時に知っていたこと」を正確に思い出しにくくする。
- 後知恵バイアスが結果の認識を歪めるのは次のふたつの思考による。**「どうしてわからなかったのだろう」「初めからそうなると思っていた」**
- 後知恵バイアスは、言語的、精神的手がかりと関連していることが多い（「2　自分の後知恵バイアスを認識する」と「4　後知恵バイアスはどこにでもある」のエクササイズであなたが記した実例と、次ページのチェックリストを参照のこと）。
- 決断の結果がわかると、決断の前に知っていた情報に関する記憶に、後づけの**記憶が忍びこんでくる**。

- 自分の選択とその結果から学ぶには、決断時に知っていたことを正確に認識する努力が必要だ。
- **知識の追跡**は、あなたが知っていたことと、結果として知ったことを切り離して考えるのに役立つツールだ。
- 後知恵バイアスは、自分や他人に対する思いやりを損なう。

後知恵バイアス　チェックリスト

バイアスを認識する。

□「どうしてわからなかったのだろう」

□「だから言ったでしょう」

□「最初からわかっていた」

「２　自分の後知恵バイアスを認識する」と「４　後知恵バイアスはどこにでもある」のエクササイズの事例で、この３つの手がかりはなかっただろうか？

バイアスに向き合う。

□１　結果がわかったあとに明らかになった情報はあるか？

□２　その情報は決断時に知りえたものか？　決断時につけた記録があれば参照する。

□３　結果が予測できたと思う根拠は、決断時に知りえなかった情報に基づいてはいないか？

□４　いま一度、結果が予測可能だったかを考えてみる。

コラム② 投票前の世論調査はあてにならない

2016年11月8日、大統領選でヒラリー・クリントンがドナルド・トランプに大敗したのは、3つの主要な州で支持率が伸びなかったためだ。ミシガン州、ペンシルヴェニア州、ウィスコンシン州――これらの州は、伝統的に民主党を支持してきた「青い壁」の一部だった。彼女は僅差で州を失い、結局1400万票のうちわずか8万票しか獲得できなかった。

ミシガン州、ペンシルヴェニア州、ウィスコンシン州での失敗は、278対260で大統領選に勝利するはずのところを、306対232でドナルド・トランプの勝利という信じられない結果に変えてしまった。

敗因は、クリントン陣営がこの3つの主要な州をおろそかにしたため、というのが一般的な見方で、グーグルで「クリントン　選挙戦　ミシガン　ペンシルヴェニア　ウィスコンシン」と検索すれば、そのお粗末な戦略に関する記事が次々にヒットする。

- いかにラストベルト（米国中西部から北東部に位置する、鉄鋼や自動車などの主要産業が衰退した工業地帯）がトランプを勝利へ導いたか（TheAtlantic.com、2016年11月10日）
- クリントン陣営はみずからの怠慢と傲慢で自滅した、関係者が語る（HuffPost.com、

2016年11月16日）

- リポート：怠慢と粗末な戦略によってクリントンが主要3州を失う（Slate.com、2016年11月17日）

これらの発言はどれも合理的に思えるかもしれない。たしかに、クリントンの選挙戦略はひどかった。これら3つの州にもっと力を入れるべきだったのに、それを怠ったために負けたのだ。

さて、ここで問題だ。記事の日付を見てほしい。いずれの記事も、選挙後のものである。

私もグーグルで10ページほど調べてみたが、選挙前にミシガン州、ペンシルヴェニア州、ウィスコンシン州について具体的な批評がなされた記事はひとつも見つからなかった。たしかに、クリントンの選挙戦に関するほかの側面を批判する記事は数多くあったものの、そのどれもが特定の問題を予測してはいなかった。

実際、これら3州での各候補者の戦略について、予備選ではほとんど触れられておらず、せいぜいトランプがいたずらに選挙運動をおこなって時間を無駄にしている、という批判程度だった。

- なぜドナルド・トランプはペンシルヴェニア州ジョンズタウンで選挙運動をおこなっ

たのか？（WashingtonPost.com、2016年10月22日）
- なぜドナルド・トランプはミシガン州とウィスコンシン州へ行ったのか？（NewYorker.com、2016年10月31日）

フロリダ州、ノースカロライナ州、ニューハンプシャー州など、いくつかの州は選挙前に世論調査を実施したが、これはクリントンが主に選挙活動をおこなった地域だった。また、ミシガン州、ペンシルヴェニア州、ウィスコンシン州で事前におこなわれた世論調査では、クリントンが数ポイント差で先行していた。

トランプが世論調査の結果をこの3州で大幅に上回ったことを思えば、調査のほうに誤りがあったことは容易に想像できる。

つまり問題は、投票が終わって初めて、その誤りに気づいたということだ。世論調査の誤りは、事前に知ることはできない。結果が出てから判明する。

しかし実際には、全国の世論調査に誤りはなかった。全国の世論調査は、クリントンがどの程度の差で勝つかという予測をかなり正確におこなっており、また、州の世論調査に組織的なミスもなかった。

これで（ほかの州ではなく）例の3州に問題があったなど、どうしてクリントン陣営にわかるだろう？　少なくとも公の情報を参考にするかぎり、彼女には知りえなかったはずだ。

それにもかかわらず、「クリントンは知っているべきだった」「やはりこうなると思った」と、専門家たちは口をそろえている。だが、グーグルで調べてみてもそうした情報はなく、もし彼らが知っていたなら、それはきっと政界のトップシークレットだったに違いないと思うほかない。

第**3**章

決断によって生まれる無限の可能性

――学習には経験が必要だが、
経験が学習の妨げになることも多い

1 浅はかなアイディア

美容室へ行くのが嫌いなあなたは、自分で髪を切っている。

そして「キングダム・コム（Kingdom Comb）」というアプリの開発を思いつく。美容室へ行きたくない人と、そういう人のもとへ出張してくれる美容師のマッチングアプリだ。

あなたはギグエコノミー〔インターネットを通した単発の仕事〕の成長を見こんで、このアイディアは絶対にうまくいくと確信する。

あなたは仕事を辞め、貯金をこのベンチャー事業につぎこみ、友人や家族からも開業資金を募る。

しかしふたを開けてみると、天は「キングダム・コム」の味方ではなかった。あなたのアプリ事業がクリティカルマス〔ある商品・サービスの普及率が急激に上昇する臨界点〕を達成することはなく、資金も（友人と家族のお金も）底をつく。

次の仕事を見つけるまでの半年間であなたはさらに借金を重ねる。投資をしてくれた人にも罪悪感を覚え、彼らとの関係も悪化する。

やがて、また自分で髪を切りはじめる。

あなたは今後、キャリアやお金に関する自分の判断を疑うようになる。

小さな会社を立ち上げて仕事をすることになっても、新たな事業展開や変革などからは距離を置くようになってしまうのだ。

「キングダム・コム」の結末について、ほかの可能性を3つ書き出してみよう。

1

2

3

これについては、のちほど詳しく見ていく。

2 経験のパラドックス

学びには経験が必要だ。しかし私たちはその経験を偏ったやり方で処理してしまう。つまり、優れた決断をするために不可欠であるはずのフィードバックが、経験から学ぶ能力の妨げになってしまっているかもしれないのだ。

こうして矛盾が生まれる。

豊富な経験は優秀な教師となる。だが、ひとつの経験だけではそうはいかない。十分な数の決断と結果を俯瞰して初めて、経験が教えてくれるものが明らかになってくる。ひとつの結果だけでは、結果主義や後知恵バイアスを引き起こす。

問題は、そこである。私たちは結果を順次処理し、それぞれの結果をあたかも独立したもののように扱う。結果と決断の不確実な関係性が明らかになるデータが集まる前に、そそくさとみずからの信念をアップデートしてしまうのだ。

どのようなものであれ、ひとつの結果から決断の良し悪しがはっきりわかることはほとんどない。それなのに、私たちはさもわかったような顔をして、一方の側面だけで十分だと言わんばかりにふるまう。

これがパラドックスだ。

個々の結果が果たす役割が大きすぎるという点が、矛盾を解決する手がかりとなる。まずは結果の果たす役割を小さくし、適切なサイズに近づけていこう。最初に行うべき第一歩は、「ありえたすべての結果」という観点からひとつひとつの結果を置いてみることだ。

あなたのそれまでの人生や現実は、あなたの下した決断やその結果でできている。そしてあなたの経験は、実際に起きた事柄のみで形成されている。違う結果であれば現実になっていたかもしれない別の生き方を垣間見ることができたら、結果からいつ（そして何を）学ぶべきかを見極める能力を向上させる、大きな一歩を踏み出すことができるだろう。

どうすればそれができるのか？

それは決断に関する多くの可能性を模索することだ。

経験のパラドックス：
学びには経験が必要だが、個々の経験はしばしば学びを妨げる。

3 決断の枝を切り落とす

木の下に立って、たくさんの枝を見上げているところを想像してみてほしい。

何かを決める際、あなたはその先に木の枝のような可能性を見出しており、それぞれの枝は起こるかもしれない事柄を表している。（図11）

枝が太いほど現実になる可能性は高く、枝が細いほど現実になる可能性は低い。なかには途中で枝分かれしているものもあり、枝分かれの先は、さらなる未来で生じるかもしれない事柄を示している。

あなたの目の前に広がる未来は、この「可能性の木」のようなものである。

子どもは、消防士、医者、テニス選手、宇宙飛行士、映画スターになることを夢見る。

あなたは、恋に落ちたり、失恋したり、老後の資金を貯めたり、貯められなかったり、夕食にピザを食べようと思ったり、ジムに行ったり、昇進したり、転職したり、医師になったりする自分を想像する。

先の事態を想定して何かを決断するとき、あなたには多くの可能性が見えているし、それらすべてを「起こるかもしれない」という観点から見ている。

決断する前は、結果の多様性を理解しているのだ。

結果が判明し、ただの可能性から、現実になる枝がひとつだけ選ばれたら、可能性に満ちたその木はいったいどうなるだろう？

心のなかでチェーンソーをつかんだあなたは、たまたま現実となった枝だけを残して、ばっさばっさと切り落としていく。

そう、まるで大人になったら誰もが夢の仕事――チェーンソー職人――に従事するかのように。

図11　決断時の木
起こりうる結果の枝がたくさんある

結果がわかると、１本の枝だけを残し、実際には起こらなかった可能性の枝を残らず切り落とす。そして切り落とした枝は、そのまま忘れられていく。（図12）

未来には多くの可能性があるが、過去はひとつしかない。これによって過去は必然になり、当初は細い枝だったものも、それしか見えなければ、それこそが一番太い枝のように見えてくる。

この時点で、結果の多様性は失われる。

地球は丸く、恐竜は絶滅し、人間はこの星の支配者として進化を遂げ、第二次世界大戦では連合軍が勝利し、アマゾンがネットショッピングの覇者となるのは必然だったことになる。

あなたはあの日、あの場所で、あなたの両親のもとに生まれる運命だったのだ。

図12　結果が出たあとの木

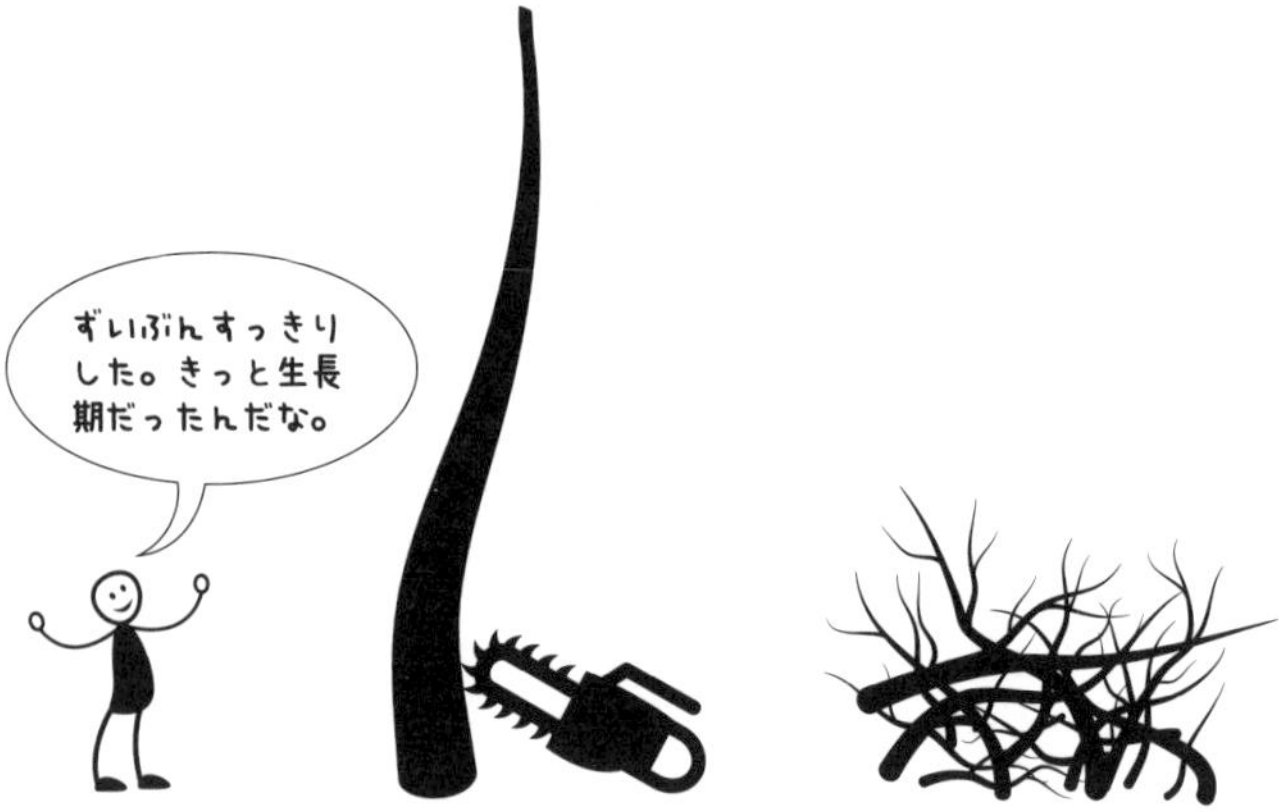
ずいぶんすっきりした。きっと生長期だったんだな。

4
決断の枝をもとに戻す

経験のパラドックスを解消するための第一歩は、木をもとどおりにすることだ。地面に落ちている枝を拾って接着剤でくっつけ、結果を正しい観点から見られるようにしてほしい。そうすれば、現実味の薄い結果は、太い枝ではなく、ほんの小枝に見えてくる。時間をかけて合理的な結果を思い描けば、決断時の木の状態により近づけることができるだろう。

とはいえ、あちこちに木の絵を描き留めるのはむずかしい。まずはシンプルで抽象的な木の絵を描き、適切な観点から結果を見てみよう。

たとえばあなたは、ボストンで仕事を受けるという決断が何を教えてくれたか、できるだけ正確に理解したいと思う。半年後、仕事を辞めた段階であなたの木を再構築するなら、次のようになるだろう。（92ページ図13）

図 13

決断
結果
ボストンで仕事を受ける。
仕事はよかったが冬が耐えられなくて辞める。

まずはあなたが下した決断と、それにともなう結果から始めよう。これを再構築するとこうなる。（図14）

ここであなたがつくろうとしているのは、「決定木」の基礎であり、過去の決断を評価し、新たな決断の質を向上するのに役立つツールである。本書を通じて、このツールをあなたと一緒に開発していきたい。

これらの例では、可能性のある結果のなかに、実際の結果よりもいいものもあれば、悪いものもあることに留意してほしい。決定木を再構築するにあたって、これはよくあ

図 14　可能性のある結果を戻したあとの木

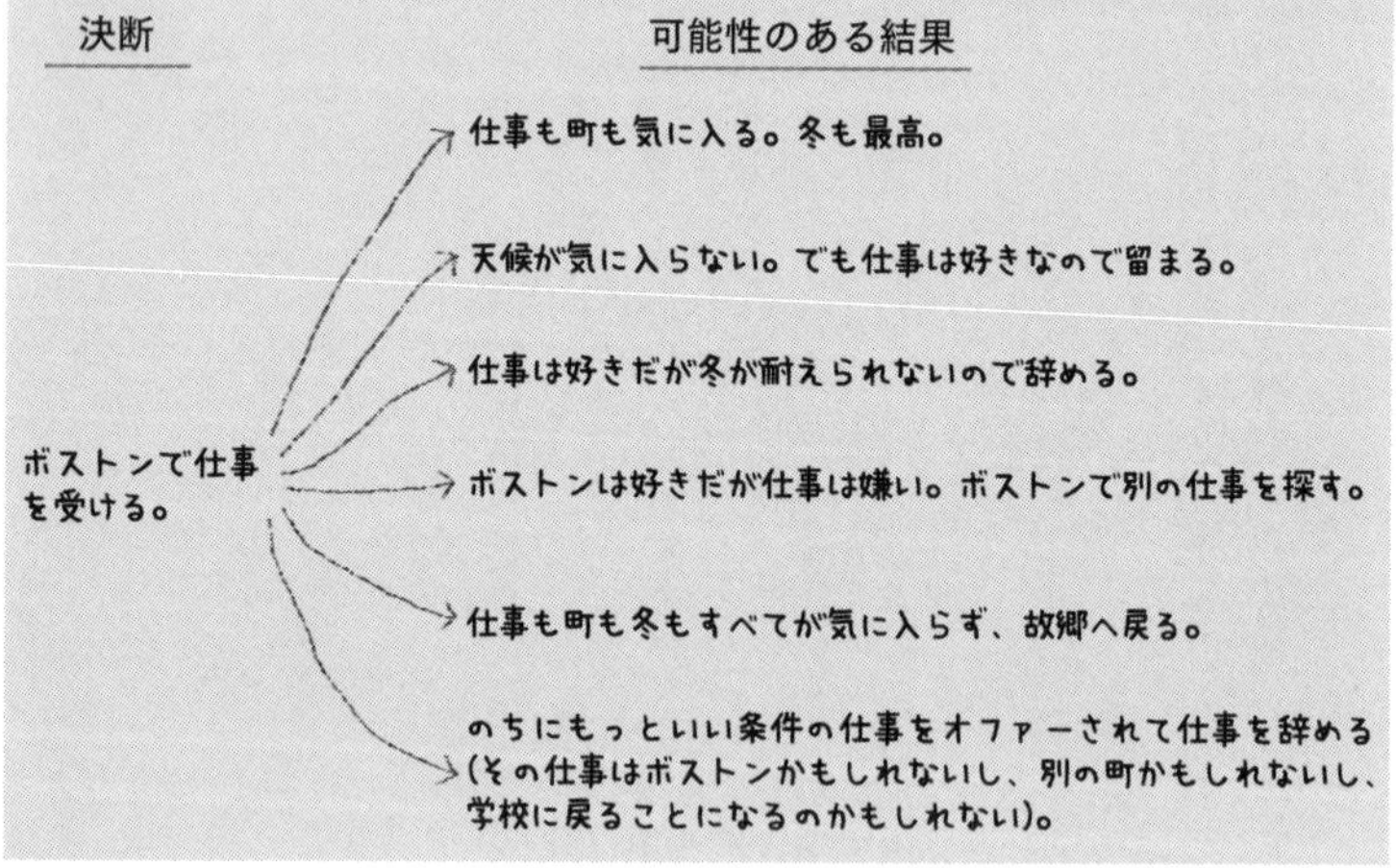
決断
可能性のある結果
ボストンで仕事を受ける。

仕事も町も気に入る。冬も最高。

天候が気に入らない。でも仕事は好きなので留まる。

仕事は好きだが冬が耐えられないので辞める。

ボストンは好きだが仕事は嫌い。ボストンで別の仕事を探す。

仕事も町も冬もすべてが気に入らず、故郷へ戻る。

のちにもっといい条件の仕事をオファーされて仕事を辞める（その仕事はボストンかもしれないし、別の町かもしれないし、学校に戻ることになるのかもしれない）。

ることだ。実際の結果が極端にいい、あるいは悪いというケースはまれである。
ボストンで仕事を受けたのは、悪い決断だったと感じていたとする。あなたは天候のひどさを事前に知っていればと思う。しかしこの木が示すのは、あなたがボストンの冬を嫌いになるのも、仕事を気に入るのも、ボストンを去るのも、ボストンに残るのも必然ではなかったということだ。

「キングダム・コム」を例に考えてみよう。

❶あなたは、美容室に行きたくない人と、その人のもとへ出張してくれる美容師のマッチングアプリ「キングダム・コム」を開発した。
あなたの事業はクリティカルマスを達成できず失敗。資金を（友人のも家族のも）使い果たした。（詳細を忘れてしまった人は、本章の最初に戻ってこの例題を読み返してほしい）

a　あなたが下した決断と、それにともなう結果を記録しよう。

決断

結果

決断

起こりうる結果

b　最初のエクササイズで書き出した、起こりうる結果を用いて木を描いてみよう。

2 美容室へ行くのが嫌いなあなたは自分で髪を切っている。
そこで美容室へ行きたくない人と、出張してくれる美容師とをマッチングさせる「キングダム・コム」というアプリの開発を思いつく。

あなたはギグエコノミーの成長を見こみ、このアイディアは必ずうまくいくと確信する。あなたは仕事を辞め、貯金をこのベンチャー事業につぎこみ、友人や家族からも開業資金を募る。

結果、天は「キングダム・コム」に味方する。事業の将来性を見こまれてさらなる資金が集まり、ライドシェアリング企業やヘアサロンチェーンの注目を集める。そしてある企業に2000万ドルでアプリを売却。

あなた同様、友人も家族も莫大なリターンを得る。

あなたは複数のベンチャー企業や大手のテック企業から誘われ、ハイテク業界ですばらしい実績を残していく。

a　決断と結果を書き出す。

決断

結果

b　このシナリオの木を詳細に描き、起こりえたほかの結果も書き出してみる。

決断

起こりうる結果

❸両方のシナリオで同じ木になったか？

はい　　いいえ

結果として失敗しても、成功しても、再構築された木は同じはずである。「キングダム・コム」はスタートを切れなかったかもしれない。

質の悪いヘアカット、免許のない美容師への罰金、宗教団体やほかのヘアサロンとの著作権や商標問題など、さまざまな集団訴訟を起こされ、訴訟費用が跳ね上がったかもしれない。

数年間の混乱ののちに失敗したかもしれない。

アイディアはよくても、「インスタカット（InstaCuts）」や「フェイスクリップス（FaceClips）」のような、資金が潤沢でマーケティング力やノウハウのあるベンチャー企業にすぐに負けてしまったかもしれない。

事業が成長し、資本にも困ることなく、株式を公開、収益を上げ、最終的にチェーン展開にいたったかもしれない。

プラットフォームと顧客基盤を活用してビジネスを拡大し、その他のサロンサービス、ヘアケア商品、ペットケア、処方せん配信、在宅医療、高齢者ケアなど、さまざまな事業を展開できたかもしれない。

ひとつの決断を下した時点で、これらの結果が起こる可能性は等しい。決断とは、一連の可能性、可能な道筋を決定することである。実際に生じた結果は、事業が失敗しても、２０００万ドルで売り抜けても、決断時の可能性には何ら関係しない。

経験のパラドックスのひとつは、こうしたことを直感的に感じられない点である。あなたの直感は、結果こそが重要だと告げるし、実際の結果が、どういうわけか起こりうる結果を変えてしまうのだと告げる。

時間をかけてシンプルな木をつくりあげれば、そうした直感を抑制するのに役立つだろう。

5　反事実思考

どんな結果になろうと、起こりえた別の可能性を認識していなければ、そこから何を学ぶべきか、真に理解することはできない。

これが反事実思考の本質である。

反事実を探求することは、なぜそれが起こり、あるいは起こらなかったのかを理解する助けになる。

もしも地球が平らだったり、四角だったりしたら？　巨大な小惑星が恐竜を絶滅させていなかったら？　氷河期に人類が絶滅していたら？

もしも第二次世界大戦でドイツがフランスに勝てなかったら？　イギリスがソ連と同盟を組まなかったら？　日本がアメリカを倒していたら？

もしもあなたが違う両親から生まれていたら？　あるいは違う場所で、1600年代に生まれていたら？

反事実を探求もせずに、あなたが下した決定が結果に及ぼした影響を理解できるだろうか？　異なる状況下で生まれていたらどうなっただろう？

この「もしも」の探求は、いつ、どこであなたが生まれたかなど、人生の可能性を定義するものは、あなたにどうにかできるものではないことを思い出させてくれる。

「そうだったかもしれない」あるいは「もしも」の可能性は、あなたの経験を適切な文脈にのせ、次のことを助けてくれる。

- 結果にどれくらい運が関わっていたかを理解し
- 起こったかもしれない結果と実際の結果を比較し
- 必然だったという感覚を手放し
- 人生の経験から得た教訓の質を向上させる

反事実：
「たら、れば」。実際には起こらなかったが、決断時には起こる可能性のある結果。想像上の、もしくは仮定の世界。

❶自分の過去にあった悪い結果をひとつ選んでほしい。これまでの例題（最悪の結果、結果主義、後知恵バイアス）で使ったものと同じでも、違うものでもかまわない。なるべくなら自分のせいで打ちのめされた結果を選ぶこと。

a　決断と結果を書き出す。

決断

結果

b　決定木を再構築する。

決断

起こりうる結果

c　再構築した木は、結果に対するあなたの考え方を変えただろうか？

はい　　いいえ

詳細を記す。

d　起こりうる結果のリストには、実際の結果より悪いものがあっただろうか？

はい　　いいえ

2 自分の過去にあったすばらしい結果をひとつ選んでほしい。これまでの例題（最悪の結果、結果主義、後知恵バイアス）で使ったものと同じでも、違うものでもかまわない。なるべくなら自分のおかげでうまくいったと思える結果を選ぶこと。

a　決断と結果を書き出す。

決断

結果

b　実際の結果に起こりうる結果を加えて、決定木を再構築する。

決断

起こりうる結果

c　再構築した木は、結果に対するあなたの考え方を変えただろうか？

はい　　いいえ

詳細を記す。

d　起こりうる結果のリストには、実際の結果よりいいものがあっただろうか？

はい　　いいえ

❸気分のよかったエクササイズはどれだったか？

悪い結果の木の再構築　　いい結果の木の再構築　　どちらも同じ

あなたが大半の人と同じなら、結果が悪かったほうの木を再構築し、反事実を探求するほうが楽しかったのではないだろうか？

「キングダム・コム」が失敗しても、その失敗が自分のせいだけではないと思えばほっとする。また、成功の可能性もたくさんあって、もしくはさらに悪い結果にもなりえたのだと知れば、悪い気はしないだろう。

ネガティブな結果も、さまざまな可能性のなかのひとつであり、実はそれほど悪いものではなかったとわかれば、自分を責めずにすむ。

そして物事がうまくいかないときは、誰しも大目に見てほしいと思う。

一方で、「キングダム・コム」を開発し、２０００万ドルですぐに買い手がついたのに、それが自分ひとりの手柄ではないと知るのはあまりいい気分じゃないだろう。

失敗の可能性もたくさんあり、いま以上に成功する道もあったと知るのは愉快ではない。

誰しも自分の成功に胸を張り、自分の物語として大いに語りたいと思う。

ほかの可能性も存在したという観点で結果を見ると、悪い結果だけでなく、いい結果についても責任が軽減される。

だが、手柄を手放したい人などいるだろうか？

あなたはそうするのだ。

資格や試験なしで成功を受け入れるのは気分がいいかもしれないが、その場合多くの学びの機会を失い、あなたはいまよりいい結果を出す方法や、別の決断でより確実に同じ結果を手にする方法を素通りすることになる。

結果が恵まれたものだと、そうした機会を逃してしまうのだ。

反事実の文脈で結果を検討する際、私たちは、成功事例よりも失敗事例の分析を好む。

私たちは結果がよくても悪くても、あるがままに受け入れる必要がある。あらゆる結果を均等に探求していかなければならないのだ。

すばらしい結果は、一旦銀行に預けてしまえば、どんな反事実をもってしても奪われることはない。しかし、前後の文脈から結果を理解しようとしなければ、将来いい決断はできないし、さらには成功の果実を積み上げ、あるいはつかまえておく能力を危険にさらしかねないだろう。

6 決断によって生まれる無限の可能性　まとめ

本章のエクササイズを通じて次のことを考えてほしい。

- **経験のパラドックス**：学びには経験が必要だが、個人的な経験はしばしば学びの妨げになる。理由の一端は、結果と決断の質が過剰適合するバイアスにある。
- 決断時、さまざまな結果が生じる可能性があったという観点で実際の結果を見ると、このパラドックスを解決するのに役立つ。
- 未来の可能性はたくさんあるが、過去はひとつしかない。これによって、過去の結果は必然だったと感じてしまう。
- **決定木をシンプルに再構築すること**で、実際の結果を適切な文脈に置くことができる。
- 可能性のあった別の結果を模索することは、**反事実思考**の一形態である。反事実とは、実際には起こらなかったが起こったかもしれない結果、あるいは「想像上の世界」というものである。
- 私たちの結果を検討する意思は**偏りがあり**、いい結果よりも悪い結果のほうを分析したいと望む。優れた決断をするには、（むずかしいかもしれないが）いい結果の過程を見直す必要がある。

決断によって生まれる無限の可能性　チェックリスト

実際の結果から、決断の質に関する教訓を学べるかどうかを判断するには、以下の項目に従ってシンプルな決定木を作成するといい。

□　どんな決断をしたか？
□　実際の結果。
□　実際の結果に、決断時に可能性があった結果を加えて決定木を作成する。
□　実際の結果から学ぶべきものを明確にするために、可能性があった結果を探求する。

コラム③ ❖ 高い城の男

1962年。第二次世界大戦が終わって15年。戦後のアメリカは劇的に変わっていた。サンフランシスコを首都とする米国の西海岸一帯を大日本帝国が支配し、ニューヨークを首都とする東海岸一帯をナチス帝国が支配している。ロッキー山脈はこの二大超大国、日本とドイツのあいだの中立地帯を形成している。

これは、1962年にフィリップ・K・ディックが発表した小説『高い城の男』の設定で、本作は、2015年にアマゾン・スタジオ制作の同名のテレビシリーズとして大成功を収めている。

小説やテレビシリーズでは、いくつもの反事実や未来が示される。

物語の舞台は、第二次世界大戦で枢軸国が勝利した世界。こうした別の「現在」が存在するのは、私たちが現実だとみなしている過去を変えたからだ。1933年、フランクリン・ルーズベルトの暗殺が成功し（現実では未遂に終わった）、第二次世界大戦前のアメリカの状況が一変したことで、戦争への関与の仕方が変わっていく。やがてドイツが技術力を駆使して核兵器を開発、ワシントンDCに爆弾を投下し、1947年にアメリカが降伏することとなる。

この物語では、第二次世界大戦でアメリカが勝利した「別の現実」（ただし私たちが生きている世界とはまた別のもの）も描かれている。物語のなかで、ルーズベルトが暗殺されなかったという設定の仮想小説『イナゴ身重く横たわる』が密かに話題となっているのだ（「高い城の男」は、この仮想小説を執筆／映像化した謎の人物のこと）。フランクリン・ルーズベルトの生存はすべてを変えたが、私たちの知る世界と同じになったわけではない。ルーズベルトは二期で退任（現実は四期）。次の大統領が政策を転換し、アメリカは戦争に参戦して勝利を収める。しかし戦後のアメリカ、イギリス、ソ連の役割も関係性も、実際のそれとは大きく異なる。

（ネタバレしたくないが、テレビシリーズでは第三の世界や歴史が存在する）。

私たちは普段、世界をそんなふうに考えたりはしないが、この物語は、過去はそれが唯一起こりえた事実でも、必然ではなかったことを思い出させてくれる。

第**4**章

「好み」「見返り」「確率」がモノを言う

——推測することで決断の質を上げる

1 優れた決断を下す6つのステップ

ここまで、「過去の決断をどう評価すべきか」について話してきた。過去は変えることができないが、いい決断をするための反復可能なプロセスを構築することで、過去からの学びをこれからの決定に役立てていくことはできる。

意思決定をおこなう者として、あなたの最大の課題は、「もともとあいまいなもの」を見極めることだ。あなたはここまで、歪みを誘発するバイアスを回避しながら決断を再構築してきた。しかし今後は、そもそも不確実な未来を見つめていくことになる。

この6つのステップは、新たな決断と過去の決断の評価、いずれの質も向上させてくれる。実際の結果が出たあとに、決断を正確に評価するのはむずかしい。だが、優れた決断のプロセスを実践し、それを記録しておけば、正確性は格段に増す。

もう「結果主義」や「後知恵バイアス」に惑わされて、決断の良し悪しを迷う必要はない。ただ、自分の行動をふり返ればいいのだ。

ここからが重要な点である。**結果は、参考にならないわけではない。ただしそれは、結果が予想外で、一連の可能性のなかに予想していなかったときにのみ役に立つ。**結果の良し悪しは関係ない。重要なのは、あなたがそれを予見していなかったことで、あなたの決断は、結果を予測する能力とイコールなのだ。

予想外のものをのちに評価するのはとてもむずかしい。しかし事前に作業をしておけば、先の展開に意識を集中していい決断ができるだけでなく、決断時の思考の記録を見て、どの時点で予想外の展開になったのかを確認できるようになる。

これが、意思決定のスキルを高める道だ。

さっそく優れた意思決定のプロセスを構築していこう。

＊優れた決断をするための6つのステップ

ステップ1　可能性のある結果をリストアップする。
ステップ2　各結果の自分の好みを特定する——あなたはどの結果が実現してほしくてどの結果が実現してほしくないのか？
ステップ3　それぞれの結果が起こる確率を推測する。
ステップ4　検討中の選択肢の「実現してほしい結果」と「実現してほしくない結果」が起こる相対的な確率を出してみる。
ステップ5　1から4のプロセスをくり返す。
ステップ6　選択肢どうしを比較する。

2

北米最大の動物を挑発するな

これは、イエローストーンの道路で車の進路を塞ぐバイソンの写真である。
足止めされていらだった男性が、バイソンを動かそうと、車を降りてこの北米最大の動物を挑発している。
やがて、バイソンが男を追いはじめた！

何も参考にせず、このバイソンの体重を予想してみよう。

その根拠は？

賭けてもいいが、１００ポンド（約45キロ）以下、または1万ポンド（約４５３５キロ）以上と推測した人はいないだろう。本章の後半で、もう一度このバイソンに登場してもらい、私がこの賭けに自信がある理由を説明しようと思う。

3 「見返り」を利用して「好み」を特定する

＊好みは重要

起こりうる可能性を認識すれば、特定の結果（過去の決断で生じた実際の結果や、実現してほしい、あるいはしてほしくない結果）があなたの見解を歪めるのを防いでくれる。だがそれには、過去の決断を理解し、未来の決断の評価を向上させたいと望むだけでは十分ではない。あらゆる決断後に起こりうる結果をきちんと理解するには、それぞれの結果に対するあなたの好みを把握しておく必要がある。

そこで先ほどの「決定木」に、起こりうる結末に対するあなたの好みを情報として追加しよう。一番シンプルなのは、もっとも好ましい結果から、もっとも好ましくない結果へと順番に列挙していく方法だ。

次の図15に示すのは「ボストンの仕事」の決定木だが、望ましい結果から順に並べ替えてある。

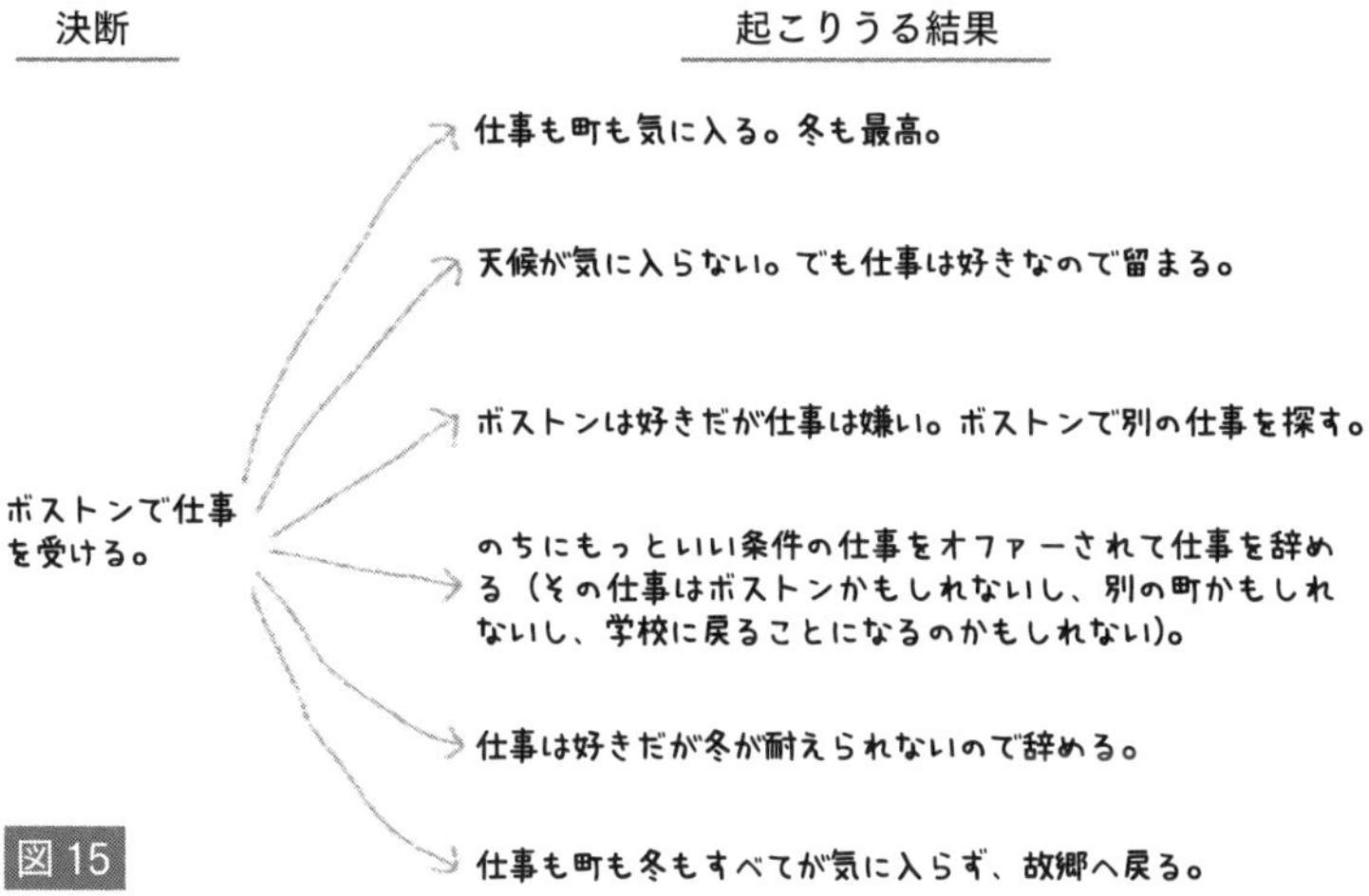
決断
起こりうる結果
ボストンで仕事を受ける。

仕事も町も気に入る。冬も最高。

天候が気に入らない。でも仕事は好きなので留まる。

ボストンは好きだが仕事は嫌い。ボストンで別の仕事を探す。

のちにもっといい条件の仕事をオファーされて仕事を辞める（その仕事はボストンかもしれないし、別の町かもしれないし、学校に戻ることになるのかもしれない）。

仕事は好きだが冬が耐えられないので辞める。

仕事も町も冬もすべてが気に入らず、故郷へ戻る。

図15

＊誰かのごみは誰かの宝

もちろん、結果の良し悪しやその程度は、あなたの目的や価値観による。

7日間の休暇を取って、その全部が雨だったら、当然悪い結果のように思える。日光浴が目的なら、たしかにそのとおりだ。しかし、休暇の目的が積読《つんどく》の山を消化することだったら？　それなら（たとえビーチで本を読もうと思っていたとしても）雨天でもさほど悪い結果とは言えない。

ふたりの人間が家庭を築くという目的を共有していたとする。ひとりにとって、それは経済的安定を意味するかもしれないし、もうひとりにとっては家族として一緒に過ごす時間を意味するかもしれない。この価値観の違いによって、仕事の好みも変わってくる。

前者は、家族との時間を犠牲にしてでも、給料がよく、出世のチャンスが多い仕事を好むだろう。後者は、勤務時間がフレキシブルで在宅勤務ができ、夜や週末が休みなら、給料が安くても仕事を受けるだろう。

自分の価値観と他人の価値観は違うし、あなたの目的や価値観は、結果に対するあなたの好みを教えてくれる。つまり、ほかの可能性に比べてあなたが特定の結果を好む割合は、当然他人のそれとは異なるのである。

だからといって、どちらかが間違っているということではない。ただ、それぞれに好き嫌いのある別々の人間だということだ。

また、他人に助言を求めてはいけないということでもない。自分の目的と価値観がはっきりしているなら、助言は意思決定におけるすばらしいツールである。だがそうでない場合は、あなたは相手が自分と同じ価値観を共有しているという前提で、助言を受け止めてしまう危険性がある。

❶「決断によって生まれる無限の可能性」の章で構築した決定木を用いて、あなたが好ましいと思う順に「起こりうる結果」を並べ替えてみよう。

決断

起こりうる結果

❷好みの順番を決めた目的や価値観は何か？

❸ほかに比べてとくに好ましい結果はあるか？

❹ほかに比べてとくに疎ましい結果はあるか？

あなたが下すたいていの決断には、あなたが望む結果、あるいは望まない結果がある。決定木に好みをはっきりと追加することで、望む結果、あるいは望まない結果の数がひと目でわかるようになる。これこそが、起こりうる結果を好ましい順に列挙する利点である。

もちろん、決断に対する結果の良し悪しだけでは、決断そのものの良し悪しを判断するのはむずかしい。それぞれの結果の程度、つまりどれくらいよくてどれくらい悪かったかを知る必要がある。

要するに、自分の好みの程度、起こりうる結果の好き嫌いの度合いを知る必要があるのだ。

＊見返り（ペイオフ）の大きさは重要

たいていの結果には、得るものと失うものがある。こうした得失は「見返り（ペイオフ）」と呼ばれ、人は利益のほうを好む。そのため、ペイオフはあなたの好みに影響する。

結果が目標へ近づけば、ペイオフはポジティブなものになるし、結果が目標から遠ざかればペイオフはネガティブなものになる。その動きの大きさは、結果に対するあなたの好悪の程度を認識させる。得るものが大きいほど、結果は好ましく、失うものが大きいほど、結果は受け入れがたくなるのだ。

ペイオフを理解するのにもっともわかりやすいのは、結果をお金に換算した際の決断である。お金が増える投資をしたらそれは利益だし、お金が減ったらそれは損失だ。

しかしペイオフは、（自分や他人の）お金、幸福、時間、自己改善、自尊心、善意、健康など、自分が大切にしているものに置き換えることもできる。

起こりうる結果のひとつが生じたら、あなたの幸福度はどうなるだろう？　時間は？　自尊心は？　あなたの大切な人の幸福度は？

私たちの価値観は何であれペイオフ（見返り）という通貨になり、プラスにもマイナスにもなる。

起こりうる結果のなかには、大切な何かを得てペイオフすること（見返りがプラスになる）があり、ここには決断のプラスの可能性が、大切な何かを失ってペイオフする（見返りがマイナスになる）場合は、決断のマイナスの可能性が内包されている。

たとえば、あなたが株を買うかどうか迷っているとする。プラスの可能性は、株価が上昇すればお金が増えることだ。一方マイナスの側面は、株価が下落すればお金が減ることだ。

カクテルパーティーに行くかどうか迷っているとする。プラスの側面は、楽しい時間を過ごし、友情を深め、新たな友人ができ、仕事で助けてくれる人に出会える可能性があることだ。恋人にも出会えるかもしれない。

マイナスの側面は、パーティーが退屈で、ほかに有意義に過ごせたかもしれない時間を無駄にする可能性があることだ。政治の話題で口論になり、友情を壊してしまうかもしれないし、ピザやバースデーケーキを我慢できずに口にして、健康的な食生活を乱してしまうかもしれない。

仕事に遅刻しそうなあなたは、制限速度を15マイル（約24キロ）オーバーして急ぐかどうか決めかねている。プラスの側面は、仕事に間に合う可能性があることだ。

プラスの側面：
決断で得るもの。選択におけるポジティブな可能性。潜在的利益。
マイナスの側面：
決断で失うもの。選択におけるネガティブな可能性。潜在的コスト。

ではマイナスの側面は？　飛ばしても仕事に間に合わないかもしれないし、スピード違反の切符を切られるかもしれない（そのせいで余計なお金と時間がかかる）。もしくはルールを順守していれば起こさなかった事故を起こすかもしれない。

大半の決断には、プラスの側面とマイナスの側面が混在している。決断の良し悪しを見極める際、あなたは本質的に、プラスの側面がマイナスの側面のリスクを補えるかどうかを自問していると言えるだろう。

リスク：
マイナスの側面が生じること。

そのためには、起こりうる結果を知り（ステップ１）、それに関連した潜在的利益と損失を知る必要がある（ステップ２）。優れた決断をするには、これらを表にすることが不可欠だ。ペイオフの大きさを確認もせず、リスクを冒してプラスの可能性に賭けるかどうかを見極めることはできない。

たとえばプラスの結果になる可能性が４通りあって、マイナスの結果はひとつだけという決断があっても、それだけでは、決断がリスクに見合うとは言い切れない。

４つのプラスの結果は、１ドル節約できたり、１時間フレッシュな息が続いたり、５分早くどこかに到着したり、靴下を１日余分に履けるといったものかもしれない。マイナスの結果はその場で息絶えることかもしれない。

だからこそ、大きさは重要なのだ。

ここからは、プラスの側面とマイナスの側面を並べた正負リストの限界をさらに明確にしていく。正負リストのいい点は、あなたがプラスとマイナスの側面を考えるようになり、ステップ2を開始できるところだ。悪い点は、これもまたステップ2に必要な（プラスの側面がどれほどポジティブで、マイナスの側面がどれほどネガティブかという）ペイオフの大きさを考えさせない点である。

このリストは、（ペイオフの）大きさに左右されないフラットなものだ。というのもこれは単なるリストの形式であるため、たとえばリストの正負、早く到着する可能性も、深刻な事故に遭う可能性も平等に扱っている。大きさに関する明確な情報がなければ、正負の程度を、リストの正負とどう比較すればいいのかわからない。

仮に10個のプラスと5個のマイナスがあれば、その数を参考に決断するべきだろうか？ ペイオフの大きさに関する情報がなければ、プラスがマイナスを上回るかどうかわからないので、決断を下すのは不可能だ。

> 決断の質を評価することには、プラスの側面がマイナス側のリスクを冒す価値があるかどうかを見定めることも含まれる。

4 それぞれの結果が起こる「確率」を推測する

　あなたは電気自動車会社の株を買う。株価が４倍になる。自分の決断を褒める。しかし株価が４倍になる可能性はわずかで、株価が下がる危険が大きかったとしたら、あなたは純粋に自分を褒めてもいいだろうか？

　あなたは電気自動車会社の株を買う。価値がゼロになる。自分の決断を責める。しかし株価がゼロになる可能性はほんのわずかだったとしたら？

　車に乗るたび、あなたは大きなリスクを抱えている。事故に遭って死ぬかもしれないのだ。もちろん、リスクを承知で車に乗るのは、その可能性がかぎりなく低く、プラスの側面（時間の節約、生産性の向上など）がそれを補ってくれるからだ。同様に、宝くじで大金を当てる可能性があっても、その可能性はかぎりなく低く、お金を浪費するというリスクを冒す価値はない。

　長期的なペイオフのなかには価値があるものもあるだろう。スタートアップへの投資はリスクの高い投資だ。大半の新規事業は失敗するため、ほとんどの場合、あなたはお金を失うことになる。一方で（あなたのベンチャー企業に対する選択眼がたしかで）リターンが大きければ、リスクを冒す価値はある。もっとも、それこそがベンチャー企業の存在意義だ。

どんな結果についても、それが起こる可能性の情報がなければ、幸せな結果になる確率がごくわずかだということを知らないばかりに、怪我をしかねない。

あるいは、まったく予想外の悪い結果に打ちひしがれるかもしれない。

あるいは、実際には悪い結果が予想できたのに、ただ自分は運が悪かったのだと思うかもしれない。

あるいは、リスクを考慮せずに、無謀な一攫千金に目がくらむかもしれない。

あるいは、リスクはほとんどなくて、プラスの側面で十分補えるにもかかわらず、リスクを恐れてチャンスを逃すかもしれない。


決断の良し悪しを見極めるには、起こりうる事態、そこから得るもの、失うものだけでなく、起こりうる結果のそれぞれの可能性も理解する必要がある。つまり、優れた決断をするには、そうした可能性をきちんと推測する必要があるのだ。

5　すべての推測は自分に基づいた推測

あなたが大半の人と同じなら、これから起こる出来事を予測するのは抵抗があるだろう。というのも、大半の決断において、起こりうる結果の可能性を正確に知ることはできないからだ。大半の決断は、表の出る確率が50％と決まっているコイントスとは違う。

大半の決断は、起こりうる結果の確率を客観的に答えられるだけの情報がそろっていない。そのせいで、あなたの答えは完全に主観的なものになり、さらには間違ったものになる可能性がある。そうなると、あなたは推測するのをためらうようになる。

その町に住んだことも、その仕事をしたこともないのに、ボストンや仕事を気に入る確率がどうやってわかるだろう？

行ったこともない大学を気に入る確率は？

特定の銘柄がこの先上昇する確率は？

新規の顧客が来たときに、その顧客と取引を成立させられる確率は？

おそらくあなたは、これらはすべて「推測にすぎない」と思う。

ここでバイソンの写真に戻ろう。

＊バイソンふたたび

あなたがバイソンの体重を何キロと推測していても、「正解」の定義が特定のバイソンの正確な体重だとしたら、まず当てるのは無理だろう。

このバイソンについてあなたが知らないことは多く、写真から推測しようとしている。だがたとえ現場にいても、バイソンの正確な身長、年齢、性別はわからないだろう。仮にあなたがバイソンを体重計に載せる方法を知っていたとしても、その場で家畜用の体重計を持っている可能性はかぎりなく低い。

推測をおこなうと、あなたは完璧な知識と自分がもっている知識との差に戸惑うことになる。客観的に正しい答え――バイソンの実際の体重――があることは知っている。完璧な情報がもたらされていれば、あるいはあなたが全知全能であれば、正確な数字がわかるだろう。しかしあなたは全知全能ではない。

そして推測ではなく正解を出さなければならないとしたら、あなたは少なくともバイソンをおぶうくらいの圧力を感じるだろう（実際にバイソンをおんぶするとしたら、間違いなく押し潰されるので、もはやバイソンの体重を知る必要はない）。

正しい答えがあってもそれを知らないと、推測するのは愉快ではない。自分の答えが正解ではないかもしれないからだ。そして正解の反対といえば？

不正解だ。
不正解を出したい人などいるだろうか？

＊「そう思っただけ」

人はいつも「そう思っただけ」と言っていい加減な予測をする。これは完璧な知識がないと、適当に答えることを示唆している。しかし、私たちはすべての情報がないことにとらわれて、実際に知っていることまで見逃している。

バイソンの正確な体重を知らないのは事実だが、それであなたが何も知らないということにはならない。この世界に生きるひとりの人間として、あなたは多くのことを知っている。

- あなたは一般的なモノの重さについてよく知っている。家電製品は段ボールよりも重いし、岩は羽毛よりも重い。巨大なモノはたいていごく小さなモノよりも重く、バイソンは人間よりも重い。
- おそらく猫や犬の平均体重もだいたいわかるのではないだろうか？　ひょっとしたら牛の平均体重も知っているかもしれない。

> 「正解」と「不正解」のどちらかしかないという考え方は、優れた決断にとって大きな障害となる。優れた決断には、あえて推測する姿勢が求められるのだ。

- 周囲の車や挑発している男性と比較すれば、バイソンのおおよその大きさもわかる。
- あなたは自分の体重を知っている。
- バイソンが写真の男性より重いことを知っている。
- あなたは車の重さもだいたい知っていて、バイソンよりも車のほうが重いと考えているのではないだろうか？

不完全かもしれないが、あなたの知識はあなたの推測がでたらめではないことを示している。完璧な情報を持っていなくても、バイソンの体重について無知ということはまったくない。あなたが100ポンド以下とも、1万ポンド以上とも推測しないことに私が賭けたのは、あなたが多くの情報を持っていることを知っていたからだ。

あなたはある程度の知識をもっていて、何も知らないということはない。完璧ではないかもしれないが、意思決定に関してはそれを信用していい。「そう思っただけ」と言って可能性の推測を否定すれば、自分の知っていることや、調べればわかることを手放すことになる。「ただの推測」だと言ってしまえば、それで終わりだ。あきらめてしまえば、実際にもっている自分の知識を決定に生かす必要はなくなる。

生かせる知識が少なくても、決断の質には差が生じる。その差は、たとえ些細なものであっても、ときとともに積み重なっていく。決断の質がわずか

正解と不正解のあいだにある領域を見逃さないこと。少し間違ったり、正解に近づいたりすることの価値を見逃さないこと。

でも向上すれば、長期的に大きな配当をもたらすだろう。
「ただ、そう思っただけ」だからと、自分の知識をごみ箱に捨てるのはやめてほしい。

＊経験を強調する

私たちは情報に基づく推測とそうでない推測を区別するすべを持っている。ここでは、情報に基づく推測を、「経験に裏づけられた推測」と呼ぶことにする。

これは推測が経験に裏づけられているか否かの問題ではなく、どの程度裏づけられているかの問題である。

自分の知識の状況を、情報量ゼロから１００までの一連の流れとして考えてみよう。（図16）

情報がなければ何も知らないし、完璧な情報を持っていれば、すべてを知っている。推測をする際、あなたの情報量がゼロだったり１００だったりといった、両極端な状況になることはまずないだろう。たいていの場合、その中間の情報量を持っている。

つまり、バイソンのテリトリーにいるということだ。

ささやかでも知識は知識だし、バイソンの体重について何か少しでも知っていれば、無限に広がる推測の範囲を、８００ポンド（約３６０キロ）

私たちがまったく事情を知らない事柄を推測することはほとんどなく、つまり、どんな推測も経験に裏づけられた推測ということになる。

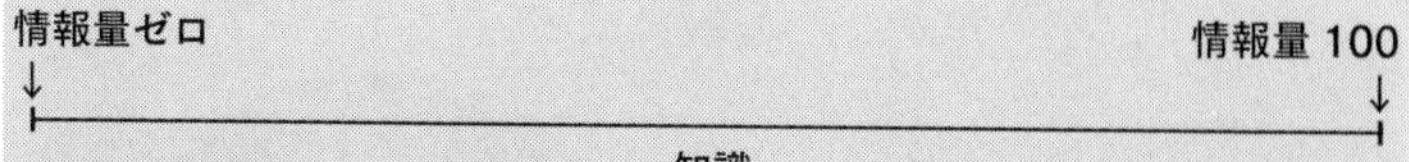

図 16

から3500ポンド（約1590キロ）のあいだに絞りこむことができる。これによってバイソンのテリトリーはぐっと狭まる。たしかな体重はわからないかもしれないが、それでも格段の進歩を示して答えに近づいている。

　ボストンで仕事を受けようと思っても、仕事を気に入るかどうかはわからないし、町を気に入るかどうかもわからない。だが、仕事や町についての情報は多少持っている。そして知っていることには意味がある。そう、バイソンのケースのように。

　経験に裏づけられた推測をすることには、多くの価値がある。意欲的に推測をするほど、深く考え、知っている情報を生かそうとするし、答えに近づくために自分が何を知るべきかを考えるようになる。

　バイソンの体重を予想するにしても、「キングダム・コム」の成功する確率を予想するにしても、次のふたつのことを見極めるのが、決断者の仕事である。

1　自分の推測をより確実にするために、自分がいま知っていることは何か？
2　自分の推測をより確実にするために、何を知るべきか？

＊弓の射手の心構え

優れた意思決定をするためには、推測についての考え方を変えることだ。

「正解」を出せないかもしれないからといって（そして完璧な正解以外は「間違い」だと思うことで）推測することに後ろ向きになるのではなく、射手が的に向き合うように、推測について向き合ってみてほしい。

意思決定と同じように、アーチェリーもまた１００かゼロかの競技ではない。真ん中を射抜かなくとも、的を射れば得点になる。（図17）

推測の価値は、それが正しいか、間違っているかではない。あなたの推測はアーチェリーの矢のようなものだ。あなたが全知全能でいつも正しい推測をするなら、毎回的の真ん中を射るだろう。経験に裏づけられた推測をするとき、あなたは的の中心を狙っている。が、たいていはそこから逸れ、それでもアーチェリーの射手のように、近くへ当たれば得点をすることができる。

図 17

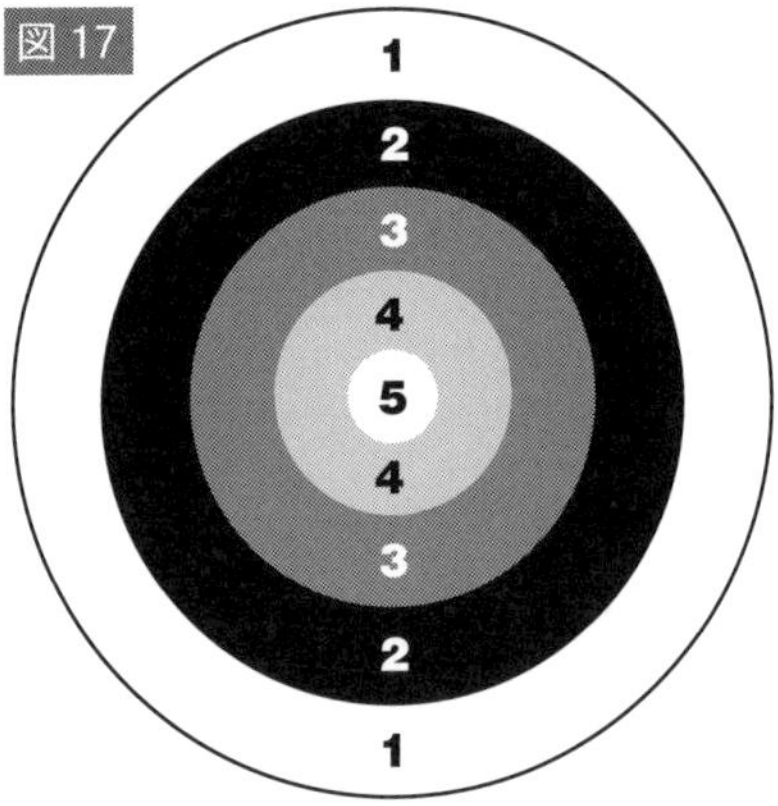

そうそう真ん中を射抜けるとは思っていないかもしれないが、重要なのはそこを狙うことだ。経験に裏づけられた推測をもって中心を狙えば、知っている情報と知らない情報があなたのなかで査定され、中心に近づくことになる。つまり、それが学びのモチベーションになるのだ。

狙うことの価値を認識するのは、射手の心構えである。推測があてずっぽうでないと知ることや、すべての推測が経験に裏づけられていると知ることは、射手の心構えである。そうでなければ、あなたの意思決定は、ロバの絵に尻尾をつけるゲーム〔日本の福笑いのような遊び〕と同じで、わざと目隠しをして的を狙うことになる。

子どもの誕生日会で（本物の画鋲が使われる）ロバのゲームがはやらなくなったのは、目隠しをして、ぐるぐる回って、尻尾を画鋲でロバの絵に刺そうとすると、ロバのお尻だけでなく、そばでケーキを切っている人にも画鋲を刺してしまう可能性があるからだ。

私たちの多くは、ロバのゲームの心構えで生きている。

＊しかも、あなたはすでにやっている

ロバのお尻に尻尾を刺そうとする場合でも、あなたは的を狙っている。ただ、目隠しをしているから見当違いの結果になるだけだ。

これは意思決定に関しても同じことが言える。一連の可能性、自分の好み、結果が生じる確率をはっきり意識していなくても、あなたはこうした推測をおこなっている。どんな決断でも、自分にとって最善の結果が得られる確率が高いものを暗黙のうちに選んでいるのだ。

そのため、あなたの意識がどうであれ、**決断とは、結果がどうなるかを推測することだと言えるだろう。**

あなたの選択はつねに、異なる結果が生じる可能性の推測である。

あなたが放つ矢は、何かに当たる。当てる際は、射手のように狙いを定めることもできるし、昔ながらの誕生日会のように、目隠しをしていちかばちかで画鋲を突き刺すこともできる。もちろん最善なのは、目隠しを外し、目を大きく見開いて狙いを定めることだ。

自分が推測していることを認識すれば、すでにもっている知識を最大限決断に生かし、情報量ゼロから１００へ近づくには自分に何が必要か、自問できるようになる。

6 可能性を表す言葉を使って「確率思考」をつける

ステップ3の最初の試みとして、決定木へ確率を追加すると、可能性を表す一般的な用語を使えるようになる。

日常の言語には「頻繁に」「まれに」といった、何かが起こったり、真実であったりする可能性を表す言葉がたくさんある。アンドリュー・モーブッシンとマイケル・モーブッシンは、こうした用語の包括的なリストを作成した。

このリスト（図18）を使用して、決定木に記した起こりうる結果の可能性に情報を追加してみてほしい。すでに述べたように、どんな推測も経験に裏づけられた推測だ。だから、どんな結果になろうと恐れる必要はない。経験に裏づけられた推測は、あてずっぽうとは違うのだ。

ここでは、ボストンで仕事を引き受けた際に起こりうる結

ほとんどいつも	たいてい	きっと
ほぼ確実に	絶対ない	間違いなく
つねに	めったに	ありそうもない
確実に	しばしば	通常
頻繁に	ことによると	高確率で
おそらく	たぶん	低確率で
かもしれない	まれに	そこそこの確率で
ひょっとしたら	ほぼ間違いなく	

図18

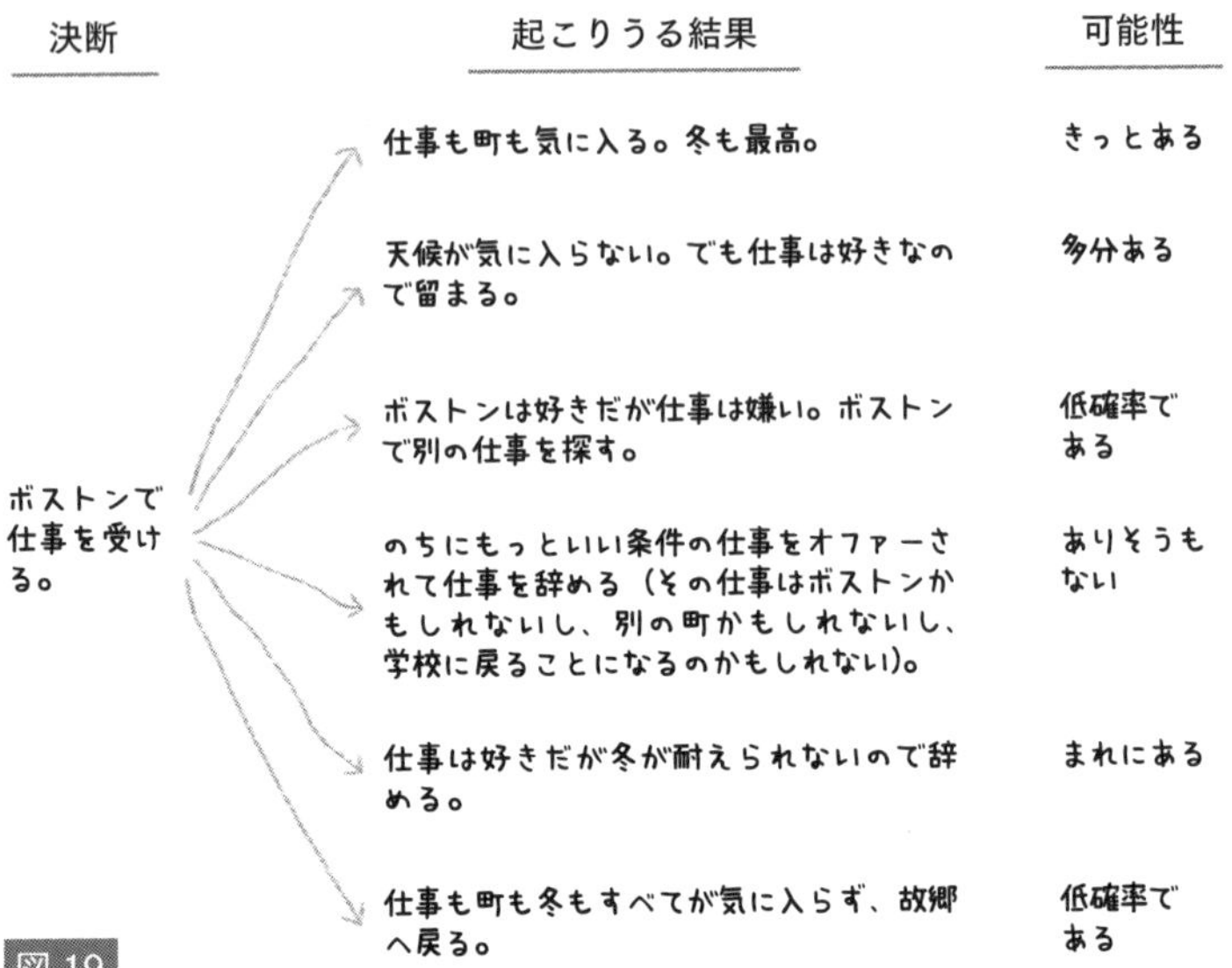
決断
起こりうる結果
可能性
ボストンで仕事を受ける。
仕事も町も気に入る。冬も最高。
きっとある
天候が気に入らない。でも仕事は好きなので留まる。
多分ある
ボストンは好きだが仕事は嫌い。ボストンで別の仕事を探す。
低確率である
のちにもっといい条件の仕事をオファーされて仕事を辞める（その仕事はボストンかもしれないし、別の町かもしれないし、学校に戻ることになるのかもしれない）。
ありそうもない
仕事は好きだが冬が耐えられないので辞める。
まれにある
仕事も町も冬もすべてが気に入らず、故郷へ戻る。
低確率である

図19

果の可能性を、これらの用語を用いて表してみよう。（図19）

　結果主義も後知恵バイアスも、ボストンへの移住がうまくいかなかったなど、悪い結果が出たあとで自分を打ちのめすよう誘導する。起こりうる結果をあなたの好みの順番にし、各結果の起こる確率を予想して決定木を構築すれば、大半の好ましい結果に、「非常に好ましい」（仕事も町も天気も好きになる）から、「とても好ましい」まで幅があることがひと目でわかる。また、ふたつの悪い結果はまず起こりそうにない。

　もちろん、ボストンに引っ越すかどうかを決める前にこの作業をおこなっておくとなおいいだろう。可能性と確率を表にすることで、決断の質を見極めやすくなる。

これは、正負リストに欠けている別の要素も明らかにする。正負いずれかの結果が生じる可能性の情報だ。正負リストは、決断のプロセスにおけるステップ3とステップ4の実行を妨げる。どちらのステップでも可能性について考える必要があるからだ。

検討中の選択肢を評価するのに役立つステップ（109ページのステップ1～4）を実行できなければ、ステップ6（選択肢どうしを比較する）をおこなうこともできない。

正負リストは、実際のところ、複数の選択肢を比較するためのツールではなく、ひとつの選択肢を評価するためのツールである。また、リストはフラットなので、複数の選択肢を比較するのに役立つものでもない。何のツールも利用しないよりはましかもしれないが（実際はそれすら明確でない）、これを使うことであなたは、ドレッサーにねじをはめるのにハンマーを使っている可能性がある。

そうなると、不安定な構造を生み出すことになってしまう。

この情報を決定木に追加すれば、それぞれの可能性からプラスとマイナスの側面を比較し、プラスの側面がリスクに勝るかどうかを確認できるようになる。つまり、検討中の選択肢に関して、それぞれの結果が生じる可能性を相対的に評価する、というステップ4を実行できるようになる。

＊あなたにとって本当に大事なのは特定の見返り？

ここまで、一般的なシナリオの結果について話してきた。しかし多くの決断では、あなたが

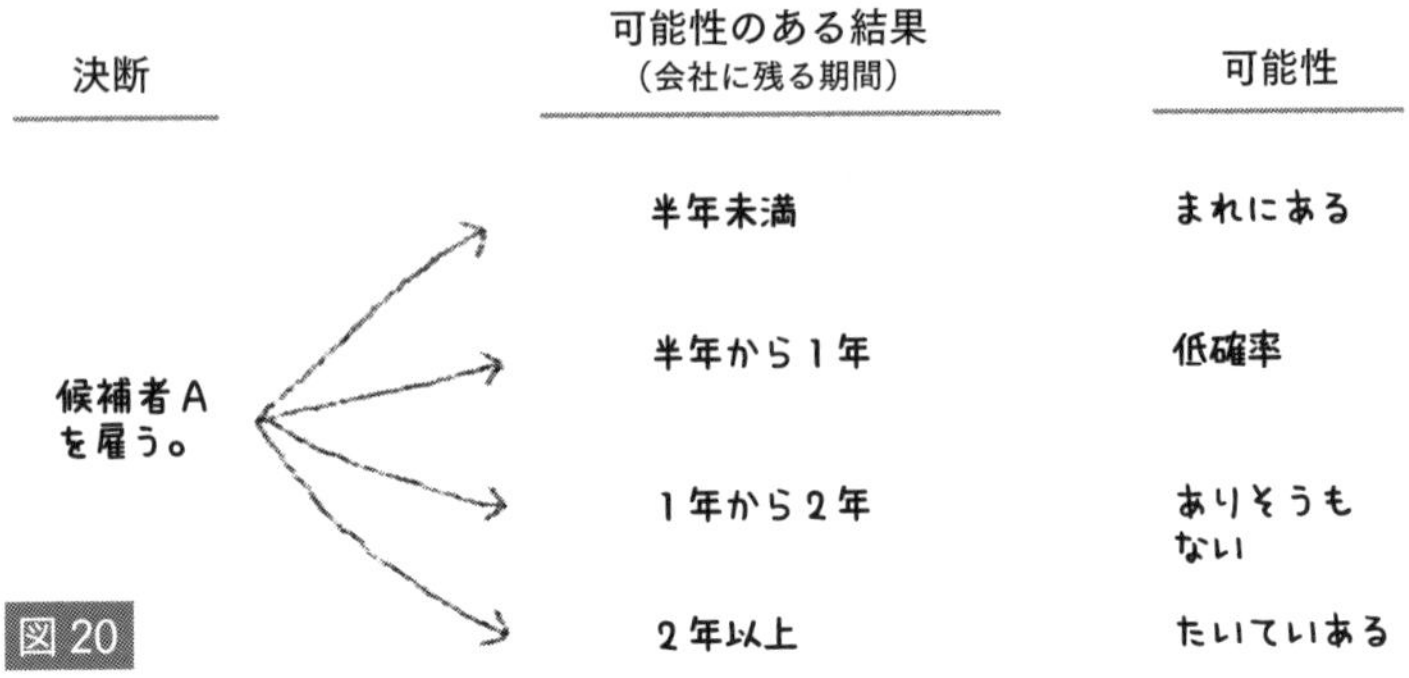

図20

とくに重視する特定の結果（特定の見返り）がある。その場合、そうした見返りに対する推測の範囲を絞っていくことで、重視すべき要点が見えてくる。

投資を選択した場合、あなたはとくに金銭的な見返りを気にかけることになる。そして一定の時間枠内で、投資が4倍になるか、2倍になるか、利益が50％増になるか50％減になるか、ゼロになるかの確率に着目することになる。

健康的な食生活を送ろうと決めたあなたは、休憩室のドーナツを食べないように休憩室へ行くのをやめるべきかどうか考えている。この問題については、自分が休憩室でドーナツをどれだけ食べるか（食べない、ひとつ、ふたつ、全部）自問するといい。

人を雇う際、一番の問題はその離職率だ。しかし候補者が半年後、1年後、2年後に会社に残る可能性に焦点を絞れば、あなたの決断における最重要ポイントは明確になる。

これは従業員の定着率に着目した決定木の例だ。（図20）

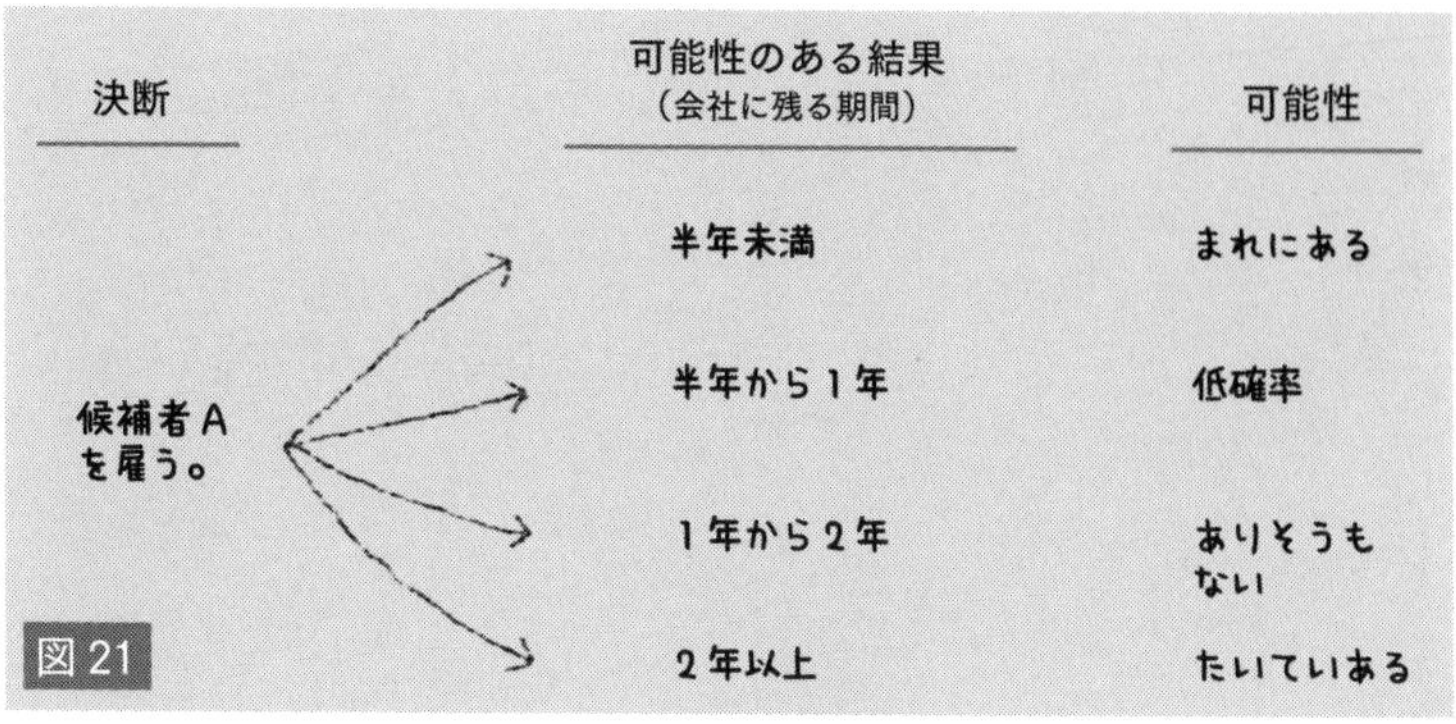

図21

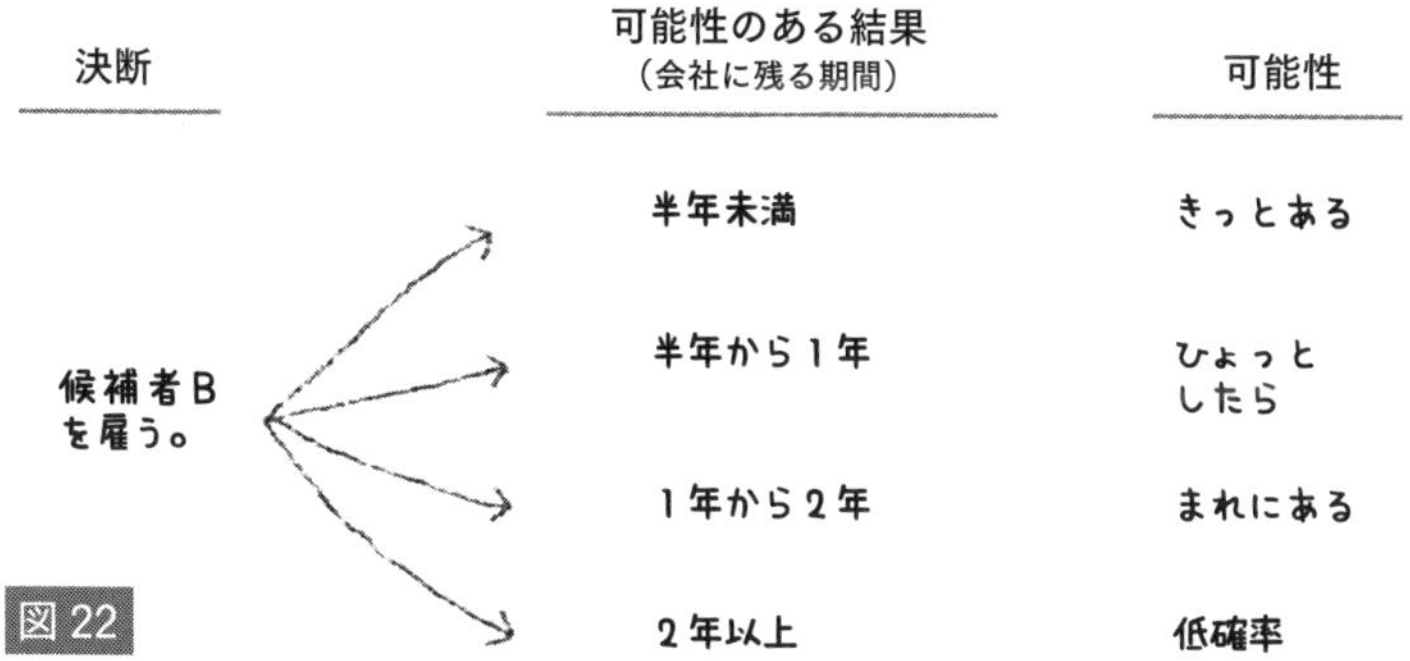

図22

このように特定の結果の側面に焦点を絞れば、それぞれの結果は単純化され、ステップ4が明確になる。また、同一の条件を比較することで、ほかの選択肢に対する評価もおのずと明らかになっていく。

ほかの候補者に対しても同様のプロセスをくり返し（ステップ5）、それぞれの選択肢を比較すれば（ステップ6）、増えつづける雇用費用にもっともふさわしい選択をすることができるだろう。選択肢を並べることで、自分の望む結果になる可能性がとくに高いものを見極められるのだ。

図21と図22（１３５ページ）のケースは、候補者AがBより明らかにふさわしかった場合である。

ほかの場面でもこうした確率用語を使ってみよう。

直近の健康診断で、血糖値がいつもよりかなり高ければ（朝食のドーナツめ！）、医師から食生活の見直しや定期的な運動を勧められるだろう。

あなたはその助言を受け入れ、進んで揚げていない野菜を食べるようになる。そして医師の助言に従って「スウェット・センセーションズ」というジムに入会し、定期的に運動をしようと思うかもしれない。

「スウェット・センセーションズ」に入会するなら、どのくらいの頻度でジムに通えるかというのがポイントになる。あなたは医師の助言に従って運動量を増やそうと考えている。だからジムに通う頻度は、決定を評価するうえで最重要な側面となる。ジムに行く回数が増えるほど運動量も増え、健康になる。逆にジムに行く回数が少ないほど、健康になる可能性は低くなる。

次に可能性のある結果を示す。

- 最後にジムに行ったのは、写真付きのメンバーズカードを受け取りに行ったとき。ずっと行こうと思ってカードを持ち歩いてはいるが、結局机の奥に入れてしまう。つまり、ジムに行く回数は週にゼロ回。
- 最初ははりきって通うが、やがて週1回になり、しかも古びたエアロバイクにただ座ってスムージーを飲むだけになる。
- 週3回ジムに通い、やがてそれが習慣になる。
- トレーニングにはまり、個人トレーナーを雇って週5日ジムに通う。

❶「スウェット・センセーションズ」に入会すると決めた場合の、各結果の可能性を表す用語を図23に追加してみよう。すでにジムに通っていたり、ジム嫌いだったりするかもしれないが、このエクササイズでは、一般的な視点で考

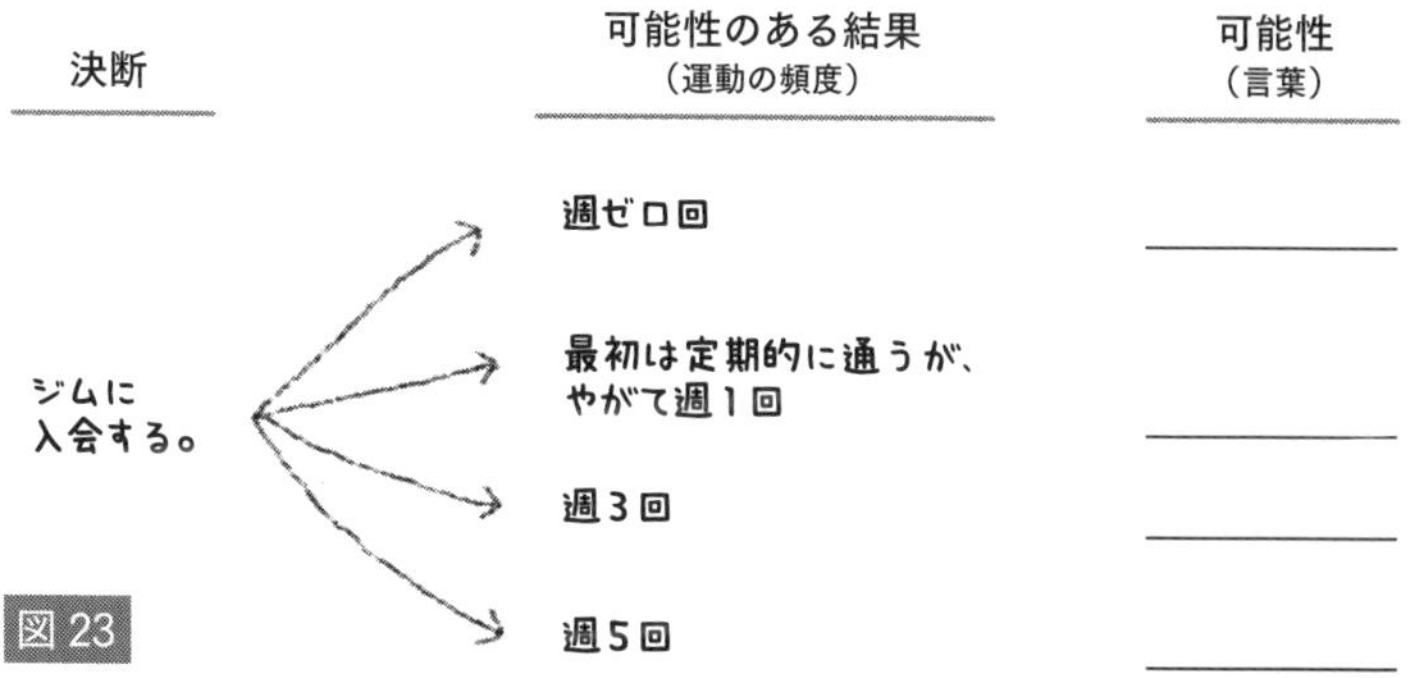

図23

えてほしい。

2 どんな考えと知識に基づいてそう推測したか？

＊確率を示す用語を用いる利点

決定木に結果が起こる確率を追加することで、単に可能性と好みを特定するより、意思決定の質を大幅に向上させることができる。優れた決断をするには、好ましいもの、避けたいもの、いずれについても、起こりうる結果の確率を考える必要がある。このひと手間をかけずに選択そのものの質を評価するのはむずかしいし、選択肢を比較しようと思うとさらに困難がともなう。

あなたの目標が週3回ジムに通うことで、会員になったらそれ以下にはできないと考えたなら、あなたはほかの選択肢に目を向けることになるかもしれない。自宅で器具を使う？　サイクリング？　職場までの階段15段をジム代わりにする？　比較検討したうえで、自分の健康にとって一番いい結果をもたらしそうな選択肢を選ぶといいだろう。

7
質問をしなければ、答えは得られない

狙いを定めるという、射手の心構えの最大の利点のひとつは、前述した推測の価値に関するふたつの質問を自分に問いかけることである。

①　すでに持っている知識で、自分の推測を裏づけられるものは何か（そしてその知識をどう使えばいいか）？

②　自分の推測をより確実にするにはどうすればいいか？

狙いを定めることで、物事が「知らないこと」の箱から「知っていること」の箱へと移動し、あなたはこうした疑問に答えたくて仕方なくなる。（図24）

あなたの信念は、あなたの下すあらゆる決断の基盤

図24

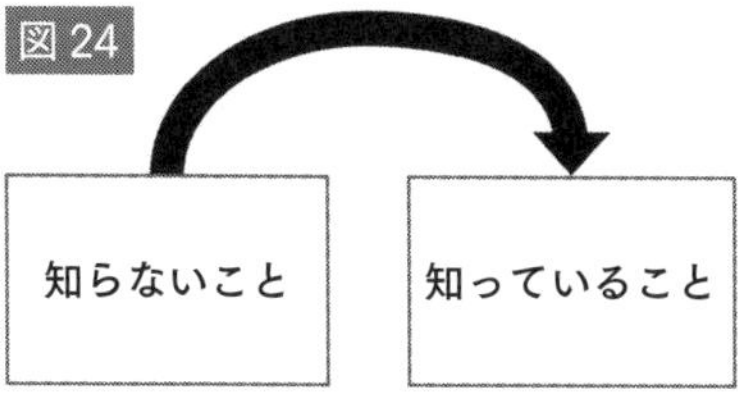

決断を向上させる強力な武器は、「知らないこと」を「知っていること」に変えることである。

の一部である。あなたの信念は、選択肢の種類や、起こりうる結果を教えてくれる。あなたの信念は、どのくらいの確率でその結果が起こるか、あるいは、あなたが本当にそれを真実だと考えているのかを教えてくれる。さらに、見返りや目的やあなたの価値観をも教えてくれる。

ここで、もうひとつ問題が発生する。先ほどの図は正確ではなく、本来はこんな比率なのだ。あなたが知っていることは、針の頭についた埃と同じくらいの大きさだ。知らないことは宇宙ほど大きい。（図25）

図25

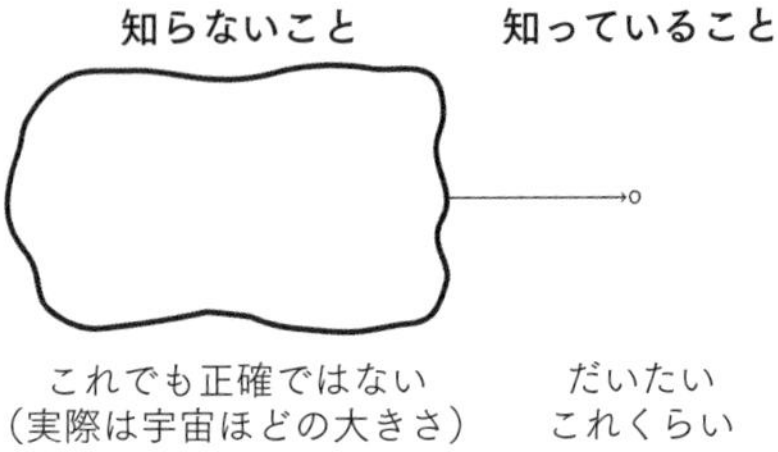

知っていることがあまりに小さくて気が遠くなるかもしれない。しかし、あなたが推測に対して建設的な姿勢を示すなら、いい知らせがある。何かを学び、「知らないこと」を「知っていること」へ移動させるたび、あなたの決断の基盤は強くなっていくのだ。

「知っていること」に関して、私たちはふたつの問題を抱えている。第一に、それほどよく知らないということだ。新しい学びは、決断の基盤を強く丈夫にする。

第二に、私たちの知っていることは不正確なことだらけだということだ。私たちの信じるものは、必ずしも真実ではない。こうした不正確さを、決断の基盤に入ったひびだと考えてみよう。そのひびを修繕して基盤を補強する唯一の方法は、自分の信念に潜む不正確さを見つけることである。そしてその情報を見つけられる唯一の場所は、私たちが「知らない」宇宙のなかにある。可能性、見返り、さまざまな結果が起こる確率――これらを自問することが優れた決断において重要とされる理由の一端はここにある。自問することで、あなたは自分の知っていることを評価し、知らないことを追求するのだ。

また、ほんの小さな「知っていること」は、的の中心を射られるだけの十分な情報であることも多い。答えを絞りこむのに、それほど多くの情報は必要ない。バイソンの体重を推測できる程度でいいのだ。

自分の知っていることから始めるのは、意思決定の正しい取り組み方だ。少しの知識でもそれなりに進めるし、もちろん知識が多ければ、さらにいい結果が生まれる。

＊これが重要な理由

不確実性が決断のプロセスに介入するには、「不完全な情報」と「運」というふたつの道がある。不完全な情報は決断の前に割りこみ、運は決断のあと（ただし結果の前）に割りこんでくる。（142ページ図26）

定義上、「運」は自分ではどうにもできないものだ。「運は自分でつくる」という表現は、希望的観測か、運に対する認識不足である。仮にふたつの選択肢があって、一方のうまくいく確率は5％で、もう一方のうまくいく確率が95％だとしたら、あなたは自分で選択をコントロールすることができる。最善の選択をすれば、成功の確率は高まるだろう。

しかし、一度選択をおこなうと、たとえ95％の確率でうまくいくほうを選んだとしても、結果が出るまでは待つしかない。うまくいかない確率が5％だったとしても、定義上、その5％がいつ起こるかはわからない。

ここまで、あなたがよりよい選択をするためのヒントを主に記してきたが、そこには運の存在があるため、あなたの選択が必ずしもいい結果を招くとはかぎらない。

一方、不完全な情報という不確実性をある程度コントロールすることは可能だ。あなたの信念はあなたの決定に影響を及ぼすが、あなたはその信念の質を向上させる能力を持っている。完璧な情報は入手できないにしても、それに近づくことはできるのだ。

「通常」「しばしば」「まれに」といった用語は的確なツールではな

図26　**不確実性のふたつの要素**

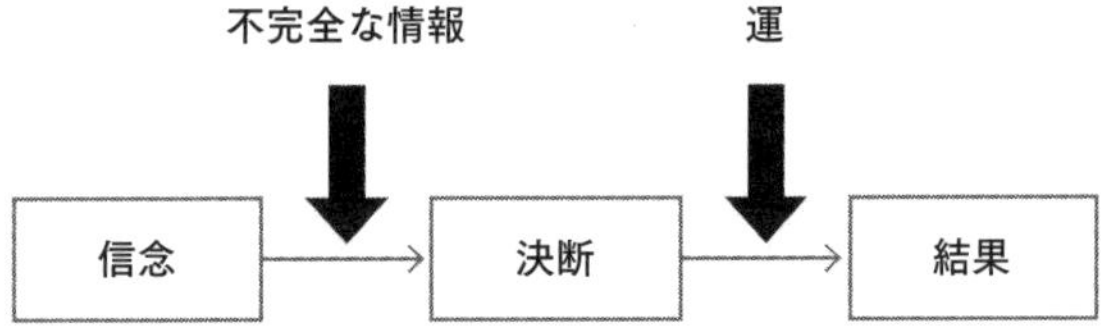

いものの、狙いを定めるツールとしてないよりはましだろう。こうした普段から口にしている言葉なら、違和感なく使えるだろう。また、これらの用語は、簡単に確率論的思考へと誘《いざな》ってくれる。

たとえ、確率を推定するためのこうした不確実なツールを使いこなせなくても、結果主義や後知恵バイアスのような、あなたの判断に多大なダメージを与えるものを軽減するツールは手にできるし、新しい決断をするときには、結果の好ましさや可能性を考慮したうえで、起こりうる結果について客観的に検討できるようになる。そうすれば、将来のことを意図的かつ明確に、有益な方法で考えられるようになり、決断の質も向上するはずだ。

8 「好み」「見返り」「確率」がモノを言う　まとめ

本章のエクササイズを通じて次のことを考えてほしい。

- **好み**（**Preferences**）、**見返り**（**Payoffs**）、**確率**（**Probabilities**）を決定木に組みこむことは、優れた決断のプロセスに必要不可欠な要素である。
- **好み**は人それぞれで、あなたの**目的**や**価値観**に左右される。
- **見返り**は、あなたの目標に対して結果が影響を及ぼす度合いである。
- いくつかの可能性は、あなたにとって価値ある見返りを提供する。これは、決断の**可能性のいい面**である。
- いくつかの可能性は、あなたの大切なものを損なわせる結果をもたらす。これは、決断の可能性の悪い面である。
- **リスク**は、悪い面に直面することである。
- 見返りは、あなたにとって価値のある（お金、時間、幸福、健康、他人の幸福や健康や豊かさなど）あらゆるもので測定できる。

・決断の良し悪しを見極めるとき、あなたはいい面と悪い面を比べている。いい面は、悪い結果になるリスクを補えるだろうか？
・**確率**は物事が起こる可能性を表したものである。
・確率と好みと見返りを組み合わせることで、経験のパラドックスを解消し、特定の結果の影から抜け出せるようになる。
・確率と好みと見返りを組み合わせることで、選択肢を明確に評価し、比較できるようになる。
・正負リストはフラットで、見返りの大きさも、正負の確率に関する情報も不足している。そのため選択肢を評価し、それぞれを比較するのにふさわしい決断のツールとは言えない。
・大半の人は、将来の出来事を推測したがらない（「これは推論だ」「よくわからない」「ちょっと思っただけ」）。
・あなたの情報はたいてい不完全だが、それでもあなたは大半の事柄について、**経験に裏づけられた推測**をできるだけの知識を持っている。
・**判断力を向上させる**には、進んで推測する姿勢が不可欠である。推測しなければ、自分が「知っていること」と「知らないこと」を自問する機会はあまりない。
・**よく使う言葉で確率を表現**してみる。そうすることで、各結果が起こりそうな頻度を検討し、相対的な可能性の見方を提示し、最善と最悪の可能性に関する評価を下せるようになる。

「好み」「見返り」「確率」がモノを言う　チェックリスト

過去の決断や新たな決断を評価する際は、６つのステップを参考にして優れた意思決定をおこなってほしい。

□　ステップ１――起こりそうな一連の結果を認識する。これらの結果は一般的なシナリオの場合もあれば、とくに気になる結果の側面に絞ったものの場合もある。

□　ステップ２――それぞれの結果に対するあなたの好みを認識する。あなたの価値観に照らし合わせると、各結果はどの程度好ましく、また好ましくないか？　こうした好みは各結果に関連した見返りに影響される。利益はいい側面で、損失は悪い側面だ。この情報を決定木に組み入れること。

□　ステップ３――各結果の可能性を推測する。まずは確率を表す言葉を使うこと。推測を怖がらなくていい。

□　ステップ４――検討中の選択肢の望ましい結果と望ましくない結果の相対的な可能性を

評価する。

□ ステップ5——選択肢すべてに対して、1から4のステップをくり返す。

□ ステップ6——選択肢どうしを比較する。

コラム④ ❖ 牛の推測

1906年、イギリスの科学者フランシス・ゴルトンは、見本市にやってきた800人の群衆が、チケットを買って大きな雄牛の体重を言い当てるというイベントを見ていた。イベント終了後、ゴルトンは主催者からチケットをもらい、この即興の実験で集団の推測が専門家のそれよりもはるかに劣ることを確認しようと考えた。

しかし判明したのは（専門家の推測はたしかに個々人のそれよりも正確かもしれないが）集団の推測は実際の体重に収束し、その予測値の平均である1197ポンド（約543キロ）は、実際の体重と1ポンド（約454グラム）しか変わらない、という事実だった。

2015年、NPRプラネットマネーのポッドキャストは、この実験のオンライン版を実施した。ペネロペという牛の横に、特派員のひとり（体重165ポンド／約75キロ）を立たせた写真を投稿し、聴取者に牛の体重を当ててもらったのだ。この投稿には1万7000人以上の人々が反応した。ゴルトンの見本市の参加者たちほど正確ではなかったものの、その平均は1287ポンド（約584キロ）と、ペネロペの実際の体重1355ポンド（約615キロ）に迫るものだった。

この牛の体重は？

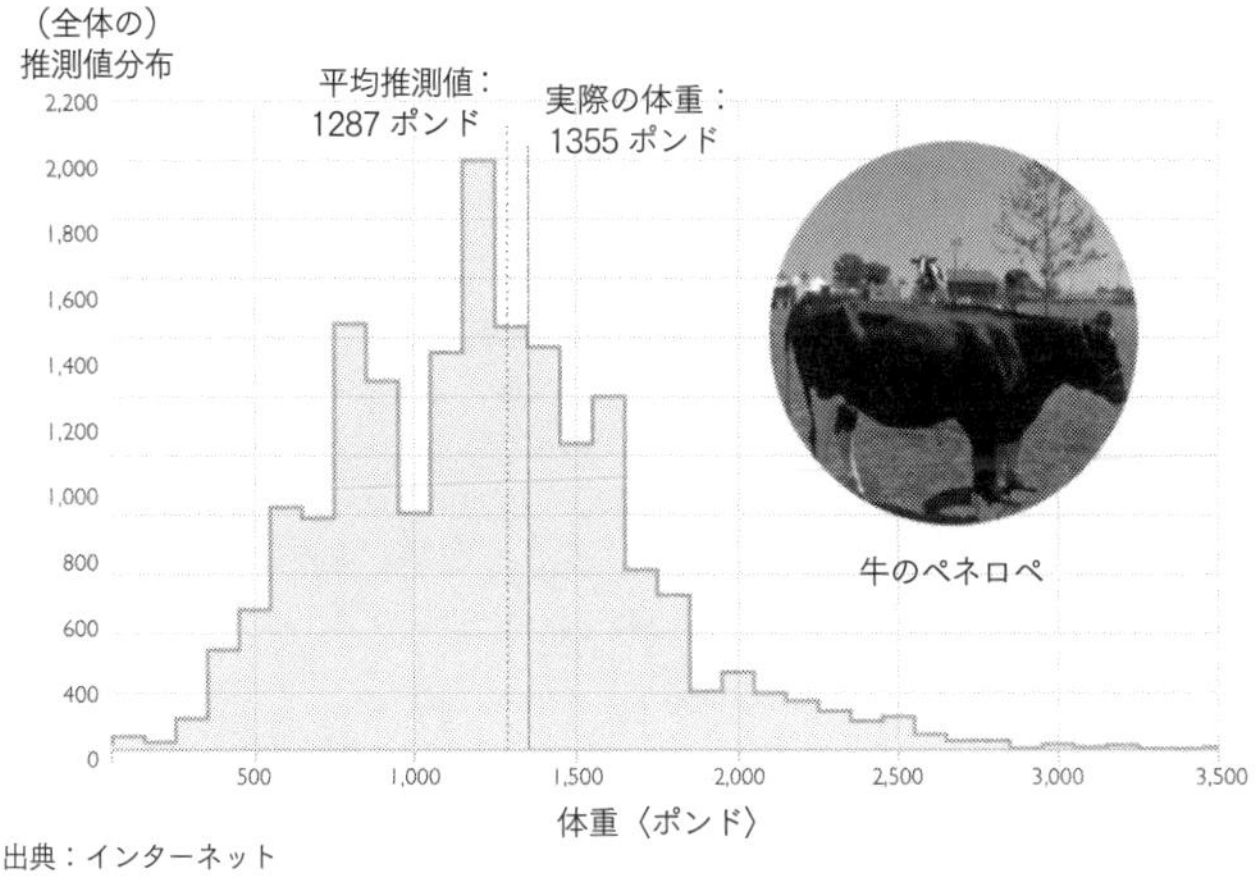

出典：インターネット
提供：Quoctrung Bui/NPR

第5章

正確性の力

——未来にまっすぐ目を向ける

1 可能性を示す用語をどう使うか？

ここで、アンドリュー・モーブッシンとマイケル・モーブッシンの「可能性を表す言葉のリスト」をもう一度取り上げたい。彼らはリストをまとめるにあたり、人がこれらの言葉を使う際にどのくらいの確率を想定しているのかを調査した。

❶１５４ページにあるモーブッシンの調査リスト（図27）に、あなたの答えを記入してみよう。リストアップされたそれぞれの言葉の横に、４つの空欄がある。最初の「あなた」の列に、各単語を用いた際に起こりうる結果の可能性を記入する。０％から１００％で示すこと。

たとえば、「ほぼ間違いなく起こると思う」と言ったときの、その結果が起こる可能性はどのくらいだろう？　つまり何％の確率でそれが起こると思って発言したのか？

可能性の用語をパーセンテージで表すことに抵抗を覚える人もいる。もっとも、それこそが、人々がこうした自然言語を好む理由である。仮にあなたもそうなら、こう自問してみてほしい。「可能性を表す言葉を使うとき、１００回のうち何回その結果が起こると考えているだろう？」

たとえば、コインを１００回投げたら、そのうち何回表が出ると予測し、その確率を表すのにあなたはどんな言葉を使うだろう？

マイク・トラウトが１００回打席に立ったら、そのうち何本ヒットを打ち、その確率を表すのにあなたはどんな言葉を使うだろう？

テニスでサーブを１００回打ったら、そのうち何本のファーストサーブが入り、その確率を表すのにあなたはどんな言葉を使うだろう？

職場の休憩室の前を１００回通りかかったら、そのうち何回ドーナツを食べ、その確率を表すのにあなたはどんな言葉を使うだろう？

「キングダム・コム」アプリをベースにしたビジネスを１００回立ち上げたら、そのうち何回、初期段階で数百万ドルの買収話を受け、その確率を表すのにあなたはどんな言葉を使うだろう？

ある出来事が起こるとあなたが思う回数は、そのままパーセンテージに変換できる。仮にある出来事が１００回のうち20回起こると考えれば、その確率は20％だ。１００回のうち62回起こると考えれば、その確率は62％だし、99回起こると思えばその確率は99％だ。

つまり、ある出来事が（調査リストには含まれていないが）「超高確率で」起こるとして、それが１００回中85回だとしたら、その出来事が起こる確率は85％ということになる。この場合、

図27

	あなた	知人A	知人B	知人C
頻繁に				
ほぼ確実に				
しばしば				
めったに				
間違いなく				
低確率で				
たぶん				
ほとんどいつも				
通常				
かもしれない				
ほぼ間違いなく				
おそらく				
そこそこの確率で				
たいてい				
高確率で				
ありそうもない				
確実に				
つねに				
絶対ない				
きっと				
まれに				
ひょっとしたら				
ことによると				

「そんなに頻繁に休憩室の前を通ったら、私は超高確率でドーナツを食べるだろう」という台詞が意味するのは、あなたは100回中85回ドーナツを食べる、つまり85％の確率で休憩室のドーナツを食べるということだ。

上の表を記入し、そのあとで別の３人に調査してみよう。

その際、アンケート調査が終わるまで、互いにほかの人の答えが見えないようにしてほしい。各自が答えた用語をこちらで記録するか、ほかの人から見えないよう記入済みの答えをカバーすること。

❷4人の回答を比較する。どのくらい一致しているだろうか？

多くの項目で一致する　半分くらい一致する　少し一致する　ほぼ一致しない

❸確率の差がもっとも大きかった用語はどれか？

❹一致しない単語の数に驚いたか？

はい　いいえ

＊混迷の地――ランド・オブ・コンフュージョン――

こうした単語には、人によってさまざまなとらえ方があることがわかっただろう。これは、モーブッシンたちが1700名の調査で明らかにした事実でもある。次ページの図28は、調査で人々が示した確率の幅である（各用語の平均的な答えは、四角のなかの線で表されている）。

こうした言葉の使い方は、人によって大きくニュアンスが異なることがわかる。

用語のなかには、驚くほどふり幅の大きいものがあるが、あなたも先ほどのアンケートでそれを実感したのではないだろうか？　たとえば、「ほぼ間違いなく」の確率の幅は20％から80％だ。調査に参加した人の4分の1は、この言葉の持つ可能性は40％以下だと考え、別の4分の1は40％から60％、さらに別の4分の1は60％から75％、残りの4分の1は75％以上だと考えていた。

「つねに」や「絶対ない」の意味でさえ、人々の意見は割れたのだ！

あなたが大半の人と同じなら、この結果にさぞ驚いたことだろう。こうした言葉が、人によってかなり異なるニュアンスで使われているという事実を多くの人は認識していない。私たちはある言葉を使う際、他人も同じように、同じ意味で使っていると思っている。

一般的な用語を口にするときはとくにそうだ。

このエクササイズでは、一般的な用語は、確率を表現するにはおおざっぱな道具であることが示されている。これらはそもそもあいまいで、対象領域は広範囲にわたる。もちろん、それこそが人々がこうした言葉を好む理由でもある。あいまいな言葉であれば、「間違う」ことをそれほど気にしなくてすむからだ。しかしそれはまた、他人があなたの言葉を間違って解釈するというリスクを負うことでもある。

図 28

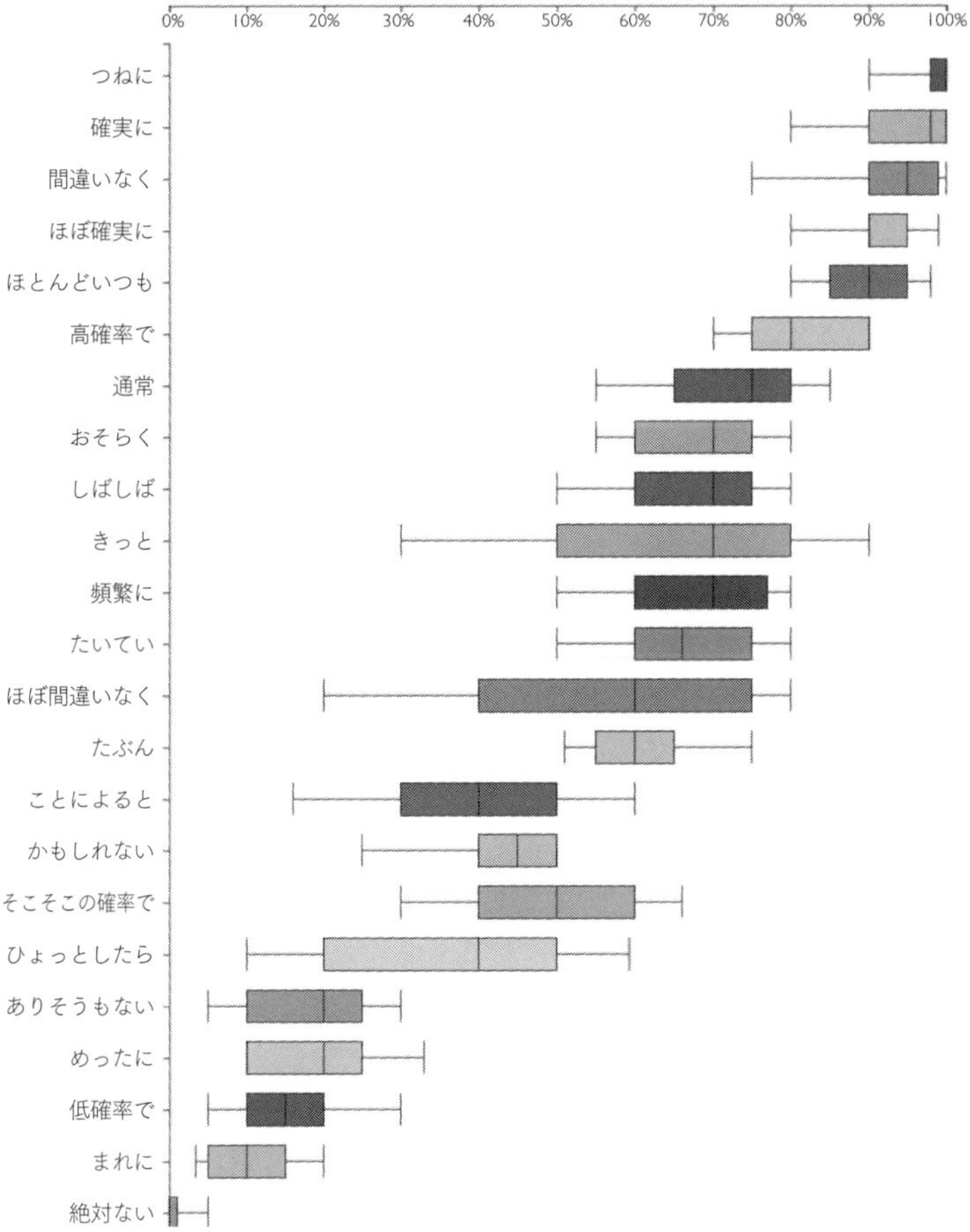
0%
10%
20%
30%
40%
50%
60%
70%
80%
90%
100%
つねに
確実に
間違いなく
ほぼ確実に
ほとんどいつも
高確率で
通常
おそらく
しばしば
きっと
頻繁に
たいてい
ほぼ間違いなく
たぶん
ことによると
かもしれない
そこそこの確率で
ひょっとしたら
ありそうもない
めったに
低確率で
まれに
絶対ない

＊あなたの知らない多くのことが他人の脳内で息づいている

こうした言葉のあいまいさは、「知らないこと」を「知っていること」へ移行するプロセスで大きな問題をもたらし、不正確な信念で形成された決断の基盤に入ったひびを修復することも、知識を広げて基盤を強化することも困難にする。

他人の脳内には、あなたの知らない多くのことが息づいている。そのため、あなたの意見や決断に対する他人からのフィードバックは、世界から知識を引き出すための最高のツールだと言えるだろう。しかし他人とのコミュニケーションでこれらの用語を使うと、あなたの意図と相手の受け止め方に大きな差が生じる可能性がある。これが大問題なのは、決断や信念に対する忠実なフィードバックを得るには、フィードバックをする側と受ける側が同じ言語を話す必要があるためだ。

たとえばあなたは、ある出来事が起こる可能性が30％だと思っている。しかしその確率は70％だという確実な情報を持っている人と話せば、意見が食い違っていることにすぐ気がつくはずである。自分の思いこみを正すには、他者の脳内にある情報が必要だ。そうした情報を引き出せなければ、機会を逃し、あなたの推測に基づいた決断はどれも質の低いものとなってしまう。

パーセンテージを使ってあなたの意図を正確に伝えられれば、意見の相違は即座に明確になる。私が30％の可能性を主張し、あなたが70％の可能性を主張すれば、意見の相違を認識できる。そこにあいまいさは存在しない。

しかし私が「そうなる可能性はあると思う」と言えば、あなたは「可能性はある」という言葉が、30％の可能性なのか、70％の可能性なのかわからないため、そこにある相違は隠されたままになってしまう。そしてあなたは私の言葉にうなずくだけで、自分の持っている貴重な、正しい情報を私に提供しないままになるかもしれない。あいまいな言語を使ったせいで、私は自分の思いこみを更新し、精査する機会を逃してしまったのだ。

これは大きな機会の喪失である。

これまで逃してきた積もり積もった機会が、決断の質に与える影響を想像してみてほしい。正確さは相違を暴き、自分と他人の意見の違いを明らかにする。自分の間違いに気づけるという点で、これはいいことである。間違いを正すチャンスが与えられるのだ。

たとえば「2＋2＝小さな数字」と答えても間違ってはいないが、その道のプロにはなれない。「小さな数字」というのは正しいが、それが5なのか、2なのか、4なのかを答えられると、先生はもっと助かるだろう。正確性があいまいなほど、間違えにくくなるというのは事実だが、算数が得意になりたければ、自分の間違いは知っておいたほうがいい。

不正確さはまた、自分で責任を負うことをむずかしくする。対象範囲が広いほど、正確な答

> こうしたあいまいな言葉を使うと、しばしば（自分でも気づかないうちに）相手と異なる言語で話すことになる。

えを導き出すための情報を探ろうとしなくなる。「余白」は他者だけでなく、自分についても手心を加える。

だからこそ正確性は重要なのだ。

確率を表す用語の不正確さが、大きなリスクをともなう分断を生み出した例は現実世界にたくさんある。フィリップ・テトロックは２０１５年の著書『超予測力　不確実な時代の先を読む10カ条』（早川書房、２０１６年）のなかでこう述べている。ケネディ大統領はＣＩＡのフィデル・カストロ打倒作戦（「ピッグス湾事件」として知られる）を承認する際、この作戦の成功率について軍事顧問に意見を求めた。統合参謀本部はケネディに、ＣＩＡの作戦は「十分に期待できる」と述べた（ちなみにこの評価を下した者は25％くらいの成功率を見積もっていた）。そして「十分に期待できる」の意味をもっと高い成功率だととらえたケネディは、作戦を承認した。作戦は散々な結果となり、冷戦の重要な時期に米国は赤恥をかいたのだった。

2 ちゃんとした推測で正確に「ど真ん中」を定義する

もちろん、これらの言葉が無価値だというわけではない。確率思考を育むには、こうした言葉を使って可能性を表現するところから始めるといい。こうした言葉を使うことで、ある出来事の可能性について考えるようになり、望む結果と望まない結果の可能性を考慮し、選択肢を比較するようになる。なかでも重要なのは、「自分は何を知っていて、さらに何を知るべきか」という自問自答のプロセスをあなたが開始することである。

すべていいことだ。

しかし、ひとたびこのプロセスを開始したら、まさにこれらの言葉の持つ魅力――間違いを回避させてくれる余白――にとらわれないよう、そこから先へ進まなければならない。

具体的な予測の精度を知り、その責任と向き合うのは怖いかもしれないが、やってみる価値はある。射手なら必ずこう言うと思うが、中心に照準を合わせる訓練を積むほど、当たる確率は高くなる（そして中心に近いところを射抜き、高得点を獲得できるようになる）。たしかにそれらの言葉を用いているときも的を狙っているかもしれないが、ど真ん中を狙ってはいない。

可能性を表すこうした用語を卒業し、パーセンテージで表現できるようになれば、「ロバの尻尾ゲーム」で目隠しを外したことになる。

ここで、いい知らせだ。あなたはすでにこうした可能性を表す用語をパーセンテージに変換するリストを持っている。

何のリストか？

モーブッシンの調査に回答した先ほどのリストだ。特定の結果が起こる可能性を予測し、用語のひとつが浮かんだら、先ほどのリストを見返してその用語に対応するパーセンテージを使ってほしい。

第4章の「雇用の決断」を例に挙げ、これをあてはめてみよう（次ページ図29と30）。あの決断のもっとも重要な側面は、「どのくらい長く会社で働いてくれるか」という点だった。モーブッシンの調査の平均回答を参考に、可能性を表す言葉の代わりにパーセンテージを挿入してみよう（もともとの決定木で使われた用語は、参考のために残しておく）。

言葉をパーセンテージに変換すると、予測が明確になるのがわかるだろう。この正確性は、とくにステップ6の「選択肢どうしを比較する」際に役に立つ（109ページ）。可能性を表せば、答えが明確になる。この予測によれば、候補者Aのほうが長く会社に留まってくれそうだ。

決断	可能性のある結果（会社に残る期間）	可能性（言葉）	可能性（確率）
候補者Aを雇う	半年未満	ほぼない	10%
	半年から1年	低い	15%
	1年から2年	なさそう	20%
	2年以上	ありそう	55%

図29

決断	可能性のある結果（会社に残る期間）	可能性（言葉）	可能性（確率）
候補者Bを雇う	半年未満	あるかもしれない	35%
	半年から1年	ありそう	40%
	1年から2年	なさそう	10%
	2年以上	低い	15%

図30

❶137ページの「スウェット・センセーションズ」ジムへの入会の決断を用いて、可能性を表す用語をパーセンテージに置き換えてみよう。（164ページ図31）

❷各選択肢のパーセンテージの合計が100%を超えないよう注意してほしい。ただし、これらの結果は厳密ではないので、合計をぴったり100%にする必要はない（合理的な結果に焦点を絞っているので、すべての可能性を網羅してはいない）。

可能性だけでいえば、ボストン

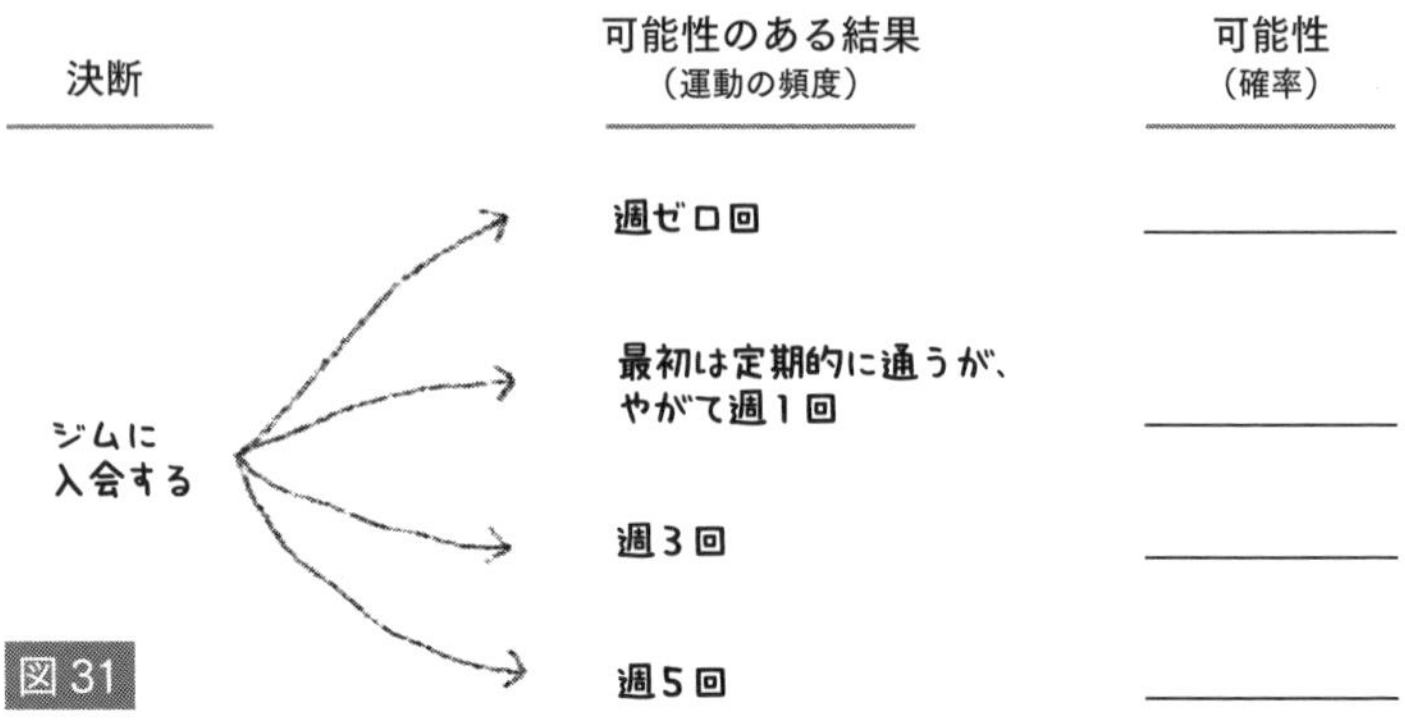

図31

に隕石が落ちる可能性も、宝くじに当たって仕事を辞める可能性も、地下の政治運動に参加してマサチューセッツ州がアメリカから独立したあとにニューボストンの市長になる可能性もある。しかしこうした可能性は「合理的」ではないので、意思決定プロセスに持ちこんでもほとんど役には立たない。

可能性のリストがすべてを網羅していないことから、確率の合計は100％未満になるかもしれないが、100％を超えてはいけない。

3 予測の幅をもつ

完璧な（または完璧に近い）情報を手に入れたら、正確な確率を言い当てることができるだろう。的の中心がどこにあるかを正確に見極め、見事に射抜くのだ。

コインを投げたら50％の確率で表が出るのはわかっている。

マイク・トラウトの平均打率・３０５を考えれば、トラウトが次の打席でヒットを打つ確率は30・５％だとわかる。

あなたがこれを知っているのは、コインや野球選手について多くの情報を持っているからだ。

しかし、人生はコインのようにはいかないし、トラウトの打率のようにもいかない。むしろ、バイソンの状況がほとんどだ。

あなたが予測するのは、ジムで運動する頻度や、スタートアップ企業で成功する確率などが大半で、完璧な情報を手に入れるのは不可能だ。できるだけ正確な予測をするのはいいことだが、しかし、あなたの「経験に裏づけられた推測」に、どれだけ「本物の知識」があるかを——他者や自分自身に対して——明確にすることも重要だ。

あなたの信念がいかに不確かなものかを、明らかにしてほしい。

自分がどの程度情報を持っているかを知るための便利な方法は、的の中心を正確に予測しつつ、予測の範囲についても認識することだ。この範囲は、もっとも不合理だと思われる数値（下限）と、もっとも合理的だと思われる数値（上限）から成る。

バイソンの体重を例に挙げると、私のピンポイント予測は１８００ポンド（約８２０キロ）で、下限は１１００ポンド（約５００キロ）、上限は３５００ポンド（約１６００キロ）だ。上限と下限の範囲が広いのは、バイソンの体重に関する私の知識が乏しいためだが、それでも、一般的なモノの重さに関する知識から、多くの可能性を排除することができる。

たとえば通勤時間を予測する場合、あなたが住んでいるのが交通渋滞や工事、天候にさほど問題のない小さな町なら、最短と最長の通勤時間の範囲はそれほど大きくないだろう。だが、その小さな町がコロラド州スノーマス・ビレッジなら、季節ごとの交通量や冬の天気によって、スムーズで心地よいドライブが、凍った山道を恐る恐る進む危険な冒険へと変わる可能性がある。つまり、通勤時間を予測する際の上限と下限の差は、ドライビングコンディションが不安定な冬よりも、天気が予測しやすく観光客の少ない夏のほうが小さくなるということだ。

毎日の通勤でロサンゼルスのハイウェイを使うなら、上下の範囲はかなり広くなるだろう。LAでは、空いていれば15分で行けるところも、混み具合によっては何時間もかかるため、上限と下限の差もそれを反映するのだ。

上下の差が広いのは悪いことではない。むしろ、あなたの経験に裏づけられた推測の「知識」が正確であることを示している。自分の正確な知識に基づいた範囲の広さは、知識を過信して狭められた範囲よりも役に立つ。

範囲の広さは、他者にもあなた自身にも、あなたの持つ知識の不確実性を知らせる。そしてその不確実性があなたの意思決定能力を刺激し、範囲を狭めようと情報を求めることになるはずだ。

（自分や他者に）不確実性を知らせれば、次のふたつの理由から、新たな情報（とくに反対意見）に触れる機会を増やすことができる。

❶あなたが嘘の確実性を示すと（ピンポイントの推測だけを伝えると、無意識にそうなることがある）その決断の基盤にあるひびを補修するために、他人があなたの考えを正してくれることはあまりない。というのも、相手は自分の誤った知識を伝えて恥をかきたくないと思っているか、もしくはあなたの間違いを指摘して恥をかかせたくないと思っているからだ。あなたがリーダー的な立場にいる場合、これはとくに問題になる。

❷幅をもたせた予測は、聞き手に「手を貸してほしい」と示す暗黙のサインになる。上限と下限を設定することで、自分がどの程度知識を持っているかを示すことができる。不確かな点を相手に知らせる＝相手に助けを求めることでもあるので、相手から有意義な情報や見解を得られる可能性が高くなる。

可能性をパーセンテージに置き換え、起こりうる結果に合理的な幅を持たせれば、自分の知らない世界に最大限触れられるようになる。これにより、不正確な考えを修復し、決断の質を向上させてくれる情報を目にする機会が増えていく。

＊ショック・テスト

こうした範囲を設定する場合、どんな予測であれ、あなたの目標はもっとも不合理だと思われる数値と、もっとも合理的だと思われる数値を考えることである。では、合理的とはいったいどういうことか？

合理的とは、確実に正しい答えが含まれている範囲を設定することではない。そんな範囲は有益ではない。

バイソンの体重を聞かれ、仮に「ゼロポンド以上」と答えれば、正しい答えは必ず含まれている。

マイク・トラウトが次の打席でヒットを打つ確率を聞かれ、「ゼロから１００％」と答えれば、これもまた間違いない。

> 予測の幅は、あなたの的のサイズを定義すると同時に重要な役目を果たす。自分と他者に、あなたの推測がどの程度不確かであるかを伝え、あなたがゼロから100の知識のあいだのどの段階にいるかを明確にするのだ。
>
> 完璧な情報から遠いほど、的のサイズは大きくなるし、完璧な情報に近いほど、的の大きさは小さくなる。ごくまれに確実な情報を持っていて、なおかつ不確実性が存在しない場合、あなたは的のど真ん中を射ることができる。

では2＋2の答えの範囲は？　私なら「小さな数字」などと範囲を狭めたりせず、「マイナスの無限大からプラスの無限大までのいずれかの数字」と答えて確実を期したい。

これなら3つとも正解だ。

だが、実際はそうはならない。なぜならこの範囲は、私の「知っていること」と「知らないこと」のいずれも反映していないからだ。2＋2＝無限大でないのは、誰でも知っている。たいていあなたは何らかの知識を持っており、設定した範囲にはそれが反映されてしかるべきだ。客観的な答えがつねに上限と下限の範囲内に収まる場合、あなたは自分の知識に自信がなさすぎ、同様に範囲が狭すぎる場合は、自分の知識を過信している。

広すぎもせず、狭すぎもしない、知っていることと知らないことのバランスを正確に反映する、ほどよい範囲を狙ってほしい。

それが「合理的」ということだ。

ウォートン大学のエイブラハム・ワイナー教授は、**合理的な上限、下限を設けるいい方法は、「正しい答えがこの範囲を出たらショックを受けるかどうか」を自問することだという。これを基準にすれば、あなたの定めた範囲は、経験に裏づけられた推測の実際の知識量を反映することになる。**

こう考えれば、過度の正確性（実際にはかなりあいまい）を示した範囲と、予測が外れようのないほど大きな範囲のあいだのちょうどいいバランスをとることができる。

❶「ショック・テスト」を実践してみよう。

次の10項目に、ピンポイントでの予測（正確な答えを求められた際の最善の予測）と、正解と思われる答えの上限と下限の範囲を設定してみてほしい。（図32）

目標は、正しい答えが範囲内になかったらショックを受けるぎりぎりの範囲を設定すること。

目安として、10項目中9項目当たるくらいの範囲を設定するといい。ただし、9項目で正解を目指すよう言っているわけではない。目標は10項目すべてを当てることだが、それだと過度に広い範囲を設定してしまう恐れがあるので、それぞれの項目に対して90％の正解率を目指してほしいということだ。

10項目中9項目で正解を目指せば、適度な範囲を設定できるようになるだろう。

また、異なる主題において異なる知識量を持っているかぎり、上限と下限の距離がそれを反映していることも覚えておいてほしい。たとえば、メリル・ストリープについては詳しくないが、プリンスについてはよく知っているという場合、表の項目ｃよりもｂのほうが広範囲になる可能性が高い。

> 目標は、的の中心があなたの定めた範囲内から外れていたらショックだと感じるぎりぎりの範囲を設定すること。

図 32	ピンポイント予測	上限	下限
a. 生まれた町の現在の人口			
b. メリル・ストリープがアカデミー賞にノミネートされた回数			
c. プリンスの享年			
d. ノーベル賞が最初に授与された年			
e. ＮＦＬのチームの数			
f. 人口 100 万人以上の都市に、いちアメリカ人が住む可能性			
g. 1860 年の大統領選でアブラハム・リンカーンに投票した人の数			
h. 自由の女神の高さ			
i. ビートルズのシングルがビルボードで 1 位を獲得した曲数			
j. 米国の平均的な成人の死因が心疾患である確率			

正解は182ページを参照のこと

❷上限と下限の範囲内だった答えは10項目中いくつだったか？

❸ショック・テストをうまく活用できたと思うか？

はい

いいえ

❹「はい」と答えた理由は？

「いいえ」と答えた理由は？

❺一番自信のあった答えはどれか？

理由は？

設定した範囲はその理由を反映していたか？　はい　いいえ

設定した範囲に正解は含まれていたか？　はい　いいえ

❻ 一番自信のなかった答えはどれか？

理由は？

設定した範囲はその理由を反映していたか？　はい　いいえ

設定した範囲に正解は含まれていたか？　はい　いいえ

あなたが大半の人と同じなら、設定した範囲に正解数が少なかったことに驚いたかもしれない。外したのがひとつかふたつなら、おめでとう。上出来だ。この種のテストの平均正解率は

50％以下である。

ここからわかるのは、概して私たちは自分の知識を過小評価ではなく、過大評価しているということだ。自分が思う以上に推測を確信しているのだ。

次のエクササイズといまのショック・テストで、予測に対する適切な考え方を理解してもらえればと思う。実は自分が思っているほど知らないかもしれない、自分が考えているより不確かかもしれない、自分が思うより他者の助けが必要かもしれない、と考えられるようになれば、それはあなたのためになる。

自分が知っていると思っていることを、もっと疑ってみてほしい。その疑念が自分の信念を疑い、他者の意見を求めるようになる。そしてそのプロセスが、決断の質を向上させる。

> セクション１で、他者が可能性の用語をどう解釈するかを見たように、ここでも３人の友人に頼んでショック・テストを受けてもらおう。きっと苦戦するはずだ。

❶本書で育て上げた決定木をひとつ例に挙げ、それぞれの起こりうる結果にピンポイントの確率予測と、幅を持たせた上限と下限のある予測をしてみよう。

決断

起こりうる結果

可能性

上限

下限

❷もっとも範囲の広かった結果に対して、どんな情報があれば、その範囲を狭めることができるか？

❸もっとも範囲の狭かった結果に対して、どんな情報があれば、その範囲があなたの過信を反映しているかどうかを知るのに役立つか？

❹結果をひとつ選んでほしい。そしてその結果が実際に起こる可能性が、あなたの設定した範囲に含まれなかったとしたら、その理由は何だと思うか？

自信過剰の傾向は、意思決定を妨げる。

一般的に、私たちは自分の信念をそれほど疑ってはいない。私たちは自分の知っていると思っていることを過信しており、知らないことに対して現実的な見方ができていない。自分が真実だと思っていること、自分の意見、自分の思う未来のあり方について、私たちは健全な疑念を持つべきだ。

「もし自分が間違っているなら、その理由は何だろう？」と自問する習慣を身につけると、自分の考えを盲信することなく、知っていることに対する楽観的すぎる見解を律して、知らないことに意識を向けられるようになる。

自分が間違っている可能性を自問すると、あなたの信念、意見、未来の見解に関する精度も増す。そうすることで実際に該当の情報を探すようになるからだ。自問自答は、その可能性をさらに高めてくれる。

気持ちが変わるような情報がすぐには入手できなくても、いずれは手に入るかもしれない。自分の気持ちが変わる可能性を事前に考慮しておけば、その情報を意識し、実際に手に入れた際の心構えができる。

❶先ほどのエクササイズの質問4で述べた理由について、それに関わる情報をすぐに特定できるだろうか？　もしできるなら、やってみてほしい。

❷自分が間違っている可能性を自問するプロセスを通じて、自分の信念を見直すことになっただろうか？　考えたことを書き出してみよう。

4 正確性の力　まとめ

本章のエクササイズを通じて次のことを考えてほしい。

- 「ありそう」や「なさそう」のような可能性を表す言葉は、便利だがあいまいなツールでもある。
- 最初の予測を向上しようという意思は、**自分の情報を確認し、さらに学んでいく動機**となる。安全な一般用語の後ろに隠れていたら、改善する理由も、修正する理由も見つからない。
- 可能性を表す用語は、人によってまったく意味が異なる。
- **あいまいな用語**を使うと、手を貸してもらいたい相手の混乱や誤解を招くことがある。
- **可能性をパーセンテージで表す**ことで正確性が増し、自分の誤った考えを修正したり、知識を広げたりする情報を得られるようになる。
- モーブッシンの可能性を示す用語の調査の回答を利用すれば、いつもの言葉を確率に変換するのに役に立つ。

- **正確な（ピンポイントの）予測**をするだけでなく、不確かさを示すためにその予測に幅を持たせてほしい。**上限と下限**を設定することで的の大きさがわかる。
- **幅の大きさ**は、あなたが何を知り、何を知らないのかを表している。幅が大きいほど情報は少なく、あるいは予測に必要な情報の質が低いため、学ぶべきことが多くなる。
- 幅の広さを他者に伝えれば、幅を小さくするために彼らの知識や見解が必要だということが相手に伝わる。
- **ショック・テスト**を利用して、あなたの上限と下限が合理的かどうかを確認してほしい。正しい答えがその範囲外にあったらショックを受けるだろうか？　物事を客観的に予測して、90％くらいの正解率を出すのが目標だ。
- 「自分が間違っていたとしたら、その理由は何だろう？」と自問する習慣をつけること。

正確性の力　チェックリスト

次の方法で狙いを定める感覚を研ぎ澄まし、予測能力を向上させよう。

□　可能性を示す一般的な用語に関するモーブッシンのアンケートに答える。

□　特定の予測をするのに抵抗がある場合、まずは思い浮かんだ（可能性を表す）用語を使い、それからアンケートで判明したパーセンテージに変換してピンポイントの予測をする。

□　答えを予測したら、合理的な上限と下限を設定する。

□　範囲を超えたらショックを受けるかどうかを基準とする「ショック・テスト」で上限と下限の合理性を確認する。

□　「どんな情報を知ったら、自分の意見が変わるだろう？」と自問する。

□　使えそうな情報があれば探してみる。

□　なさそうであれば、将来に向けてアンテナを立てておく。

コラム⑤ ❖ 不正確さがもたらす負担

集団のなかには、不正確な用語が引き起こす問題を認識している人がいる。そういう人たちは、専門的な会話において、全員が同意できる用語を持つべきだと考えている。たとえば、税理士が課税のリスクについて税務意見書を提出する際、税務ポジションが「will be（こうなるだろう）」というのは、90％から95％の確率でそうなることを意味する。また書面で税務上の立場が「should be（おそらくこうなる）」と記されている場合は70％から75％の確率でそうなることを意味している。「More likely than not（おそらく）」だと50％。「Substantial authority（実質的には）」は34％から40％。「Realistic possibility（現実的可能性）」は33％。「Reasonable basis（合理的な根拠）」は20％から30％と決まっている。

税務意見書は、税理士だけでなく依頼者にとってもしばしば大きな賭けになることがある。こうした書類によって、納税者の不確実な税務ポジションを指摘される可能性があるからだ。クライアントは、自分のポジションを維持できなければどんなリスクがあるのかを知る必要があるし、さらに最終的に不備があった場合、納税者が追徴課税を支払う義務があるのかどうかにも影響してくる。また、意見書を作成した税理士がクライアントを誤解させ、悪事を働く危険もある。

私たちも、これと同様の取り組みをするべきだろう。結果を予測するのは、複雑な金融取引で控除される可能性について税理士が記した意見書と同じくらい不確かなものだ。税理士同様、私たちも不確実性を認識し、関係者にも認識させ、できるだけ正確にこうした用語に向き合うべきなのだ。

１７１ページの図32　答え：

a　自分で確認してほしい
b　メリル・ストリープがアカデミー賞にノミネートされた回数は21回
c　プリンス・ロジャース・ネルソンの享年は57歳。２０１６年４月21日没
d　最初にノーベル賞が授与されたのは１９０１年
e　ＮＦＬには32チームある
f　いちアメリカ人が１００万人都市に住む可能性は約８％
g　１８６０年に１８６万５９０８人がアブラハム・リンカーンに投票した
h　自由の女神の高さは３０５フィート（約93メートル）
i　ビルボードで１位を獲得したビートルズのシングルは20曲
j　４分の１のアメリカ人の死因は心疾患、つまり25％

第6章

決断を外から見る

——自分の視点から脱却し
客観的になる

1 客観性を追求する

あなたにはずっと親しくしている友人がいて、彼らは恋愛相談をするならあなたしかいないと思っている。ところが、どのマッチングアプリで出会ったらそうなるのか、彼らのデート相手は何だか変わり者ばかり。あなたはこれまで友人が不運を嘆くのを延々と聞かされてきた。

ごくまれに、友人が「奇跡的にまともな人に出会えた」と宣言することがあるものの、その関係はつねにこじれて厄介な終わりを迎え「やっぱりこれまでで最低の人だった。最初はカメレオンみたいにうまく本性を隠していただけ」となる。

そして次に会うと、最新の恋愛事情を披露される。

「ジョーダンのこと覚えてる？　ほら中東に派遣されるから別れようって言ってきた人。あれ嘘だったの。昨日ジョーダンが〈ターゲット〉で靴下を買ってるところを見かけちゃって」

「もう恋愛はあきらめた」と彼らは何度もくり返す。「代わりに悪魔払いの祈禱師でも探す。私、絶対呪われてるから」

このような話をしたら、きっと自分はこう思うだろうという項目に○をつけてみよう。

（　）「自分で変な人を選んでいるのでは？」

（　）「そのうち運が向いて、いい人に出会える」

（　）「変な人を引き寄せる何かがありそう」

（　）「とことん恋愛運がない」

（　）「そういう関係から何かを得ているってことは？」

（　）「魅力的な相手を変人に変える何かがあるんじゃ……」

❶自分が相手にこう伝えるだろうと思う項目に○をつけてみよう。

（　）「自分で変な人を選んでいるのでは？」

（　）「そのうち運が向いて、いい人に出会えるよ」
（　）「変な人を引き寄せる何かがありそう」
（　）「とことん恋愛運がないね」
（　）「そういう関係から何かを得ているってことは？」
（　）「魅力的な相手を変人に変える何かがあなたにあるんじゃ……」

❷友人に伝える台詞と心のなかで思ったことが異なる場合、それはなぜだろう？

❸自分の問題を解決するより他人の問題を解決するほうが得意だろうか？

はい　　いいえ

答えが「はい」なら、それはなぜか？

あなたが大半の人と同じなら、友人が変な人とばかり付き合うのは、ただの不運だとは考えないだろう。ほとんどの人は、付き合うタイプに（仕事、友人関係などにも）パターンがあれば、そのパターンは単なる不運や偶然、ましてや呪いではないことに気がつくはずだ。

友人に見えていなくてあなたに見えていることは、友人がデートのときに、変人を引き寄せる何らかの行動をとっている可能性が高いということだ。友人もそれに気がつけば、自分で対処できるだろう。

外部の第三者として、あなたには「友人」の立場がはっきりと見えている。しかしいざ、自分が内部の人間として問題に対処しようと思うと、その目は曇ってしまう。他者について明確に見えていることも、自分のこととなるとむずかしい。これが、自分のことより他人の問題を解決することが得意だと感じる理由である。

自分が中心にいると、人は周りがよく見えなくなる。

（友人に「あなたにも何らかの原因がある」と伝えるか否かは、のちほど言及する）。

2 内の視点と外の視点

ここまでで（願わくは水晶玉をのぞきこんだかのように）明らかになったのは、あなたの信念が優れた意思決定の妨げになっているということだ。意思決定の過程で入力する情報ががらくたであれば、そのプロセスの質がどれほど高くても関係ない。

その情報とはあなたの信念であり、そこには多くのがらくたが潜んでいる。

ショック・テストでは、自分の知らないことを認識するのはむずかしいことがわかった。自分の考えが不正確なとき、それを見極めるのが苦手な私たちは、自分の知識を過信している。

その理由のひとつは、外部から自分の考えを眺めるのがきわめて困難だからだろう。

自分の知っていることや信じていることの不正確さを見極めることについて言えば、あなたは自分の背中に「私を蹴って（kick me）」という紙を貼りつけているようなものだ。目の前のものしか見えていないあなたには、背中の貼り紙が見えていない。どんなにすばやく回転しても背中は見えないし、誰かに背中を蹴られつづけていらいらしても、蹴られる理由はわからない。ほかの人の背中に貼ってある「私を蹴って」サインを目にしていても、だ。

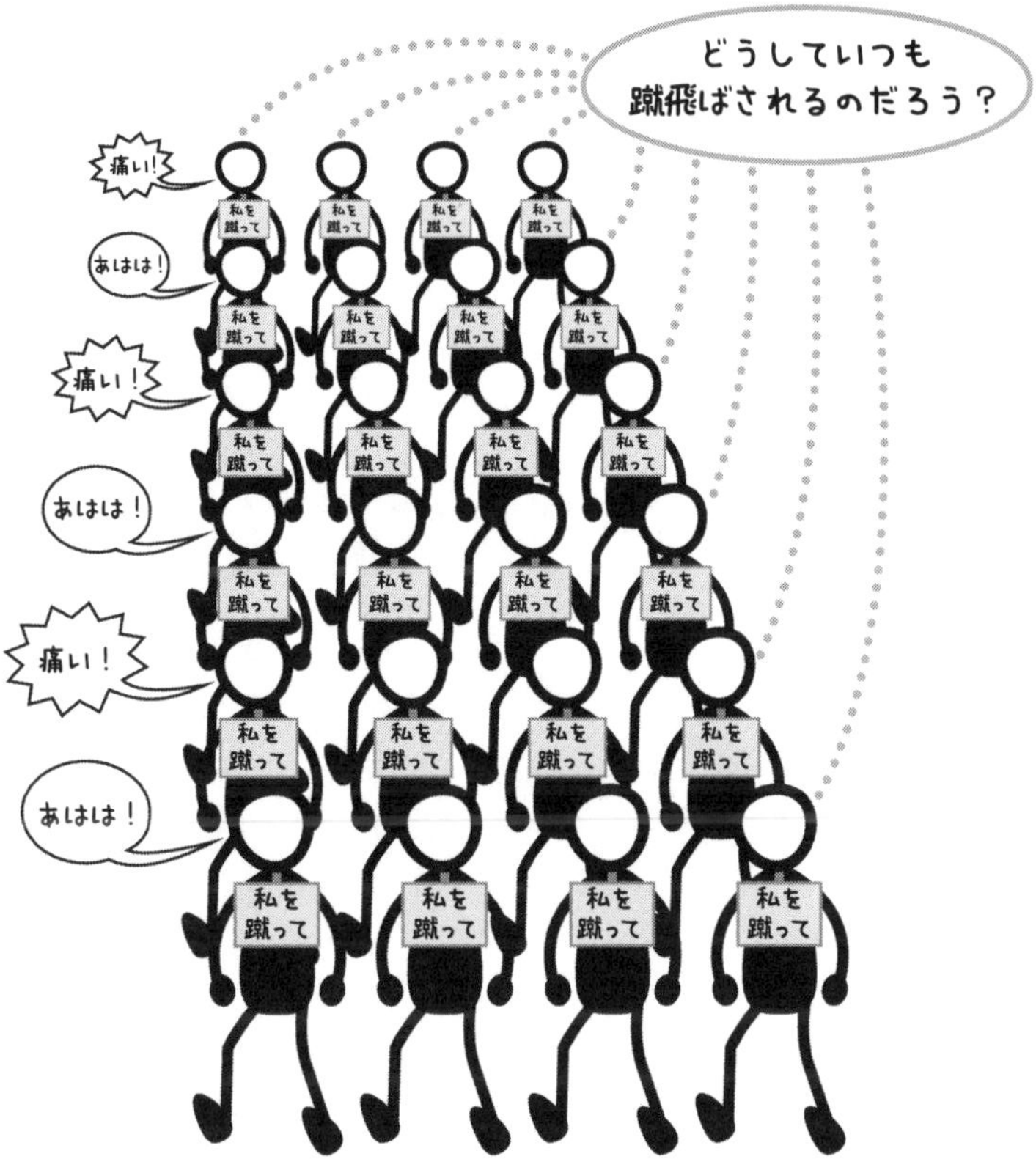

＊内の視点

私たちは誰もが、自分の抱く信念の内面から特殊なレンズを通して世界を見ており、感じ方はひとりひとり異なる。自分の頭の外側に出て、他者が同じ状況をどう見ているのかを理解するのは、誰にとってもむずかしい。

もちろん、そうだろう。あなたは自分の経験したことしか経験してきたことがないし、自分が触れてきた情報にしか触れたことがないし、自分の生きてきた人生しか生きたことがない。

あなたはほかの誰でもなく、あなたなのだから。

あなたは内面にとらわれ、そのせいで自分の信念、意見、経験を客観的に見ることが困難になっている。自分の背中にある「私を蹴って」サインが見つけられなくなっているのだ。

結果主義は、内面問題のいい事例だ。あなたがたまたま目にした結果は、客観的に見ればどんなことも起こりえたという文脈において、結果を見る能力に影を落とす。これはあなたが学ぶ教訓の質にも影響する。異なる結果を経験すれば、異なる教訓を学ぶだろう。異なる結果を経験すれば、結果に先立つ決断の質の評価も変わってくるだろう。

内の視点：
あなたの視点、あなたの経験、あなたの信念という内側から見た世界観。

未来の結果に対して、運はとても大きな役割を果たしている。客観的に見て、その結果が起こる可能性が高いか低いかは関係ない。重要なのは、その結果をあなたが経験したということだ。

一般的によく知られる別の認知バイアスもまた、内面問題の一端を担っている。

- 確証バイアス――自分の信念を確認、強化する情報を求め、認知し、分析する傾向。
- 反証バイアス――確証バイアスの仲間。自分の信念と矛盾する情報に、より批判的な基準を適用する傾向。
- 自信過剰――自分のスキル、知能、才能を過信し、判断能力を阻害する性質。
- 可用性バイアス――鮮明な記憶やよく見かける出来事を過大評価する傾向。
- 直近効果――直近の出来事に影響される傾向。
- コントロールの錯覚――自分の能力を過大評価して出来事をコントロールすること。運の影響を過小評価すること。

こうしたバイアスはすべて、内面の産物であることがわかるだろう。

確証バイアスは、自分が信じるものを裏づける情報を求めることだ。

反証バイアスは、自分の信念と矛盾する情報を評価する際に、より厳しい目を向けること。自分の意見と一致する情報に対しては「本当かな？」と問うが、一致しない情報に対しては「本当に本当？」という姿勢で臨む。

可用性バイアスは、想起しやすい出来事が可能性の予測を歪めること。

その他のバイアスも同様に、あなたの経験や信念に不相応な比重をかける。

＊外の視点

私たちは内の視点で物事を判断する。しかし、外から見るとまったく違う世界が見えることはよくある。自分の認知の歪みに苦しみ、それを認識できていない人と一緒にいると、私たちはこの現象を体験する。それは、いつもおかしな人ばかりを選んでそれに気づかず、直近の恋愛問題を祈禱師に解決してもらおうとしている友人のようなものだ。

あなたには彼らの状況がはっきり見えているのに、彼らはまったく気づいていない。あなたには、彼らの背中の「私を蹴って」サインが見えている。

内面の視点にとらわれている人とのそうしたやり取りの記憶は、多くの人が経験していることと思う。類似の事例をすぐに思い出せるなら、当然、あなたも同じことをしているだろう。

自分より他人を客観的に見るのが簡単なのは、自分の状況を推し量ろうと思うと、その信念を守ろうとするからだ。あなたの信念はあなたのアイデンティティを形成している。自分の間違いに気づいたり、信念を疑ったり、悪い結果を認めたりすると、それは単なる不運ではなく、自分の判断ミスということになり、そうなるとアイデンティティが揺るぎかねない。

私たちはアイデンティティを傷つけたくないと思っている。だから自分のこととなると、あなたの信念は運転席に座って、アイデンティティと自分の物語を守る方向へと（私は間抜けじゃない！　間抜けなのはあいつらだ！）ハンドルを切る。

一方、他人の問題を考えるときは、自分の信念と同じように他人のそれを扱うことはないので、同様の状況には陥らない。

外の視点：
あなたの視点とは切り離された、世間一般としての事実。他者があなたの陥っている状況を見る視点。

すでにおわかりかもしれないが、**内面の視点を直すには、自分の経験から離れ、他者の視点や世間一般の真実に対してできるだけ自己開示をすることだ。**正しい情報はそうした場所に息づいている。

これが外の視点である。

あなたの直感は内の視点の喜びに従う。勘もそうだ。直感や勘は、あなたが真実であってほしいと思うものに影響される。

外の視点は、そうした影響への解毒剤である。

他者の視点を得ることの価値は、あなたは知らないけれど役に立つかもしれない事実を知っている、あるいは、あなたが知っていると思っている事柄の不正確な部分を正してくれる、というだけではない。たとえあなたと同じ事実をつかんでいても、その事実を別の角度から見る可能性があるという点だ。まったく同じ情報から、まったく別の結論を導き出す可能性があるのだ。

あなたと友人が、友人の恋愛遍歴という同じ事実を前にして、別の感想を持つのと同じである。

他者の異なる視点を受け入れ、そこに自分の視点をぶつけることで、客観的な事実に近づけるようになる。そして客観的な事実に近づくほど、意思決定のプロセスで入りこんでくるがらくたは減り、背中の「私を蹴って」サインを外の視点で見られるようになっていく。

私たちはある決断に臨もうとする際、すでに正しい選択肢についての意見を形成しはじめている。たいてい自分では気づいていないが、結局その「意見」が運転席に陣取って、意思決定の舵取りをすることになる。

これは長所・短所リストの大きな問題を明かしている。というのも、直感や勘のようにその「意見」もまた、客観的に優れたものより、あなたの望む決断を選択し、内なる視点の喜びに従おうとするからだ。

却下したい選択肢があれば、リストの短所の側面に着目して悪い面を強調する。受け入れたい選択肢があれば、リストの長所の側面に着目し、欠点を隠しながらいい面を強調していく。

長所・短所リストは、外の視点を排除したあなたの視点のみで形成され、あなたの望む結論を支持する考えに影響されやすい。実際、バイアスを増幅するような決定木をつくろうと思ったら、長所・短所リストのようになるだろう。

3　結婚式で歓迎されないゲストになる

内と外の視点を考えるのにいい方法を紹介する。

あなたは結婚式に参加していて、新婚カップルにあいさつするため、列に並んで待っている。あなたの順番がくるころには、カップルは喜びの涙やキスや祝福や激励や助言を大量に受け取っている。そこであなたは、回りくどい祝福を飛ばしてこう切り出す。「おふたりが離婚する確率はどのくらいでしょうか？」（誤解のないように言っておくが、この問いをぜひ試してみてほしいということではない。それでも、もし言ったなら、これは鮮明でいくぶん皮肉な思考実験になるだろう）。

大半のカップルは「離婚などしない」と答えるだろう。「私たちは特別で、結婚するだけの理由がちゃんとあるし、これは真実の愛です。この愛は永遠に続きます」と。

これが内の視点だ。

そのうちあなたの背後から人が割りこんでくる。花嫁の父親だ。あなたの質問がまったく面白くない彼は、この場を去るよう告げる。

時間をもてあましたあなたは、同じホテルでおこなわれていた別の結婚式に出くわし、気づくと出迎えの列に並んでいる。

話題に詰まっても、先ほどのような過ちは犯すまいと心に誓ったあなたは、新婚カップルを讃えてこう言う。「さきほど、別のホールの結婚式にも顔を出してきたのですが、全然よくなかったですよ。ところで、向こうのカップルが離婚する確率はどのくらいだと思います？」

たいていの場合、40％から50％と答えるだろう。それが一般的なカップルの離婚率だからだ。間違っても別のホールにいる見知らぬ人たちのことを「彼らは特別なカップルで、結婚する理由はちゃんとあるし、ふたりの愛は永遠に続く」とは言わないはずだ。

これが外の視点である。

❶過去に友人や家族、職場の人たちが内の視点にとらわれていた状況を記してみよう。

❷彼らにそのことを伝えたか？

はい　　いいえ

❸その理由は？

❹過去に自分が内の視点にとらわれていたと思う状況を記してみよう。

❺内の視点にとらわれたことで、意思決定にどのような悪影響があったと思うか？

❻これから数日間、内の視点にとらわれている人の話に耳を傾けてみてほしい。そしていくつかの実例と、内の視点の多さ、影響を耳にした時間に基づき、全体的な印象を記してみよう。

4 真実は内の視点と外の視点の交わったところにある

- 90％以上の教授が、自分のことを平均以上の教師だと評価している。
- 約90％のアメリカ人が、自分の運転技術は平均以上だと思っている。
- 自分のソーシャルスキルが平均以下だと考えている生徒は１％しかいない。

どう考えても、人口の90％以上の人が平均以上の能力を持っているというのはありえない。しかしその定義上、全人口の半数は平均以下のはずだとわかっていても（外の視点）、自分はその半数に入っているとはまず考えないものだ（内の視点）。

これは平均以上効果と呼ばれる現象だ。

ここで問題なのは、自分の能力を正確に把握していないと、たとえば平均以上にマルチタスクが得意だと思って運転中にメールを打つなど、かなりまずい判断をしてしまう可能性があるということだ。

もちろん、あなたが多くの点で平均以上の能力を持っているのはたしかだろう。しかし、すべてにおいて平均以上ということはまずありえない。

とはいえ、世間一般の平均を知らず、自分の経験内で生活しているあなたが、自分にどんな平均以上の能力があるのか（もしくはないのか）を知るのはきわめてむずかしい。

ここで、外の視点が役に立つ。

もし世界中のあらゆることを教えてくれる水晶玉を持っていたら、自分のどのスキルが世間一般のどのレベルに当たるのか正確にわかるだろう。たとえば、自分の運転技術は75パーセンタイル（１００分割中75番の位置）で、ソーシャルスキルは50パーセンタイル、教える技術は25パーセンタイル、というように。

私たちは判断をする際に、内の視点、つまり自分の経験や見解に頼りがちだ。「20年間無事故だから、自分は平均以上のドライバーだ」「友人には好かれているし、仲よくやっているから、私のソーシャルスキルは平均以上に違いない」「生徒に好かれているし、教えるのも好きだから、教師としての能力はトップレベルだと思う」

外の視点は、内の視点で生きていると生じる歪みを直してくれる。だからこそ、世間一般の真実とは何か、自分の状況を他者はどう見ているかということを考えながら、まずは外の視点を獲得し、その視点に留まることが重要なのだ。

> 真実は、外の視点と内の視点の交わるところに存在する。

どんな組み合わせでもそうだが、外の視点と内の視点が一緒になるには、努力が必要だ。あなたの信念はアイデンティティを形成し、そのアイデンティティを傷つけない視点で世界を眺めているため、外の視点を取り入れるのは容易ではないし、とりわけその視点があなたのアイ

図33　**真実のあるところ**

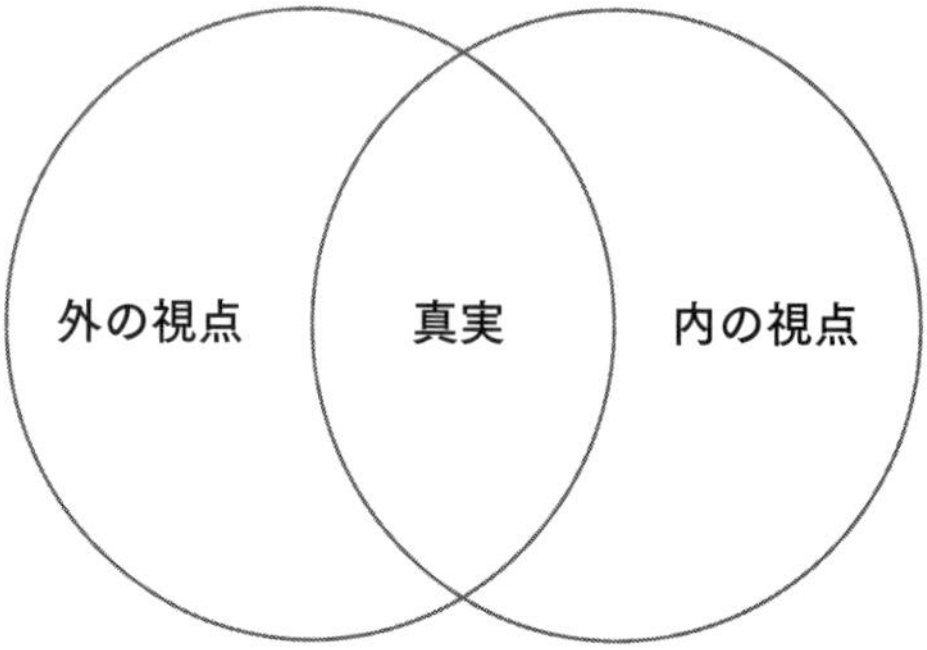

デンティティを傷つけるものならなおさらだ。

だから半数近くのカップルが離婚するわけだが、それでも婚前契約を結んでいるカップルは５％しかいない。

一般的な結婚では、自分の望む真実、つまりふたりの愛は平均以上だと信じたい気持ちのせいで、自分の判断にそうした事実を組みこむのがむずかしい。たしかに失敗する可能性を考えるのは気持ちのいいものではないが、しかし現実が理想どおりにいかなかったときのことを思えば、その不快感を受け入れるだけの価値はある。

内外の視点が一致すると、これまでの経緯や将来の展望がより明確に見えてくる。そうなれば、過去からの学びの質や今後の決断の質も向上するだろう。（図33）

＊賢明な人ほど影響される

いい知らせがある。内の視点が意思決定を迷走させる仕組みが、これで明らかになった。さらにいい知らせがある。本書を手にしたということは、そもそもあなたは賢い人間なのだ。

さて、今度は悪い知らせだ。賢いからといって、内の視点に影響されにくくなるわけではない。むしろ、影響されやすくなる。そのせいで、あなたの信念はかたくなに運転席を譲らなくなるのだ。

さまざまな状況下での研究によると、賢い人ほど進んで予測したがり、自分の信念を裏づける情報や、自分の望む結論に到達するような推測をする傾向があるという。

- 銃規制などに関する政治的データを見る場合、自分と反対の意見を見ても、自分の信念を支持する意見だと解釈する人が多い。つまり、一般的な（二極化しないテーマに関する）データの解釈が正確にできても、政治的な話題になると、データを自分の信念に沿うように誤読する可能性があるということだ。むしろ、そうなる可能性が高くなる。
- 自分のバイアスについては、誰しも見えていない部分がある。自分が偏った考え方をしていても、自分では客観視できない。これは内の視点であり、賢さはこうした盲点からあなたを守ってはくれない。むしろ助長する。
- 政治的信念に関する事柄の論理的問題を解決しようと思っても、正解が自分の信念と一致しないと、自分の信念に沿った結論に到達することが多い。過去に同じ経験がある、もしくは論理学を学んだことのある人は、この過ちを犯す可能性がさらに高い。

考えてみれば、これはとても理にかなっている。賢い人は、自分の信念や意見を人一倍高く評価していることが多く、自分の知識を修正する必要をほとんど感じていないのだ。彼らは、自分の直感や勘を強く信じている。なんといっても賢いのだ。そこに自信を持てない理由はない。頭がいいと、自分の信じる真実を疑うことは少なくなる。

賢い人は自分の意見を支持する議論の構築や、真実だと感じる事柄に説得力を持たせるのも得意だ。賢い人は、相手をミスリードするためではなく、自分のアイデンティティを守るために、他者を説得させる物語を紡ぐことに長けている。

意欲的な推論、自分をごまかす傾向、直感への過信が組み合わさって、賢い人ほどフィードバックをあまり求めない。たとえ彼らがフィードバックを求めても、その説得力のある語りのせいで、第三者は自分の意見を言うのをためらってしまう。

つまり、賢い人ほど、意識的に外の視点を取り入れなければならないのだ。

> 一番ミスリードされやすいのは自分である。しかし内の視点で生きているあなたは、その事実に気づかない。

＊基準率――外の視点を簡単に獲得する方法

外の視点を手に入れる方法のひとつは、決断のプロセスで、個人の視点ではなく世間一般の真実を問う癖をつけることだ。

世間一般の真実を知るには、あなたが置かれているような状況で、世間的にはどんな結果が生じるのか、それを知る情報を探すことだ。

こうした情報は基準率と呼ばれる。

人間関係、健康、投資、ビジネス、教育、環境、消費者主義の側面に関する調査、研究など、統計をおこなう場所はたくさんあるが、これらはあなたが下すあらゆるタイプの決断に関連している可能性が高い。実際に本書でも、すでに多くの基準率を参照してきた。次にその一部を紹介する。

- アメリカ人の初婚の離婚率は40％から50％である。
- アメリカの成人の死因が心臓疾患である可能性は25％である。
- アメリカの人口の８％が人口１００万人以上の都市に住んでいる。

別の基準率の例も挙げる。

- 高卒者が休学せずに大学へ通う確率は63・１％である。
- 60％のレストランが開業１年未満で倒産する。

基準率は、プラスの可能性であれマイナスの可能性であれ、あらゆる結果の可能性を予測する際に、スタート地点を提供してくれる。ただし、あなたの予測がいつも基準率と一致していなければならないということではない。すでに明らかになったように、それはあなたの状況の特殊性や内の視点によって大きく異なる。だが、仮にレストランを始めるとして、最初の1年を持ちこたえられるのが全体の40%という事実を知っていながら、自分の成功率を90%と見積もっていれば、それは自信過剰を正すのに役立つだろう。

　将来をどう予想するにしろ、基準率の軌道に乗っている必要がある。基準率は重心を与えてくれる。

基準率：
　あなたの考える状況と類似の状況で物事が起こる可能性。

❶第4章の「スウェット・センセーションズ」ジムの会員になったら、という予測をここでもう一度取り上げる。今回は、時間を取って基準率を調べてから予測を記してみよう。

入会後半年でジムをやめる人の割合は？　（　）%
入会してから一度もジムに足を運ばない人の割合は？　（　）%
ジムに週1回以下でしか通わない人の割合は？　（　）%

ジムへの入会が定期的な運動習慣につながる可能性に関する、ほかの情報があれば記してほしい。

❷この基準率を書きこんだ決定木を見たら、あなたの予測は変わるだろうか？　変わると思う場合は、その理由を簡単に記してほしい。

ジム入会の基準率に関する有効な情報を次にいくつか紹介する。

2019年1月、メディアサイト「ザ・ハッスル（TheHustle.co）」のライター、ザカリー・クロケットがスタティスティック・ブレイン・リサーチ・インスティチュート（統計脳研究所）から引用したところによると、週1回以下でジムに通う会員は82％で、入会してから一度も利用したことがない会員は77％だった。

1月に入会した会員（新年に決意した組）の80％が5カ月以内に退会し（CouponCabin調べ）、国際フィットネス協会「国際ヘルスラケットスポーツクラブ協会（IHRSA）」の調査によると、入会者の半数が半年以内でやめている。

あなたは医師の助言どおり、90％の確率で週3回はジムに通えると考えているが、いま示した統計は、その考えは改めるべき必要があることを強く示唆している。自分がどれだけやる気があると思っていても、基準率を大きく裏切ってあなたがジムに通いつづける可能性はほとんどない。

自分の置かれている状況で世間一般の真実を学べば、（家庭用器具の購入やジムの入会など）選択肢を比較する能力を向上させる外の視点を少しずつ獲得できるようになる。

何かを学ぼうと思ったときに、基準率がその困難さを伝えていたら、未来に待ち構えているかもしれない現実に目を向け、そこへいたるまでの障害を特定してほしい。事前に認識していれば、そうした障害を回避したり乗り越えたりする方法を思いつくかもしれないし、それによって成功率も高まるだろう。

＊外の視点を得るためのもうひとつの方法——他人の知っていることを積極的に知る

劇作家テネシー・ウィリアムズの『欲望という名の電車』のキャラクター、ブランチ・デュボアの言葉を借りれば、私たちはみな、他人の優しさに頼らざるを得ない。外の視点について言えば、助けてくれる他人には事欠かないのに、誰もが優しさの意味を混同してしまう。

　こんな経験はないだろうか？

　あなたの歯にほうれん草が挟まっていて、それを誰かが指摘する。その際、指摘するほうは申し訳なさそうに切り出す。あなたに恥ずかしい思いをさせて気まずい思いをするのが嫌なのだ。

　あなたはお礼を言ってほうれん草を取りながら、こう考える。「いつほうれん草を食べたっけ？」そしてそれがずいぶん前だと気づき、その間大勢の人に会ったが、誰も何も言ってくれなかったと気づく。

　あなたは教えてくれなかった人に腹を立てる。だが、彼らは別に意地悪をしたわけでも、ほうれん草スマイルでその午後あなたに恥をかかせて喜んでいたわけでもない。ほうれん草が歯に挟まっていることを指摘してあなたに恥ずかしい思いをさせたくない、と気を遣っただけなのだ。

　歯に何かが挟まっているのを指摘されるのは恥ずかしい。しかしそれを誰にも指摘されず、ずっと挟まったままにしているのはもっと恥ずかしい。「親切心」から目の前の事実に触れなかったせいで、彼らは図らずもあなたがほうれん草を取りのぞくチャンスを奪ってしまったのである。

　これは意思決定についても同じことが言える。

　前述のエクササイズで、大半の人が、いつも変な人とばかり付き合う友人に対して実際にかける言葉と、心で思っていることが違ったのはこのためだ。

あなたは友人の気持ちを傷つけないよう、思いやりを示そうとしている。だがそうすることで、彼らが今後付き合う相手を決める際、その質を向上させる貴重な情報を奪ってしまっている。その場かぎりの親切によって、将来の友人に不親切な対応をしているのだ。

こういう角度から見ると、あなたの視点を隠すことは、友人にとって大きな損失であることがわかるだろう。同様に、あなたにとってよくないのは、不愉快だからといって反対意見をブロックすることだ。それであなたのアイデンティティが傷つくのは避けられるかもしれないが、しかし意見の不一致を明確にすれば、長期的にあなたのアイデンティティを強化しながら、今後のあらゆる決断を向上させる力になる。


誠意をもって反対意見を述べてくれる人には感謝しよう。彼らはあなたに思いやりを示している。


外の視点を得るための助言やフィードバックを求めるだけでは十分ではない。人はたいてい、相手に嫌な思いをさせたり、相手の考えに意見して恥をかかせたり、相手にとって率直すぎる意見を述べたりすることを恐れて反対意見を言いたがらない。さらに言えば、私たちは内の視点の声をくり返し聞くのが好きで、自分と同じような視点を持っていそうな人物を探し出す。

だから私たちは、気づくと同じ意見を持つ人ばかりに囲まれているのだ。内の視点が、自分の信念を裏づける客観的な視点を装って、外の視点として入ってくるととくに気分がいい。しかしそのように他人に認められたと感じても、実際は内の視点を増幅させ、あなたの世界観を強固にしているだけだ。

本書に掲載されている戦略の多くは、あなた自身が持つ信念のエコーを避け、正しい情報やユニークな視点を見つけるチャンスを最大限引き出すことを目的としている。外の視点を与えてくれる仲間を受け入れて世界と関われるようになれば、あなたの世界は正確さを増していく。

心を開いて外の視点を求めよう。自分の背中に貼られた「私を蹴って」サインや、歯に挟まったほうれん草など、自分の視点では見えなかったものが見えるようになるはずだ。そうなれば、がらくたが片付き、あなたの決断力も向上するだろう。

❶あなたが取り組んできた問題について考えてみよう。

それは、なぜいつも恋愛がうまくいかないのか、なぜいつも同僚とぶつかってしまうのか、といった過去をふり返るようなものかもしれない。あるいはどの大学に願書を出すべきか、運命の人に出会うにはどうすればいいか、転職すべきかどうか、営業成績を上げるにはどうしたらいいか、といった未来に目を向けたものかもしれない。

ではここで、「視点の追跡（Perspective Tracking）」をしてみよう。

「外の視点」の欄には、可能なかぎり客観的に見た自分の状況を記述し、「内の視点」の欄には、主観で見た自分の状況を書きこんでみてほしい。（２１０ページ図34）

「視点の追跡」をおこなう際は、必ず外の視点から始めること。そうすることで、自分の視点をある程度手放し、世間一般の真実や、他人から見たあなたの状況を認識する機会を得られる。

ここでは、外の視点を得るために試してほしいふたつの戦略を紹介する。

① 同僚、友人、家族がこの問題を抱えていたら、彼らの問題はあなたの目にどう映るだろうか？　あなたの視点は彼らのそれとどう異なり、彼らにどんな助言をするだろう？　そしてどんな解決策を提示する？

② あなたの置かれた状況に対する一般的な基準率や情報はないか考えてみる。

❷次の空欄を利用して、内外の視点を結びつけてほしい。ふたつの視点が正確に交わっ

図34　**視点の追跡**

内の視点	外の視点

た（とあなたが思う）部分を書き留めてみよう。

❸このエクササイズで自分の立場を見る目は変わっただろうか？

はい　　いいえ

もしそうなら、その理由は？

前述した「知識の追跡」（67ページ）は、あなたに知っていることと知らないことを認識させ、さらなる知識を追い求めるよう促し、決断時の信念を記録することで説明責任をもたらし、後づけの記憶を阻止するのに役立つが、視点の追跡にも多くの利点がある。

意思決定プロセスに「視点の追跡」という習慣を取り入れれば、運転席からあなたの信念を追い払い、直感を鵜呑みにするリスクを減らせるだろう。「視点の追跡」は、あなたに外の視点を考慮するよう強く促す。そして外の視点を考慮するには、他人がその決断をどう見ているか、世間一般の真実は何かを求めるようになる。

ある決断が有利に働くか不利に働くかを見極める場合でも、選んだ結果が報われるか否かを考える場合でも、内の視点を離れて外の視点を求めれば、より正確な結果にたどり着けるだろう。

外の視点と内の視点を記録する習慣をつければ、自分の決断に対して的確なフィードバックを得られるようになる。結果がわかると必然的にあなたの視点は変わるため、当時自分がその状況をどう見ていたかを記録しておくといい。そうすることで質の高いフィードバックが生まれ、決断のプロセスに説明責任が追加されるようになる。

＊「視点の追跡」――経験のパラドックスに取り組むもうひとつのツール

昇進できなかったり、売上目標を達成できなかったり、出会う人が変な人ばかりだったりしても、「視点の追跡」をおこなえば理由は明確になる。そして明確な答えは、今後同様の状況に取り組む際に、あなたが下す決断を改善してくれる。

悪いことがあると、内の視点は自分の決断よりも不運を嘆くようあなたを誘導する。なにしろ運は、自分の物語を傷つけないために用意された、もっとも簡単な逃げ道なのだ。しかし運を失敗の主犯に仕立て上げても、状況にうまく対処することはできない。

運が犯人なら、あなたの決断は釈放される。運が犯人なら、その結果はあなたにはどうしようもないことだった。つまりここから学べることは、世の中には嫌な人間が溢れていて、そこに出くわしたあなたは運が悪かった、ということ以外何もないのだ。

悪いことがあると、外の視点は自分の決断がこの結果にいたった経緯を明確にするようあなたを誘導する。運は変えられない。変えられるのは決断だけだ。外の視点は、変えられるものに着目するよう促すのだ。

＊いいこともある

いいことがあると、いまの説明は逆転する。

自分の夢だった仕事に就いたり、売上目標を達成したり、運命の人に出会ったりした場合、内の視点はあなたに運の役割を軽視させ、自分の決断を重視させる傾向がある。これはたしかにあなたの物語を助けるが、その成功がふたたび起きる確率を実際よりも高く見積もってしまう可能性がある。

この先も成功を続けるチャンスを減らしたいなら、内の視点で生きていく、つまり「スキルを過大評価し、運を過小評価する」のはいい戦略と言えるだろう。外の視点は、もっと運に着目する。「視点の追跡」が成功に欠かせないのはこのためだ。

＊楽なほうに流されない

成功や失敗に関して言えば、とくに内の視点の居心地がいいと、外の視点を求めるのが苦痛に感じることがある。しかし、痛みには価値がある。その瞬間のアイデンティティを守るために、悪い結果のスキルといい結果の運を見逃すという選択もあれば、外の視点を受け入れ、将来の決定にがらくたが混入しないようアイデンティティを強化するという選択もある。

おこなうべきは後者である。

5 決断を外から見る　まとめ

本章のエクササイズを通じて次のことを考えてほしい。

- **内の視点**とは、あなたの視点、信念、経験を通じて世界を見ることである。
- 一般的な認知バイアスの多くは、ある種、内の視点の産物である。
- 正負リストは内の視点を増幅する。
- **外の視点**とは、あなたの視点とは関係なく、他者から見えるあなたの状況、世間一般の真実のことである。
- 自分でははっきり事実を把握しているつもりでも、他人がその事実を見たら違う結論にいたる可能性もあるため、外の視点を追求するのは重要だ。
- 外の視点は、内の視点に潜むバイアスや不正確さを正す機能を果たしてくれるが、それこそが外の視点を真っ先に心に留めたい理由である。
- 正確さは内の視点と外の視点が交わるところに存在する。あなたの置かれた状況も考慮すべきだが、個人的な状況は世間一般の真実と結びつける必要がある。

- 世界について予測する際、運転席にはあなたの信念が座っている。
- **動機づけられた推論**は、真実よりも自分の求める結論を得るために情報を処理する傾向がある。
- 賢い人も、動機づけられた推論や内の視点の影響と無縁でいられない。むしろ、賢いことで自分の信念の正しさを確信し、他者（あるいは自分自身）の視点を揺さぶるような説得力のある物語が作れてしまうため、たちが悪い。
- 外の視点を得たいなら、自分の状況に当てはまる**基準率**を探すといい。
- 外の視点を得るもうひとつの方法は、他人の視点やフィードバックを求めることだ。ただし彼らがあなたに異を唱えたり、不都合な視点を投げこんだりしても、気まずく感じないことが重要だ。そうでなければ、あなたは相手の遠慮を真に受けて自分の信念の正しさを確信し、内の視点を増幅するだけになる。他人の反対意見に進んで耳を傾け、彼らが率直に話せるよう促すこと。
- **視点の追跡**は、意思決定をおこなう際の習慣にしてほしい。あえて外の視点で自分の状況を見てから内の視点で眺めると、双方の視点を取り入れた正確な視点が得られるようになる。

決断を外から見る　チェックリスト

□　あなたの状況を外の視点で記述する。外の視点には（a）適用できる基準率と、（b）他者の視点が含まれていること。

□　あなたの状況を内の視点で記述する。

□　外の視点と内の視点が交わる場所を見つけ、より正確な真実を導き出す。

コラム⑥ ❖ 天候と気質

　ほとんどの人は、気候のいい場所に住んでいるほうが、幸福度が高いと信じている。だが、ノーベル賞受賞者ダニエル・カーネマンと同僚のデイヴィッド・シュケイドが調査したところ、地域の天候は人々の幸福度にほとんど影響しないことが明らかになった。ある研究で、オハイオ州立大学、ミシガン大学、カリフォルニア大学ロサンゼルス校（ＵＣＬＡ）、カリフォルニア大学アーバイン校に通う約２０００人の生徒の幸福度を測定した。大半の人たちは、カリフォルニアの住民の幸福度が高いと予想していたが、実際は中西部（客観的に見て天候がよくない地域）の学校に通う生徒と、カリフォルニアの学校に通う生徒の幸福度にほとんど差は見られなかった。

　これは、内の視点と外の視点を衝突させることで得られる利点の好例である。私たちは天気が人に何らかの影響を与える事実を知っていると思っていて、それについて自信を持っている。しかし、ひとたび科学的な方法で世界の真実が明らかになると、自分の直感が実際にはそれほど正しくないことを知る。そして外の視点を得ることでしか、その不正確さは認識できない。

　あなたが天候について考えるとき（前述のボストンでの仕事の例や、何百万人もの人々が温暖な地域への引っ越しを考えるときと同様）、南部や西部の温暖な地域から、北東部の寒冷地域に引っ越すのは厳しいと思う。あるいは天気は人の幸せに大きく影響するし、寒い地域に引っ越したら間違いなく自分にも影響すると考える。

　外の視点を求めれば、天気があなたの幸せにどの程度影響するのか、もっと現実的な視点を得られる可能性がある。もちろん、平均的な天気が人の幸福にそれほど影響を与えないからといって、それがあなたの幸福に影響を及ぼさないとはかぎらない。とはいえそれは、天気と幸福に関するあなたの思いこみを（どれだけ広く信じられている考えであっても）信じるべきだということにもならないのである。

第7章

意思決定の時間を賢く使う

——堂々めぐりから脱却する

図35

	週に費やす時間（分）
1. 何を食べるか	
2. ネットフリックスで何を観るか	
3. 何を着るか	

上記の図にそれぞれのことを決めるのに、週にどのくらい費やしているか書き出してほしい。（図35）

平均的な人々がこれらの決定に費やす時間を見てみよう。

つまり、あなたが大半の人と同じなら、あなたもこれらのことに多くの時間を費やしているということだ。

一般的に人が食べるもの、観るもの、着るものを決めるのに費やす時間は、合計で年に２５０時間から２７５時間にのぼる。些細な決定に対し、人はこれほど多くの時間を費やしているのだ。

大したことではないと思うかもしれないが、それはこうした時間が細切れに積み重なっているからで、小さな支出は時間とともに降り積もり、あなたは1年のうち職場で過ごす7週間に相当する時間を、何を食べ、何を観、何を着るかの決断に費やしていることになる。

限られた資源である時間は、賢く使う必要がある。食事中に仲間と会話を楽しむなど、決断にかける時間をほかのことに使えるかもしれない。すばやく決めるべきか、時間をかけて決めるべきかを見極める能力は、ぜひとも向上させてほしい決断のスキルだ。

＊速すぎるコスト

ここで注意点を話しておきたい。決断が遅すぎると、もっと利点の多い別の決断を下すなど、ほかのことをする時間がなくなる可能性がある。だが、速すぎる決断にも欠点がある。決断が速いほど、精度が下がるのだ。

決断をする際の課題は、時間を無駄にしないことと、精度をあまり下げないこと、という二点である。童話『ゴルディロックスと3匹のくま』の少女のように、あなたは「ちょうどいい」バランスを探っている。何を食べ、何を観、何を着るかの統計を考えると、大半の人が「ちょうどいい」バランスへ到達するにはスピードを上げる必要がある。

＊では、どうやってスピードを上げるのか？

決断のスピードが上がるのはたしかにいいことだ、とあなたは同意するだ

> **時間と精度のバランス：**
> 　精度を上げると時間がかかる。時間を省くと精度が下がる。

ろう。と同時に、どうやって本書の内容がそれを可能にしてくれるのかと疑問に思うかもしれない。ここまで決定木の作成、確率の予測、反事実の認識などに取り組んできたあなたは、「3日に一度決断できれば幸運だ」と思っているのではないだろうか？

直感に反するかもしれないが、本書で提供する意思決定のフレームワークは、実際に決断を速めるのに役に立つ。

時間と精度の正しいバランスを見つけるためのカギは、時間をかけなかったことで質の低い決断をしてしまった場合のペナルティーを理解しておくことだ。スピードを上げるために、どの程度なら精度を犠牲にできるだろう？

ペナルティーが小さければスピードを上げられるが、ペナルティーが大きくなれば時間をかける必要がある。悪い結果に対する影響が小さければスピードを上げられるが、影響が大きければ時間をかける必要があるということだ。

意思決定プロセスの6つのステップでは、可能性を想像し、可能性にともなう見返りを検討し、各結果が起こる確率を予測していく。これが時間と精度のバランスを保つのに役立つのは、利点と欠点の両面から物事を考えるからだ。

つまり、あなたは影響について考えることになる。

結果を想像すれば、「ちょうどいい」バランスがとれなくても、大した影響がない状況を認識しやすくなる。

このフレームワークは、大半の決定に――夕食に何を食べるかといった決断よりもはるかに重要な決定にも——役に立つ。本書が提供する意思決定ツールを使えば、大切な決断に直感や質の低いショートカットを使うことなく、ペースを落とし、時間をかけられるようになるだろう。

＊時間の節約という付加価値——世界をつつけ！

本書のテーマのひとつは、世界から情報を引き出し、あなたの知らないことを知っていることに変えていくことである。あなたが集めた情報は、新たな事実をもたらし、物事の仕組みを明らかにし、結果の予測を的確にするだけではない。

あなたの好み——好きなものと嫌いなもの——を知ることでもある。

自分の好みを知るほど、いい決断ができるようになる。自分の好みを知る最善の方法は、試してみることだ。決断の速度が増せば、試せることも多くなる。つまり、実験したり、世界をつついたりする機会が増えるということだ。自分自身のことを含め、新たなことを学ぶ機会が増えるということだ。

ではここから、スピードを上げる方法を考えていこう。

1 「幸福度テスト」で影響の少ない決断をする

私と一緒に行ったレストランで、あなたは何を頼もうか決めかねている。ようやく決めて注文すると、やがてウェイターがあなたの料理を運んでくる。その料理は最高かもしれないし、まあまあかもしれないし、皿を遠ざけたくなるほどひどいものかもしれない。

1 1年後、私はあなたと偶然再会しこう尋ねる。「今年1年どうだった？」あなたはすばらしい年だったと言うかもしれないし、ひどい年だったと言うかもしれないし、まあまあだったと言うかもしれない。あなたの1年がよかったか悪かったかにかかわらず、私はこう続ける。「1年前のあの食事、覚えてる？」あの夜に食べた料理は、はたしてあなたのこの1年の幸福度にどの程度影響を及ぼしただろうか？

次の0〜5の段階で答えてほしい（1年を通じて幸福度に影響がなければ0、影響が大きければ5）。

影響なし　0　1　2　3　4　5　大いに影響あり

❷では、食事の夜から1カ月後に私はあなたと再会し、同じ質問をしたとする。あの夜の食事はこの1カ月、どの程度あなたの幸福度に影響を及ぼしただろうか？

影響なし　0　1　2　3　4　5　大いに影響あり

❸では次に、私はあなたと1週間後に再会して同じ質問をしたとする。あの夜の食事はこの1週間、あなたの幸福度にどの程度影響を及ぼしただろうか？

影響なし　0　1　2　3　4　5　大いに影響あり

あなたが大半の人と同じなら、その夜に食べた料理は、あなたの幸福度にそれほど影響を与えなかっただろう。1年後のケースでは、まったく影響はなかったはずだ。大半の人と同じなら、1カ月後、あるいは1週間後でも影響は少なかったのではないだろうか？　料理の良し悪しにかかわらず、長期的に見れば、それは幸福度に大した影響を及ぼさない。これは、ネットフリックスでつまらない映画を観たり、穿き心地の悪いズボンを穿いたりしても同じである。

ここからわかるのは、何を食べ、何を観、何を着るかは、影響の少ない決断であるということだ。

「幸福度テスト」は、影響の少ない決断を見極める手段のひとつである。

どんな選択肢を選んでも（チキンか魚か、グレーのスーツかブルーのスーツか、『オースティン・パワーズ』か『プリンセス・ブライド・ストーリー』か）長期的に見れば（あるいは短期的に見ても）あなたの幸福度に大した影響を与えない決断のカテゴリーがある。

あなたが決断しようとしている項目が幸福度テストで影響なしと判断されれば、それは大した影響力を持たないということなので、決断の速度を上げてもいいということになる。大まかに言うと、幸福度は、長期的な目標達成における決断の影響力を理解する指標である。（幸福度で測定される）潜在的な得失が小さければ、その決断の影響力も小さいので、迅速に決めていいということだ。

それによって得られた時間は、より重大な決断や、リスクの低い実験的な選択をするのに使ってほしい。

幸福度テスト：

決断の良し悪しにかかわらず、その結果が1年を通じてあなたの幸福度に大きな影響を与えたかどうかを自問する。答えがノーならその決断は幸福度テストを合格、スピードを上げていいということになる。

1カ月、1週間単位でも同じテストをおこなう。

幸福度に影響がない期間が短いほど、精度より時間の節約を優先してかまわない。

＊さらに速く――同じ状況で何度も選択ができる場合

チキンにするか魚にするかで悩み、魚を選んだらパサパサで味気なかった。そして「チキンにすればよかった！」と思う。

パーティーに着ていく服で悩んでいる。ひとつはドレッシーな服で、ひとつはカジュアルな服。ドレッシーなほうを選んでパーティーに行くと、みんなカジュアルな服装をしていた。あなたはすぐに、もうひとつの選択肢にしなかったことを後悔する。

多くの決断は長期的な幸福度に大した影響を与えないが、やはり短期的には悪い結果――後悔――をもたらす。

後悔（もしくは後悔するという恐怖）のせいで、あなたは大半の選択を前に頭を悩ませる。悪い結果になると、たいていの人はその瞬間に後悔を覚える。後悔への予感があなたにあれこれ考えさせるのは、時間をかければ悪い結果になる可能性は低くなる、つまり後悔の痛みをともなう可能性は低くなるはずだと考えるからだ。

長期的な影響（本当に大切なもの）よりも、目先の後悔に怯えて、あなたは決めることができなくなる。後悔の恐怖は時間を犠牲にする。

選択をくり返すことは、後悔のコストを抑えられる。

決断の選択がくり返せるのは、同じ選択で別のことを試せる場合だが、間を置かずにこの選択が出てきたときにはとくに役に立つ。レストランで注文した料理は気に入らないかもしれないが、数時間後にまた別のものを選ぶチャンスはやってくるし、それは短期的な後悔を和らげてくれる。

大学の授業を選ぶのは、くり返しの選択である。

デートの相手を選ぶのは、くり返しの選択である。

ドライブのコースを選ぶのは、くり返しの選択である。

観る映画を選ぶのは、くり返しの選択である。

決断が幸福度テストをパスしたら、すばやい決定を下せるし、選択がくり返されるなら、さらに迅速に決定できる。同じ決断にもう一度挑戦するときは、悪い結果になるリスクが減るからだ。

くり返しの決断は、口にしたことのない食べ物や、観たことのないテレビ番組といった不確かな選択をする機会も与えてくれる。賭けに出たところで、大したリスクはないからだ。わずかなコストで、自分の好き嫌いに関する情報を得ると同時に、思いがけない発見をする可能性もある。

あなたが学んだことは、今後のあらゆる決定に影響を与える。いざ影響の大きな決断に直面した場合、さまざまな経験をしておけば、質の高い情報が得られるようになるだろう。

くり返しの選択：
同じような決断に何度も直面したら、過去に拒否した選択肢も含め、選択肢をふたたび選び直すチャンスである。

1 幸福度テストを通じて、影響力が低いとわかった最近の決断、もしくは過去に悩んでいた決断を記してみよう。

その決断のスピードは上げられるだろうか？　方法は？

2 幸福度テストに合格した決断で、過去に悩んでいたものをいくつか挙げてみよう。

2 「フリーロール」なら即断をする

＊雑学王伝説

あなたは通りを歩いている。すると男が近づいてきてこう言う。「いまから雑学クイズを出しますが、正解したら10ドル差し上げます」

あなたは怪訝に思う。「もし不正解だったら？　10ドル支払うんですか？」

「まさか！　私は雑学が大好きなので、正解した人には賞金を出したいだけです」

自分に損はないと悟ったあなたはこう言う。「それならやります」

「州都の人口が最少の州は？」

あなたは勘で答える。「バーモント州」。男は嬉しそうに手を叩き、正解したあなたに10ドルを渡す。

「もう10ドル賭けましょう。その州都の名前は？」

何だろう……？　自信はないが、あなたはバーモント州で唯一知っている都市の名前を答える。

「バーリントン！」

男はがっかりしたように首をふる。「残念、モントピリア市です」

最初に約束したとおり、不正解でもペナルティーはない。あなたはそれきり男と会うこともなく、10ドルを手に入れた。

これがフリーロールだ。

こんな経験はないだろうか？　デートに誘いたい相手がいるけれど誘えずに悩んでいる友人がいて、その友人にあなたはこう言う。「とにかく誘ってみたら？　運命の人かもしれないでしょ。悪くても断られるだけだし！」もしイエスなら、たとえこの言葉を聞いたことがなくても、あなたは「フリーロール」を理解していると言っていい。

フリーロールの概念は、すぐにつかめるチャンスを見極めるのに便利なメンタルモデルである。フリーロールの重要な特徴は、負の側面を制限する、つまり失うものが少ない（が、得るものは多いかもしれない）という点である。フリーロールの領域にいるときは、決断の速度を上げたときに生じるリスク——悪い結果を引き寄せる可能性——を高めることはない。

次のうちのひとつ、あるいは両方を自問することで、負の側面を制限する決断を特定できるだろう。

フリーロール：
潜在的な損失の少なさから、正の側面と負の側面のバランスが偏っている状況。

①　最悪の事態は？
②　結果が思いどおりにならなかった場合、決断する前より悪い状況になるだろうか？

最悪の事態がそれほど悪くなければ、あるいは結果が思わしくなくても事態が悪化しなければ、その決断はフリーロールのカテゴリーに入る。つまり、精度を犠牲にしてもリスクはかぎられているので、決断の速度を上げてもいいということだ。

とはいえ、たとえ雑学男の質問に答えるだけの時間であっても、決断には必ず何らかの犠牲がともなう。フリーロールの概念を用いることは、負の側面がゼロの状況を探すというより、決断における正負の可能性の非対称性を探すことである。

正負の非対称性が大きいほど、（潜在的損失がかぎられている場合）得るものは大きく、フリーロールも大きくなる。

＊実際のところ、タダ飯はある

フリーロールは都合がよすぎて、現実味がないと思う人もいるかもしれない。だが意識的に探してみれば、思いのほかたくさん見つかるはずだ。

たとえば大学入試。第一希望の大学に受かる確率はきわめて低い。それでも願書を出すだろうか？　受験費用がそれほどかからない場合、合格しなくても大した痛手ではないが、受かれば第一希望の大学へ通うことができる。

たとえば新居の購入。当然のように、不動産業者は理想のマイホームを紹介してくれるが、提示価格はあなたの予算より2割高い。あなたは交渉するだろうか？ たとえあなたの提示価格が通らなくても、損にはならない。逆に受け入れられれば、あなたは夢のマイホームを破格の値段で購入することができる。

一度フリーロールを認識したら、チャンスをつかむかどうかを深く考える必要はないものの、やはり決断にはある程度時間をかけたいと思うかもしれない。レベルの高い大学への受験を即決しても、願書は丁寧に書きたいだろうし、マイホームの値段交渉をすることを即決しても、その申し出が妥当かどうかを確認したいだろう。

節約した時間は、報われる可能性のある決断に使うことができるし、別のフリーロールの機会をつかむための時間になるかもしれない。しかし、気になる人をデートに誘おうか迷っている友人のように、人はこの種の決断に苦しみ、せっかくの機会を逃すことが多い。なぜみんな、もっとフリーロールについて理解し、チャンスをつかもうとしないのか？

理由として考えられるのは、フリーロールはたいてい幸福度テストをパスしないということだ。前述の例は、雑学男が10ドルや20ドルをくれるよりもはるかに大きな利点を秘めている。大学進学やマイホーム購入は大きな決断だ。潜在的な影響を考慮し、私たちはこうした決断を考えすぎてし

> 行動が速いほど、チャンスを逃す可能性は低くなる。チャンスをつかむか否かの決断が速いほど、決断のいい面だけを得るチャンスは上がる。

影響

フリーロール

まうことがある。

このように、不利益が少ないものでも、決断の影響がそれを覆い隠し、フリーロールであることをわかりにくくしてしまうのだ。

このとき見過ごされるのは、フリーロールがあなたの幸福に断然有利に働く可能性があるという点だ。

フリーロールを見えにくくする影響に加え、とくに物事がうまくいかなそうな場合、失敗や拒絶に対する恐怖もまたあなたの決断を鈍らせる。希望の学校に受からなければ傷つくし、不動産業者に「その申し出は冗談ですよね？」と言われたい人もいないだろう。

そうした機会を見過ごしたり、些細な憂鬱が決断を鈍らせたりすると、あなたは拒絶の瞬間を強調し、有利な条件を見逃してしまう。物事がうまくいかない場合は、刹那的な感情から自分を守れるかもしれないが、それと引き換えに、幸せを後押しするための重要で長期的なチャンスを犠牲にすることになる。

❶いま考えている、もしくは過去に検討していたフリーロールに該当する——利点が多く不利な点がほとんどない——決断で、決めるまでに時間がかかったものを書き出してみよう。

決断の速度を上げることはできただろうか？　方法は？

❷フリーロールに該当する過去の決断をいくつか書き出してみよう。

＊警告：無料のドーナツはフリーロールではない

ある決断に負の側面がほとんどないかどうかを検討するには、一度の結果、つまり短期的な負の可能性よりも、同じ決断をくり返した結果どうなるかを考えることが重要だ。

あなたが健康的な食生活を送ろうと決意したあとに、職場の同僚の誕生日に誰かがドーナツを持ってきたら、そのドーナツをフリーロールと考えるのは簡単だ。というのも、ドーナツを1個食べたくらいであなたの健康に大して影響はないからだ。甘いお菓子を食べる楽しみは、ドーナツ1個がもたらす健康被害に勝る可能性が高い。

しかし、その決断を何度もくり返せば話は変わってくる。昨日は1枚だけピザを食べ、その前の晩は（デートで楽しいひとときを過ごしながら）映画館の巨大なポップコーンを食べ、先週は（失恋の痛手を紛らわすために）チーズケーキを食べたなら……そう、大した影響のないはずの「1回だけ」が積み重なり、かなりのコストになるだろう。

宝くじの購入も同じである。パワーボールチケット〔アメリカの宝くじ〕に数ドルを費やしても、長期的な幸福にはほとんど影響しない。しかも、当せんすれば人生が変わる。この仕組みから、宝くじをフリーロールと考える人もいるだろう。だが宝くじは、長期的に見て、潜在的な負けが勝ちよりも圧倒的に優位になる商品だ。毎週複数枚のチケットを買うつもりなら、それはフリーロールではなく、大きな損失になりうる。

最悪の事態を自問する際は、「同じタイプの決断をくり返したらどうなるか」まで考慮してほしい。無料のドーナツは、フリーロールではないのだ。

3 狼の皮をかぶった羊

来年、1週間の休暇を取って旅行を計画中のあなた。行き先はパリかローマにしようと思っている（これまで行ったことのない場所で個人的に行きたい場所がある人は、それをあてはめてもいい）。

❶パリかローマ（もしくは実際に行きたいと思っているふたつの場所）に目的地を絞りこんだあと、どちらかを選ぶのはどの程度むずかしいだろう？　0〜5の段階で答えてほしい。

むずかしくない　0　1　2　3　4　5　とてもむずかしい

❷あなたが休暇から戻った1年後に私はこう尋ねる。「今年はどんな年でした？」あなたはいい年だったと答えるかもしれないし、最悪だったと答えるかもしれないし、そこそこだった

と答えるかもしれない。あなたが返事をしたあとで私はさらにこう尋ねる。「あなたの休暇が今年1年に及ぼした影響は、0～5の段階のうちどの程度ですか？」

影響なし　0　1　2　3　4　5　影響大

❸あなたが休暇から戻った1カ月後に私はこう尋ねる。「この1カ月はどんな調子でした？　1カ月間のあなたの幸せに休暇が及ぼした影響を0～5の段階で教えてください」

影響なし　0　1　2　3　4　5　影響大

❹あなたが休暇から戻った1週間後に私はこう尋ねる。「この1週間のあなたの幸せに休暇が及ぼした影響を0～5の段階で教えてください」

影響なし　0　1　2　3　4　5　影響大

あなたが大半の人と同じなら、この決断に悩むだろう。

パリとローマのいずれに決めても、幸福度テストはパスできない。このような休暇は、1週間後だけでなく、1カ月後も、1年後も、あなたの幸せに影響を与えることになる。あなたがいつも外国を飛び回っているのでもないかぎり、これはくり返しの選択にはならない。むしろ人生に一度の決断かもしれず、うまくいかなければリスクは高い。パリにしてもローマにしても安い旅行ではないのだ。

私たちはみな、ヨーロッパ旅行の選択のような、影響の大きな決断に何度も直面する。入りたいと思っていた大学がふたつあって、そのいずれにも合格するかもしれない。また、すてきなマイホーム候補を2軒見つけるかもしれないし、複数の憧れの職場からオファーをもらうかもしれない。そんなときはどちらにしようか悩むだろうし、それぞれのあいだにある小さな違いを見つけようとするだろう。各選択肢を延々と調べ上げ、新たな基準を設け、さまざまな人の意見を求め、「正しい」選択をしようと心を揺らす。

ここで、ちょっと変わった思考実験をしてみよう。パリかローマかではなく、パリでの休暇とマスの缶詰工場での休暇という選択肢だったらどうだろう？　どちらかを選ぶのに悩んだり不安になったりするだろうか？

おそらく悩まないだろう。

ここからわかるのは、選択肢が近いとあなたは決断に悩むということだ。1週間をパリで過ごすのと、捨てられた魚と過ごすのとでは、潜在的な見返りが違いすぎて考えるまでもない。

そしてこれは、あなたがこの種の決断をすばやくおこなうための、またはおこなうべき理由のヒントでもある。

＊決断がむずかしければ、それは簡単だということ

（質の近い選択肢など）あなたの決断を鈍らせるものは、実際にはすばやい決断ができる合図である。というのも、どちらの選択肢も似たような利点と欠点を持っているため、いずれを選んだところでそれほど間違うことはないからだ。

選択肢の潜在的な見返り——利点と欠点——の類似性を考えるよりも、私たちは得てして欠点を心配することが多い。もし、選んだほうがうまくいかなかったら？

悪徳タクシー運転手に大金を請求され、よくわからない場所で降ろされるかもしれない。北部に引っ越して初めての雪の日、転んで脚の骨を折るかもしれない。念願のマイホームに引っ越したら、隣人が最悪な人物だったと判明するかもしれない。

欠点にばかり目を向けると、結果主義が頭をもたげ、あなたの決断を鈍らせる。たしかに、得るものも失うものも多いかもしれないが、どの選択肢に決めても、悪い結果になる可能性はほぼ同じなので気にしなくていい。休暇が楽しくなければ、選択を間違ったと思う。だからあなたは、大きなミスを犯さないよう時間をかけてとことん悩む。

その視点で見れば、この決断は多くの欠点が内在する一度かぎりの選択で、あたかも強烈なインパクトを持つ、危険な狼のように見えるだろう。「いちかばちか」というのは、狼がすぐ

そばまで来ているような切迫感を与える。しかし実際には、この種の決断は狼の皮をかぶった羊である。

それぞれの選択肢を比較して、相対的な質というフレームで決断を見れば、あなたの視点は変わるだろう。各選択肢の些細な違いを探すのに膨大な時間をかけるよりも、「それぞれの選択肢を選んだとして、最悪の場合どうなるだろう？」と自問し、決断をリフレーミングしてほしい。

この自問によってあなたは、**決断の質で重要なのは結果として起こることではなく、各選択肢の持つ可能性だということを理解し、先を見越した考え方ができるようになる。そして、自分には複数のすばらしい選択肢があることを認識し、どちらを選んでも大きな間違いを犯すことはないと思えるようになる。**

つまりこうした選択肢は、実際のところ、隠れたフリーロールなのだ。選択肢が似ていることから、どちらを選んでもフリーロールになるし、大きく間違うことはまずない。

これは、意思決定の強力な原則を解除する。決断がむずかしいときは、容易に決められるときなのだ。

決断がむずかしければ、それは簡単だということ：
似たような選択肢で迷っている場合、どちらを選んでもそれほど違いはなく、大きな間違いは犯しようがないので、実際その決断は容易である。

＊似たような選択肢で悩むのは無益な闘い

似たような選択肢で迷っているとき、あなたは無益な闘いに時間を費やしていることがほとんどだ。わずかな差異からちょっとした見返りの違いを見つけようと、ぎりぎりまで時間を使う。

パリとローマのどちらを気に入るかは、実際に行ってみなければわからないし、以前に行ったことがあっても、今回気に入るのがどちらかはわからない。誰に意見を求めても、どれだけ旅行サイトのレビューを見ても、彼らはあなたではないし、異なる好みを持った異なる人物である彼らのアドバイスには限界がある。あなたがどちらを気に入るのか、彼らにはわかりようがない。

ボストンの仕事を受ける前に、時間や空間をねじ曲げて、仕事と町が自分に合うかどうかをたしかめることはできないし、今後10年間、よく似たふたつの家のどちらを気に入るかも、４年間通う大学のうち、どちらが自分にふさわしいかもわからない。

私たちはみな、情報のまったくない状態と、完璧な情報がある状態のあいだで生きているため、どちらの選択がいいかを見極められると思うのは現実的ではない。

あなたは余計な時間をかけて幻想の確信を追いかけているのだ。

たとえ十分な時間をかけて最善の選択をしたとしても、やはりかぎられたリソースの使い方としては有効ではない。仮にヨーロッパの休暇が、年間を通じて平均5％あなたの幸福度を上げるとしよう。そして完璧な情報を持っているあなたは、パリでの休暇は4・9％、ローマでの休暇は5・1％あなたの幸福度を上げることがわかっている。

つまり、あなたは0・2％の差をどうにかするために、それらの時間を費やしていることになる。その時間を使えば、あなたの幸せや、長期的な目標を達成する能力に1％未満の影響しか与えない些末なことよりも、はるかに大事な決断を下せるし、大事なことに取り組むこともできるだろう。

＊閉塞状況を打開する——オンリー・オプション・テスト

バリー・シュワルツは、自著『なぜ選ぶたびに後悔するのか　オプション過剰時代の賢い選択術』（2012年、武田ランダムハウスジャパン）のなかで、こうした「狼の皮をかぶった羊」の決断は、選択肢が多いほど出くわす可能性が高いと指摘している。選択肢の数が多いほど魅力的な選択肢は増え、魅力的な選択肢が多いほど、分析にかかる時間は長くなる。

つまり「選択肢が多いほど、不安が大きくなる」という現象が起こり、ここに選択のパラドックスが生じる。

先ほども言ったように、選択肢がパリと魚の缶詰工場だけだったら悩む人はいない。だがそれがパリか、ローマか、アムステルダムか、サントリーニか、マチュピチュだったとしたら？

想像できるだろう。

そしてこの膠着状態を打開するのに役立つツールが「オンリー・オプション・テスト」だ。

注文できるのがこの料理だけだったら……。

今夜ネットフリックスで観られるのがこの番組だけだったら……。

旅行に行けるのがこの場所だけだったら……。

受かった大学がここだけだったら……。

購入できるのがこの家だけだったら……。

オファーをもらったのがこの仕事だけだったら……。

「オンリー・オプション・テスト」は、あなたの決断で散乱した破片を片づけてくれる。パリが唯一の選択肢でも幸せで、ローマが唯一の選択肢でも幸せなら、コインを投げてどちらが出ても、あなたは幸せになれるということだ。

オンリー・オプション・テスト：
検討中の選択肢に対して「これが唯一の選択肢だったら、自分は満足だろうか？」と自問する。

❶これから1週間、外食のときには必ず「オンリー・オプション・テスト」を試してほしい。

メニューを見て、それしか選択肢がなくても満足できるもの、つまり「オンリー・オプション・テスト」を通過できるものをいくつか選び、そのなかから、注文する料理を決めるのだ。

そのときの気持ちを次の空欄に記してみよう。

＊メニュー作戦

何を注文するかを決めるためのこの作戦は、一般的な意思決定に広く用いることができる。どんな決定に関しても、世界をあなたの好きなものと嫌いなものに分類するには時間がかかる。

だが、それさえすめばあとは早い。

決断の時間をかけることで得られる大きな利益は、取捨選択――自分の価値観と目的を見定めたうえで「いい」選択をおこなうこと――にある。選択肢の選別は、意思決定における大きな仕事であり、ペースを落とす価値のある最大の山場だと言っていい。

取捨選択をしていくつかいい選択肢を選んだら、あとは速度を上げても問題ない。選択肢が似ていたら、コインを投げて決めればいい。すでにあなたの基

メニュー作戦：
最初の選別に時間をかけ、最終的な選択の時間を節約する。

準を満たしている選択肢の選択に時間をかけても、適当に選んだときと大差はない。

だからこそ（とくにそれがくり返しの決断の場合）影響力の低い決断を見極めることが重要なのだ。リスクの低い決断は、いろいろ試す機会を与えてくれる。いろいろ試せば、うまくいくことと、いかないことがわかり、自分の好き嫌いの好みも把握できるようになるだろう。

こうした実験は、その見返りとして多くの情報をもたらし、精度の高い選別を可能にしてくれる。

4 「やめられる」力を理解する

地元の映画館に行き、スクリーン1で午後7時からの映画を観る。このときあなたは、スクリーン2から18で同時刻に上映している映画は観られない。

4年間かけて大学の学位を取得する。その間あなたは、バンドに情熱を燃やすことはできない。

ウィンストン・チャーチルの公式伝記（全8巻、8562ページ、伝記作家二代にわたって完成までに26年の歳月を費やした）を読む。その間あなたは、別の本35冊を読んだり、ロースクールの2学期分を修了したりすることはできない。

あなたがおこなう選択は、すべて機会費用に関連している。ある選択をすれば、それはつまり別の選択を拒否するということで、と同時に、そこに付随するかもしれない利点も選ばないことになる。選ばなかった選択肢に関連する利益が大きいほど、機会費用も大きくなる。そしてそのリスクが高いほど、即決に関するリスクも高くなる。

機会費用：
ある選択をすることで、選ばなかった選択肢に付随したかもしれない利益を失うこと。

注文する料理を選んでそれがおいしくなかったら、すぐに機会費用を思うだろう。別の料理のほうがおいしかったかもしれないし、もう少し時間をかければ「間違った」注文をせずにすんだかもしれない。選んだ映画が面白くなかった場合も同様で、仕事でも、購入した家の場合でも同じである。

＊機会費用と影響

機会費用は、決断の影響を決めるものでもあるため、時間と正確性のバランスのとり方にも関わってくる。採用しない選択肢の利益が大きいほど、それを採用しなかったことで取り逃すものも多くなる。つまり、精度を犠牲にしてスピードを優先したことで、より大きなペナルティーを受けることになるのだ。機会費用が小さいほど取り逃すものは少なく、決断も速く下せる。

これは「幸福度テスト」の一環であり、決断を検討中のカテゴリーの影響が低ければいずれの選択肢も機会費用は小さく、どの選択肢を選んでも得るもの（あるいは失うもの）はそれほど多くない。

くり返しの選択は機会費用を抑えてくれる。ある決断をくり返す場合、前回選ばなかったオプションを選ぶことができ、つまり、見送った選択肢のいい面を受け取るチャンスがすぐにめぐってくる。一度選ばなかったからといって、見逃した利益がそれきりになることはないのだ。

機会費用を抑えてくれる方法がもうひとつある。やめることだ。

＊「粘り強さ」VS「やめる勇気」

「やめる人は絶対に勝てないし、勝者は絶対にあきらめない」これはトーマス・エジソンやテッド・ターナーのようなビジネスのパイオニア、アメフトのヴィンス・ロンバルディや女子サッカーのミア・ハムのようなスポーツ選手、デール・カーネギーやナポレオン・ヒルのような作家、イギリスのタレントのジェームズ・コーデンやアメリカのラッパーのリル・ウェインのようなエンターテイナーといった人々から学ぶことのできる普遍的なメッセージだ。

粘り強さが成功を生むというのは、世間の常識になっているように思う。粘り強いことには価値があるが、やめる勇気にもまた価値がある。

やめることは、世間で言われるほどネガティブなことではない。やめることは、機会費用を抑え、情報を集めるための強力なツールであり、ここで集めた情報は、やろうと決めたことに対して質の高い決断を下す助けになる。

ある選択肢にかぎられたリソースを注ぐときは、かぎられた情報のなかでそうしている。そしてその選択肢が実行されると、新たな情報が明らかになる。明らかになった情報は、あなたの選んだ選択肢が、目標を達成するには最善のものでないと教えてくれることがある。

多くのことを学ぶうちに、すばらしいと思っていた決断が、実は思った以上に欠点を秘めていて、得るものよりも失うもののほうが多いことに気づくかもしれない。あるいは、選んだ選択肢から利益を得てはいるが、別の選択肢だったらさらに多くの利益を得られた可能性もある。

こうした場合、やめどきを検討したほうがいいだろう。

歌手のケニー・ロジャースが「引き際を知っておけ」（「ザ・ギャンブラー」）と歌うように、ポーカープレーヤーはこれを理解している。自分のリソースをもはや最善だとは思えない選択に費やしていて、針路を変えるチャンスがあるなら、損切りをして「引く」ときだ。

当然、やめれば資金、善意、評判、人間関係、時間などを失うだろう。

だが初デート後に関係を解消すれば、結婚後に関係を解消するよりよほどコストは抑えられる。

借家が気に入らなく引っ越すのは、持ち家を売却して引っ越すよりもずいぶんコストが安くすむ。

近所に引っ越してから気が変わるのは、外国に引っ越してから気が変わるよりもはるかにコストはかからない。

優れた意思決定のプロセスには、「この選択肢を選んだら、やめるときにかかるコストはどのくらいだろう？」と自問することも含まれている。針路を変える際のコストが少ないほど、決断は速くできる。やめるという選択が、機会費用を抑え、影響力を軽減するからだ。

結婚相手を決めるよりも初デートの相手を、購入する家を決めるより

やめる勇気：
やめる際のリスクが低いほど、選んだ選択肢を手放し、（過去に拒否した別の選択肢を含む）別の選択肢を選びやすくなるため、決断は速くなる。

も借りる家を、海外移住を決めるよりも近所への引っ越しを決めるほうが時間はかからない。

＊やめる勇気は直感的なものではない

人間の心の仕組みのおかげで、(とくに影響の強いものに対して)私たちは一度決断すると、それを絶対に変えられないものだとみなす傾向がある。「やめる」という選択肢を事前に検討することはあまりない。しかし「やめる勇気」という枠組みで決断を見られるようになると、引き返せないと思っていた(あるいは思いこんでいた)決断の多くは、それほど高いコストを払わなくても引き返せることに気づくだろう。

たとえば大学を選ぶとき、この先の4年間を決めるものだと考えて思い悩む。しかし外の視点によると、37%の学生が途中で別の大学に編入し、そのうち半数近くが複数回編入をくり返している。

編入も選択肢のひとつだと気づけば、やめることを考えてもいなかった状態から、編入したらどんなコストがかかるか、という枠組みで考えられるようになる。単位は認定してもらえるだろうか？　友人と離れたらどうなる？　新しい友人をつくる労力は？　引っ越しの費用は？　前の大学よりもいい大学に入れる？

どんな答えが出たとしても、その選択肢がなかったことを思えば、やめるコストは思っていたよりも低いはずだ。

やめる勇気は決断の質を向上させるのだ。

＊取り返しのつく決断（Two-way-door）――迅速な決定をして多くを学ぶ

やめるコストがそれほど高くない決断は、新しいことを通じて情報を集める機会も与えてくれる。アマゾンの創業者ジェフ・ベゾスやヴァージングループの創業者リチャード・ブランソンは、意思決定のプロセスに「Two-way-door」の決定を採用している。簡単に言うと、これはやめるコストが低い決断のことである。

取り返しのつく決断なら、あまり確信の持てない選択をしてもリスクは低いため、知らない世界に自分をさらしてみることができる。その過程で手に入れた情報をもとに、「メニュー作戦」を実行し、より正確にそれらの選択肢をあなたの好みに分類するのだ。

取り返しのつく決断で自分の好き嫌いを特定し、うまくいくものといかないものを見極めてほしい。

自分がピアノを弾きたいかどうかを知りたければ、ピアノのレッスンを受けてみる。自分に合わなければやめればいい。そこから一生ピアノを弾く必要はない。ピアノではなくて即興演劇の授業を受けてもいいし、岩塩プレートを使った料理を習ってもいい。

もちろん、何かに専念したい気持ちもあるだろう。根気や粘り強さがなければ何事も成しとげるのはむずかしい。しかし「やめる」ことができれば、妥協したくないときにこそ、いい選択ができるようになる。

＊決断の積み重ね

やめる勇気というメンタルモデルを獲得し、やめるコストというレンズを通して世界を見渡せば、決断の質を向上させる効果的な戦略――決断の積み重ね――が見えてくる。

（家の購入、外国への移住、転職など）引き返すのがむずかしい決断に直面する機会は多い。そうした決断を迫られたら、これまでに積み重ねてきた影響力の低い、すぐに引き返せる決断があるかどうかを考えてみてほしい。

デートは、決断の積み重ねの最たるものだ。たくさんデートを重ねれば、関係を進めるか否かを決断する前に自分の好みがわかるようになる。同様に、特定の地域で家を購入しようと思うなら、まずはその地域で賃貸に住んでみるといいだろう。

＊複数のオプションを選択することで、迅速な決断を下し学習する

アイヴァン・ボウスキーは、1980年代にウォール街の成功《サクセス》（と過剰《エクセス》）の象徴となったトレーダーで、のちにインサイダー取引の罪を認め、

> **決断の積み重ね：**
> 影響が大きく引き返しにくい決断をする前に、影響が少なくすぐにやめられる決断をおこなうこと。

1億ドル（約103億円）の罰金を科され刑務所に送られた人物である。彼はその時代の象徴的な人物として、毎晩3時間しか眠らない、仕事中は絶対に座らない、ビジネススクールの卒業式で「貪欲は美徳だ」というスピーチを最初におこなった、映画『ウォール街』の主人公ゴードン・ゲッコーのモデルである、といった数々の伝説的な逸話を残している。そのなかのひとつに、ボウスキーはニューヨーク市の有名なレストラン「Tavern on the Green」で食事をした際、すべての料理を注文し、一口ずつ食したというものがある。

こうした話は眉唾ものだが、しかし有用な意思決定の原則を示している。**どちらを選ぶか迷ったときは、同時に複数の選択肢を選べばいいのだ。**

同時に複数を選択すれば、複数のいい面を取り入れることができるため、必然的に機会費用は抑えられ、悪い面にさらされる可能性も低くなる。

アイヴァン・ボウスキーほど豪快になれなくても、レストランで複数の前菜やメインを注文し、食事の相手とシェアすることはできるかもしれない。

同時に複数のスポーツを観戦したければ、複数のモニターを設置してもいいし、スポーツバーに行ってもいい。

ふたつの販売キャンペーンでどちらかを選ぶときは、お試し価格で両方を試してから、効果のあるほうを選べばいい。パリとローマ、両方を訪れる旅行を計画してもいい。

一度にいくつものことができれば、複数の経験をしながら、世界をつつく機会が増えていく。同時に選択肢を行使すれば、負の側面に直面するリスクも低くなる。たとえ失敗する可能性が10％の決断でも、悪い結果が生じる可能性は10％ある。しかし失敗の可能性が10％のことを同時にいくつもおこなえば、そのすべてがうまくいかない可能性はかぎりなく低くなる。そうなれば、決断を速めてもおのずとリスクは軽減される。

しかし物事を同時進行するにはコストがかかる。料理をすべて注文すれば、当然ひとつの料理を頼むより高くつく。同時に複数のことをおこなえば、実行の質にコストがかかるのだ。柔軟に対応するにしても、限界はある。物事を同時進行することで得られるものと、（お金、時間、その他のリソースなど）失うもの、そして実行の質のバランスをとるようにしてほしい。

同時にふたりと卒業ダンスパーティーのプロムへ行く約束をしている、という設定のテレビ番組を観たことがあれば、たとえ同時進行が可能だとしても、そうすべきでないと思うだろう。

現在悩んでいる影響力の強い決断を思い浮かべてみてほしい。あるいは過去に悩んだ決断でもいい。その決断を「やめる勇気」のメンタルモデルを用いて評価してみよう。

❶決断と主な選択肢を簡潔に記す。

2 その選択をしたあとで撤回し、別の選択をする際のコストは？

3 やめてもどうにかなる、取り返しのつく決断の可能性はあるだろうか？

はい　　　いいえ

4「はい」と答えた場合、やめる際のコストは？

5「いいえ」と答えた場合、重大な決断のための情報収集として、事前にコストの低い決断をするなど、決断を積み重ねる方法はないだろうか？

6 この決定に関して、可能であれば、複数の選択肢を同時におこなう方法を記してみよう。

時間と精度のバランスのとり方について、本章で紹介したアイディアをまとめたシンプルなフローチャートを以下に示す。（図36）

図36　どの程度決断の速度を上げられるか？

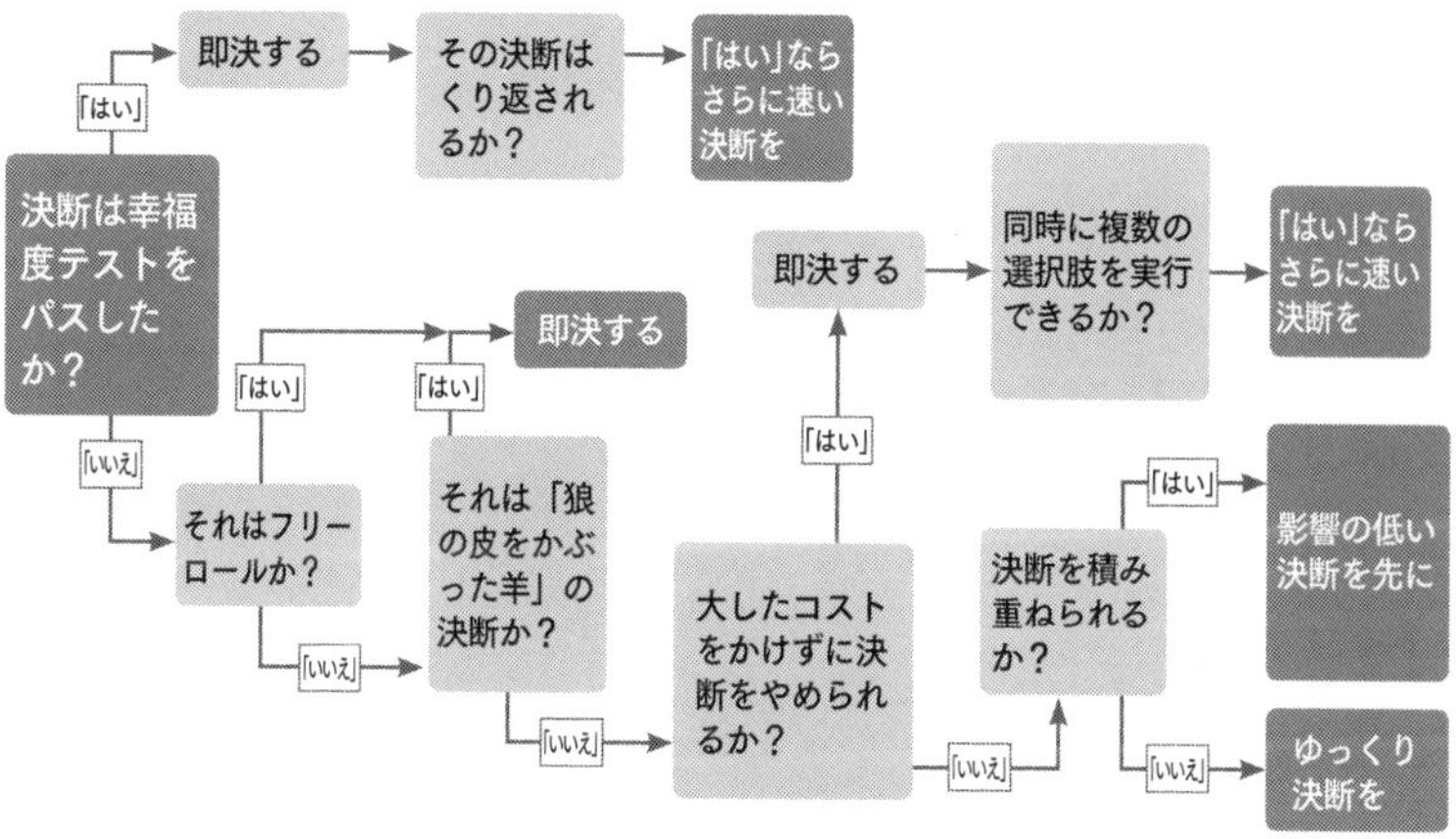

5 意思決定プロセスが「終了」するとき

1950年代後半から60年代前半にかけて、「典型的」な郊外の家族を描いたホームコメディー『ビーバーちゃん（Leave It to Beaver）』というテレビ番組があった。「ビーバー」は、ふたりの息子のうちの下の子のニックネームで、エピソードの大半はビーバーの些細ないたずらにまつわるものだ。あるエピソードで、ビーバーがひとりで髪を切りに行くと言い張る。ところがビーバーは床屋代をなくしてしまい、窮地を脱するために兄のウォーリーに髪を切ってほしいと頼む。

ウォーリーがハサミをふり回し、髪の毛が床に次々と落ちていく。やがてビーバーが尋ねる。

「もう終わった？」

そこでビーバーの姿が初めて画面に映り、視聴者は彼の髪の一部がごっそりなくなっていることを知る。ウォーリーが言う。「終わったかどうかはわからないけど、この辺でやめたほうがいいかも」

何かを決断する際、あなたも似たような状況にある。悩むのをやめ、決断を下すべきときはいつか？

確実な選択をしたいと思うと、堂々めぐりは終わらない。確実性を求めると思考は麻痺してしまう。本章のポイントは、**確実性を手放してすばやい決断をするやり方**を理解してもらうことだ。

決断に際してどれだけ時間をかけたか、何度コインをひっくり返したかにかかわらず、あるいは選択肢が判然としなかったり、明確な好みがあったりしても、ひとたび納得できる選択肢に落ち着けば、最後はこう自問するだけだ。

「ほかに、自分の気持ちが変わるような情報はあるだろうか？」

コインを投げて「パリ」が出たあとに、やはり「ローマ」に行きたいと思うような情報はあるだろうか？

じっくり考えて候補者Aを雇うと決めたあとに、やはりほかの候補者に変えよう、あるいはもう少しほかを探してみようと思う情報はあるだろうか？

ほとんどの決断は、不完全な情報のみで下される。この最後の質問では、もし自分が全知全能だったら、水晶玉を持っていたら、どんな情報がほしいか考えてみよう。

仮に完璧な知識を手にできたとしたら、そこに気持ちが変わる要因はあるだろうか？　もしそうなら、全知全能でなくてもその情報を手に入れられるだろうか？

たいていの場合、手に入れるのは無理だろう。パリかローマ、どちらで1週間過ごそうか悩んでいたら、決断を確実にするのに必要な情報は、それぞれの場所で過ごす休暇がどういう展開を迎えるかという予知である。タイムマシーンを持たないただの人間には、そうした情報を得ることはできないし、その種の確実性を手にすることは不可能だ。

もしも「これ以上調べられる情報はない」ということなら、どうぞ決断してほしい。悩むのはここまでだ。

まだ調べられる情報がある場合、それを手にする余裕があるかどうかを自問してみよう。

情報は、たとえ手に入れられるとしても、時間、お金、人間関係など、さまざまな理由から高くつくケースがある。

新しい仕事を受けるためにボストンへ引っ越すかどうか考えているなら、北東部の冬に耐えられるか否かを確認したいところだが、それにはまず、ボストンの冬を経験してみなければならない。事前にかかるコストを別にしても、冬に耐えられるかどうかがわかるころには、仕事のチャンスは消えているかもしれない。となると、この情報は高くついたことになる。

人を雇う場合、候補者を再度面接したり、人材斡旋会社に頼んだり、別の候補者に会ったりすることは可能だが、しかしこれら

図37　決断の最後のステップ

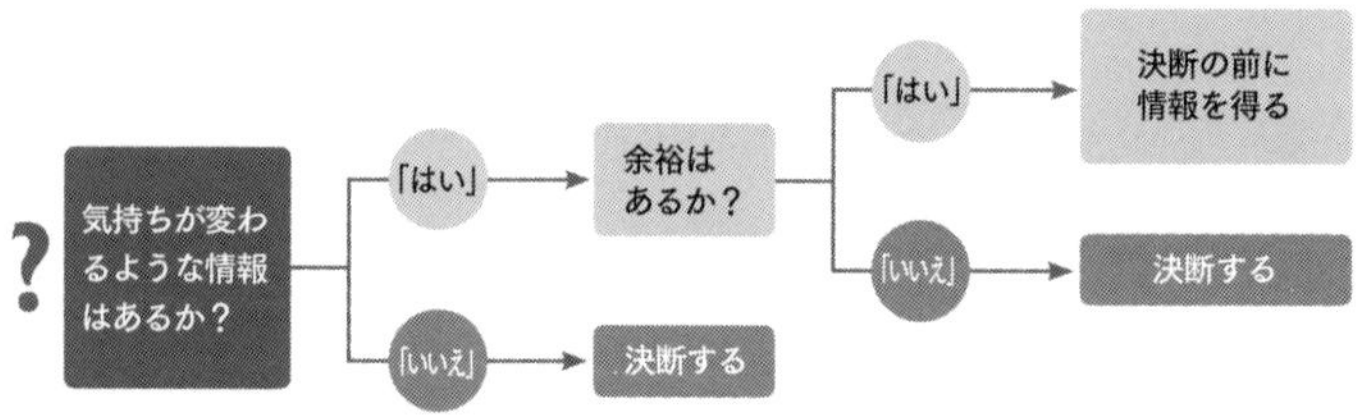

すべてをやる必要はない。そんなことをしていたら仕事に差し支えるし、余計な時間やお金もかかる。さらにプロセスが長引けば、第一候補者（あるいは「オンリー・オプション・テスト」に合格した候補者）を逃してしまう可能性もある。

決定的な情報が入るあてがあって、それを待っているというならそれでもいい。だがそうでなければ、さっさと決めたほうがいい。

図37は、優れた決断の最後のステップ――選択肢を決めた段階で使える簡単なチャートだ。

6　意思決定の時間を賢く使う　まとめ

本章のエクササイズを通じて次のことを考えてほしい。

- 私たちは日々、些細な決断に膨大な時間を費やしている。一般的な人は、何を食べ、何を観、何を着るかに1年間で250時間から275時間使っている。これは職場で過ごす時間の6～7週間分に相当する。
- **時間と精度のバランス**がある。精度を優先すれば時間が犠牲になり、時間を節約すれば精度が犠牲になる。
- 精度と時間のバランスをとるポイントは、**完璧な決断を下せなかった際のリスクを考えることだ。**
- (可能性、見返り、確率を評価する枠組みを通じて) 自分の決断の影響をまず理解することで、リスクの小さい、もしくはリスクのない状況を特定し、それによって精度を犠牲にして決断を速める余裕ができる。
- 決断の影響が小さいことがわかれば、**世界をつつく**機会は最大になり、そうなれば知識が増え、自分の好みも理解でき、未来の決断の質も向上する。

● **幸福度テスト**を用いて影響の少ない決断を見極めることができる。その決断が1週間後、1カ月後、1年後にあなたの幸福にどう影響するかを自問するのだ。あなたの決断が幸福度テストにパスすれば、決断のスピードを上げることができる。

● あなたの決断が幸福度テストにパスし、なおかつ**くり返す選択**なら、さらに決断は速くなる。

● **フリーロール**とは、負の側面がかぎられている状況のことである。フリーロールを使うかどうかよりも、それをどう使うかに時間をかけること。

● 見返りが同等の選択肢が複数ある場合、それは**「狼の皮をかぶった羊」**の決断だ。それが影響力の強い決断だと、ぐるぐると考えすぎてしまうことがあるが、迷うこと自体、即決していいサインである。

● 「狼の皮をかぶった羊」の決断かどうかを判断するには、**オンリー・オプション・テスト**を用いて「選択肢がこれしかない場合、自分は満足できるだろうか？」と自問してみよう。どの選択肢にも満足できそうなら、どれを選んでもそれほど差はないのでコインを投げて決めればいい。

● **メニュー作戦**を用いて決断にかかる**時間を配分しよう。**時間をかけて、好きな選択肢を選りわけていく。自分の好みがわかったら、**選ぶ時間は節約できる。**

● ひとつの選択肢を選ぶと、選ばなかった選択肢に付随する利益を逃すことになる。これが

機会費用だ。機会費用が高ければ、不確実な選択に対するリスクも高くなる。
- **「やめる勇気」**をもって、つまり自分の気持ちを変えたり、決断を反故にしたり、小さなコストで別の選択肢を選ぶという枠組みで決断を眺めたりすることで、機会費用を抑え、決断の速度を上げることができる。
- やめるコストが小さな**「取り返しのつく決断」**は、低リスクで実験的な決断を下し、今後の決断に役立つ価値観や好みに関する情報を集める機会でもある。
- 気持ちの切り替えが大変な決断に直面したら、一方通行の決断を下す前に、取り返しのつく決断をして、**決断を積み重ねてみてほしい。**
- 複数の選択肢を**同時進行**できれば、機会費用を抑えることができる。
- 完璧な情報を手に入れたり、結果を確信したりするのはまず無理なので、大半の決断は不確実のまま下されることになる。時間をかければ精度が上がるかどうかわからないときは「好ましい選択肢を（妥当なコストで）確実にするための追加情報はあるか？」、すでに好みの選択肢が決まっている場合は「それを変えるような情報はあるか？」と自問してみる。そうした情報があるなら探し出し、ないなら決断して先へ進むこと。

意思決定の時間を賢く使う　チェックリスト

決断のスピードを上げられるかどうかを決めるために、次の項目を自問してみよう。

□　いま取り組んでいる決断は幸福度テストにパスするか？　「はい」なら決断を速める。

□　幸福度テストに合格したその決断は、くり返される決断だろうか？「はい」ならさらに決断を速める。

□　それはフリーロールだろうか？「はい」ならまずチャンスをつかみ、時間をかけて実行に移す。

□　それは「狼の皮をかぶった羊」の——オンリー・オプション・テストに合格した複数の選択肢を持つ——決断だろうか？「はい」なら、決断を速める。コインを投げて決めてもいい。

□　一度決めた選択肢を手放し、妥当なコストで別の決断に変えられるだろうか？「はい」

なら決断を速める。「いいえ」なら決断の積み重ねは可能だろうか？

□　複数の選択肢を同時進行できるだろうか？「はい」なら決断を速める。

□　好ましい選択肢を（妥当なコストで）確実にするための追加情報はあるだろうか？　すでに好みの選択肢が決まっている場合は、それを変えるような情報はあるだろうか？「はい」なら探し出し、「いいえ」なら決断する。

コラム⑦ ターミネーターはフリーロールだった

ジェームズ・キャメロンが企画、監督した『ターミネーター』は、自己認識型コンピューターネットワーク「スカイネット」が、人類を一掃しようと目論む暗い未来を描いた物語だ。生き残ったジョン・コナー率いる抵抗軍が、スカイネットと機械軍との戦いに挑む。

物語は1984年のロサンゼルスでウェイトレスをしていたサラ・コナーを中心に描かれる。このときはまだ知らされていないが、彼女はジョン・コナーの母親となる人物だ。2029年、スカイネットは息子の誕生を阻止するため、サラ・コナーを殺害すべく殺人ロボットT-800モデル101（ターミネーター）を1984年に送りこむ。抵抗軍もまた、ターミネーターからサラ・コナーを守るためにひとりの兵士を送りこむ——カイル・リースだ。

ターミネーターが1984年のロサンゼルスにやってきたことで、そこにはふたつの可能性が生じた。サラ・コナーを殺し、スカイネットの宿敵が誕生するのを阻止するか、もしくはサラの殺害に失敗し、それでもスカイネットが世界を支配して核戦争を開始、人類を一掃するか。つまり、ターミネーターが失敗しても、スカイネット側の状況が悪化するわけではない。コナー率いる抵抗軍との戦いは続くものの、それはすでに起きている。（2029年にターミネーターを送りこんだスカイネットの視点から見て）最悪の結果は、現状維持だった。

だがターミネーターがサラ・コナー殺害に成功していたら？　スカイネットはより有利な未来を手にしていただろう。

スカイネットとターミネーターはフリーロールだったのだ。

コラム⑧ 「それなり」で十分――満足化VS最大化

私たちは、影響力の小さな決断にも大きな決断にも大いに迷う。だから本章の戦略で、悩む価値のない決断を見極めてほしい。不完全な情報しか持っていない状態で、「完璧」な決断という幻想を追いかけないためには、「それなり」の決断で手を打つほうがいい。

ある決断において100％の確実性に近づこうとすることを「最大化」と言う。大半の人は最大化を目指し、自分の選択肢の確実性を求めて多くの時間を費やす。

もちろん、完璧な情報に近づくことはめったにない。幻想やわずかな精度向上に無駄な時間を費やしていると、より大きな見返りの可能性を秘めたチャンスを失い、的確な分類や、のちの決断のために低コストで情報を提供してくれる実験的な選択をおこなうチャンスを逃していることになる。

本章で紹介した多くの戦略が、より現実的に「満足化」に基づく決断へいたるようデザインされているのはそのためだ。

本書を読んで、あなたが「それなり」の選択で気軽に満たされ、「正しい」と「間違い」のあいだの空間で生活できるよう願っている。

最大化：
最適な決断を下そうとする意思決定。すべての選択肢を検討し、完璧な選択を目指す。

満足化：
満足できそうな選択肢を選ぶ意思決定。

第**8**章

ネガティブもときには必要

──目的までの障害物をイメージする

あなたが10年以上抱えてきた信念――当時は強烈に擁護したが、いま思えばそれほどでもないと思う信念――について考えてみてほしい。

❶その信念を５つ挙げてみよう。

1

2

3

4

5

❷次に、現在断固として守っている信念について考えてみよう。そのなかで、10年後、20年後にふり返ったときに、それほどでもなかったと思いそうなものを5つ挙げてほしい。

1

2

3

4

5

❸以前は大事にしていたがいまはそうでもない信念と、いま大事にしていて10年後にはそうでもなさそうな信念、どちらの例を挙げるのが簡単だっただろうか？

10年前は大事にしていた信念

10年後にはそうでもなさそうな信念

あなたが大半の人と同じなら、いまは考え直したが以前は抱えていた強い信念に関する例を挙げるほうが簡単だっただろう。また、現在抱えている信念で、将来心変わりしそうなものを挙げるのはむずかしかったのではないかと思う。

のちほど、この話題にもう一度触れる。

1 思考はポジティブ、プランはネガティブ

あなたは新年の抱負として、平日の夜は早く家に帰ろうと決める。しかし1月の2週目には、友人の誕生日会で水曜の深夜まで外出している自分に気づく。

新年の抱負をすぐに破ったのはあなただけではない。23％の新年の抱負が1週間以内に破られている。そして92％の人は、自分の決めた目標を達成できない。

目標を達成するには、実行の問題がともなう。

健康的な食生活を送ろうと思うのもそのひとつだ。しかし誰かの誕生日ケーキを目の前にしたら、それは別の話になる。

毎日仕事の前にジムに行こうと思うのも決意のひとつだ。だがスヌーズボタンに毅然と立ち向かってベッドから跳ね起きるのは、まったく別の話である。

株式市場が落ちこんでもパニックにならないと心に誓うのもそのひとつだ。しかし市場で5％の下落に直面したときにその姿勢を保つのは、また別の話だ。

目標を達成するためにやるべきだとわかっていることと、実際に決意することには大きなギャップがある。ファイナンシャル・プランナーのカール・リチャードは、これを「行動ギャッ

プ（behavior gap）」と呼んだが、この言葉は２０１２年に刊行した同名の著書で一般に知られるようになった。

「行動ギャップ」は実行に関するものだが、いい知らせは、ギャップを小さくするのに役に立つ決断のツールがあるということだ。ネガティブ思考は、そのなかでももっとも効果的なツールのひとつである。

＊引き寄せの法則――ポジティブ思考の力

ナポレオン・ヒルの『思考は現実化する』（きこ書房）や、ノーマン・ヴィンセント・ピールの『積極的考え方の力』（ダイヤモンド社）をはじめ、「ポジティブ思考」はいまや一大ジャンルとなっている。ピールの著作は広く親しまれ、彼の友人や愛読者のなかにはアイゼンハワー大統領やニクソン大統領もいたという。さらにピールは、ドナルド・トランプの最初の結婚式で司会を務めている。

こうした作品の前提にあるのは、ポジティブな思考やその考えの可視化は成功のチャンスを高めるということで、その逆に当たるネガティブ思考は、成功のチャンスを下げ、失敗を生むことさえあると考えられている。

（極端ではあるが）ポジティブ思考を究極に表したのは、書籍『ザ・シークレット』（角川書店）だろう。この本のウェブサイトによると、『ザ・シークレット』はニューヨークタイムズのベストセラーリストに190週間にわたってランクインし、発行部数は2000万部にのぼるという。強烈なポジティブ思考の力について書かれた同書は、ポジティブ思考とネガティブ思考、成功と失敗の因果関係を明確に主張するだけでなく、因果関係のメカニズム――磁気――についても説明している。

『ザ・シークレット』によると、あなたの脳波には、ポジティブ思考にはポジティブなもの、ネガティブ思考にはネガティブなものが引き寄せられる磁気の性質があるらしい。ダイヤモンドの指輪を思い浮かべれば、大切な人からそれを贈られ、通勤の渋滞を思い浮かべれば、翌朝は渋滞に巻きこまれる。

（プロのアドバイス：これは詭弁である。思考が磁石のように物事を引きつけることはない）。『ザ・シークレット』の主張する特定の因果関係が怪しいとしても、思考と結果のあいだに因果関係があるという主張は、この作品内で議論の余地はない。この手の書籍を読む人はだいたい、ポジティブ思考はポジティブな結果を、ネガティブ思考はネガティブな結果を生むと考えるのが合理的だと思っている。

*目的地とルートを混同するな

ポジティブ思考の著作の多くは、あなたにポジティブな目的地を設定させ、すべてのポイントをクリアしながらルートに沿って旅をするよう指示を出す。これがほのめかすのは、途中で失敗すると思ったら、失敗が現実になるということだ。しかしこれだと、目的地とルートに対するそれぞれのプランがごっちゃになってしまう。「自分は失敗する」と思うのと「失敗するとしたら原因は何か」と考えるのには大きな違いがある。

このふたつを混同してはいけない。

失敗の理由を具体的に想像しても現実にはならない。むしろ、なかなか目的地にたどり着けないようにしたり、道に迷わせたりする障害物を想像することには多くの価値がある。

この価値は、昔ながらの紙の地図の使用と、ナビゲーションアプリのWazeなどの使用くらいの違いだと考えてほしい。紙の地図なら、目的地にいたるまでのさまざまなルートを見ることができる。しかしそうしたルートはすべてクリアな道路として表示され、通行止め、渋滞、事故、スピード違反の取り締まり区域は表示されない。あなたの進行を阻む可能性のある障害物は示されないのだ。一方、Wazeならそれを示してくれる。

紙の地図がほとんど使われなくなったのはこのためだ。

ナビゲーションに関しては、ネガティブ思考のほうが確実にあなたを目的地へと連れて行ってくれる。

＊障害物をイメージして意思決定する――メンタルコントラスティング

ネガティブ思考の力を実証する「メンタルコントラスティング」に関する研究機関がある。

メンタルコントラスティングとは、目的地への途上で立ちはだかる可能性のある障害物をイメージする作業である。

これは意思決定にWazeを使うようなものだ。

ニューヨーク大学で心理学を教えるガブリエル・エッティンゲン教授は、「物事が目標達成への道のりで失敗する可能性を予想すれば、より確実に目標を達成する助けになる」ことを示す研究を20年以上にわたっておこなってきた。たとえば、50ポンド（約23キロ）以上の減量を目指すダイエットプログラムの参加者のなかで、失敗する原因を想像した人たちは、ポジティブな結果だけを思い浮かべていた人よりも平均して26ポンド（約12キロ）多く減量に成功している。エッティンゲンは、メンタルコントラスティングが成績の向上、宿題の効率化、職探し、術後の回復、デートのお誘いにいたるまで、さまざまな領域で成果を上げることを発見した。

昔ながらの地図に代わってWazeを使うときのように、あなたは意思決定が間違ったり、不運に邪魔されたりするかもしれない箇所を知りたいと思う。そうすれば、それらが実際に起こっても驚かないし、すぐに反応できるように準備しておけるからだ。

これがネガティブ思考の力である。

メンタルコントラスティングの明白な利点にもかかわらず、ネガティブ思考が、ポジティブ思考の持つような時代精神をとらえていないのは驚くに当たらない。

成功を想像することは、目標を達成するための自信や能力を肯定することであり、それは成功のすばらしさを体験することによく似ている。

　ポジティブな想像は、実際に成功したときのような高揚感を与えてくれる。一方失敗を想像すると、実際の失敗に近い感情を味わうことになる。私たちが自己啓発のジャンルに惹かれるのは、自分の気持ちを高め、悪い感情を遠ざけてくれるからだ。

　しかしメンタルコントラスティングは、失敗を想像して一時的に嫌な気持ちになっても、それだけの価値があることを教えてくれる。実際には、嫌な気持ちを受け入れたほうが成功する確率が上がるからだ。

　精神的な痛みは、現実世界に利益をもたらすのだ。

メンタルコントラスティング：
　達成したいことを想像し、そこにいたるまでに立ちはだかる可能性のある障害に立ち向かうこと。

＊メンタルタイムトラベル――麓《ふもと》よりも頂上のほうがよく見える

　メンタルコントラスティングのプロセスは、メンタルタイムトラベルと組み合わせることで向上する。

　簡単に言えば、メンタルタイムトラベルは過去や未来のある時点の自分を想像する能力だ。人間はつねにタイムトラベルをしていると言っていい。自分の子どものころのことや、10年後、20年後の世界のようすを想像し、あるいは死んだあとのことを考えたりもする（遺産相続について考えるのは、メンタルタイムトラベルの訓練のひとつだ）。

過去と未来の自分を想像しながらおこなうこの有機的な行為は、「前知恵（Prospective hindsight）」と呼ばれる生産的な意思決定ツールに変えることができる。

「前知恵」はメンタルコントラスティングを高めてくれるが、その理由は、目的地からふり返るほうが、目的地をふり仰ぐよりも最適なルートを計画しやすいためだ。

登山で山頂を目指すなら、まずは麓からスタートしなければならない。その際、目の前にあるものが視界の大部分を占め、頂上までのルートや、途中で遭遇するはずの障害物をはっきりと確認することはできない。しかし山頂にたどり着けば、スタート地点を見下ろし、麓からは見えなかった倒木や通行を妨げる岩など、全体の景色を見渡すことができるようになり、自分がたどってきた道よりも安全なルートや効率的なルートが明らかになる。

あなたが登山を開始する前に、すでに山頂に到達している人に導いてもらうと助かるのはこのためだ。

私たちは「現状」というものがこの先も続くと考える傾向がある。そしてこの「現状」もまた、私たちの意思決定に大きな影響を及ぼす。現在の状況がこの先も続くという感覚は「現状維持バイアス」として知られている。

もちろん、大半のものは時間とともに変わっていく。あなたの感情もそうだし、収入や政治情勢などもそうだ。パラダイムはシフトし、課題は変わり、市況は発展し、テクノロジーは解決策を提供するとともに新たな問題を生み出す。

現状から未来を見ると、現状維持バイアスがあなたの視野を歪めてしまう。

しかし未来のある時点から現在をふり返れば、行く手を阻む障害物だけでなく、状況がどう変化するかといった、目の前にあるものの先を見通す能力が向上する。

幸福度テストは、メンタルタイムトラベルがいかにクリアな視野を与えるかという実例だ。幸福度テストで想像する未来への旅は、間違った映画や料理を選ぶといった、現在においては重要に思えるものも、時間が経てば視界から消えていくことを思い出させてくれる。

前知恵：
目標を達成した、あるいは失敗した未来のある時点の自分を想像し、未来の自分がどうやって目的地にたどり着いたのか、その経緯をふり返ること。

現状維持バイアス：
現在の状況が将来も変わらないと信じる傾向。

＊メンタルタイムトラベルのもうひとつの利点——外の視点を得る

本章の冒頭で、10年前といまの信念を比較したのを覚えているだろうか？　一般的に人は、現在信じていて今後変わるであろうものよりも、かつては信じていたがいまはそうでもないものを思いつくほうが簡単だったことを思い出してほしい。

これは、メンタルタイムトラベルのさらなる利点を明らかにしている。メンタルタイムトラベルをおこなうことで、外の視点から、つまり客観的視点で自分を見られるようになるのだ。

私たちは誰しも自分のアイデンティティを守りたいと思っている。自分の信念を傷つけたくないと思っている。だからこそ自分を客観的に見るのがむずかしくなってしまうのだが、自分のそれを守るように、他人のアイデンティティや信念を守ろうとは思わない。

過去の自分をふり返るのは、ちょっとした他人を眺めるようなもので、たとえば最悪なデート相手について文句を言う友人の話を聞いているときのような感じに似ている。あなたは、少し離れたところから客観的にその状況を眺めているのだ。いまとは異なる過去の信念を思い浮かべるのが簡単なのはこのためだ。

「前知恵」は、未来の自分がいまの自分をふり返るところを想像させてくれる。いまという引力にとらわれている瞬間に、見晴らしのいい場所から「その人物」が定めた目標や決断について考えることができるのだ。

2 プレモータムとバックキャスト

＊プレモータム：ビジネスが失敗する前の事前検証

刑事ドラマや医療ドラマを観たことがある人なら、死因を特定するためにおこなわれる「検死（postmortem）」はご存じだろう。ビジネスでは、悪い結果の原因を特定するためによくこの「検死」がおこなわれる。目的は、過去の過ちから学ぶことだ。

検死は物事が起こったあとにおこなわれるため、定義上、それは未来の教訓として生かすことしかできない。しかも私たちは、結果主義のようなバイアスがあることから、そうした教訓の質が完璧でないことも知っている。

そもそも患者がすでに亡くなっているため、検死には限界がある。死者をよみがえらせることはできないのだ。同様に、ビジネスもすでに失敗を経験してしまっている。

そこで、心理学者ゲイリー・クラインが推奨するのは、「プレモータム」と呼ばれる決断のツールだ。プレモータムなら、患者がまだ生きているうちに事実上の「検死」が可能だ。特定の決断がうまくいかなかったり、失敗したりするところを想像し、未来の失敗をすでに経験したという観点から現在をふり返って、その原因を特定するのだ。

あなたの目標はこれから半年、毎朝ジムに通うことである。しかし半年が経ち、結局3回しか通えなかったとする。いったい何があったのだろう？

いつも課題の締め切りに遅れるあなたは、次こそ間に合わせようと決意する。しかしプロジェクトの締め切り日翌日、またしても間に合わなかったことに気づく。いったい何があったのだろう？

仕事で人材を探していたあなたは、特定の候補者を採用しようと決める。しかしオファーを出す前に、その候補者が1年後には辞めてしまうところを想像する。いったい何があったのだろう？

プレモータム：
未来のある時期に目標を達成できなかった自分を想像し、その経緯をふり返ること。

＊プレモータムのやり方と、そこから学べること

これは決断のプロセスの一環としてプレモータムを実装する方法（ゲイリー・クラインからの引用）である。

プレモータムのステップ

1 目指す目標や、検討中の決断をひとつ選ぶ。
2 目標を達成するための、あるいは決断の結果が出るまでの妥当な期間を設定する。

3　その期間の翌日に、目標を達成できなかった、あるいは決断の結果が悪かったところを想像する。想像上の未来からふり返り、自分やチームの決断や行動が原因で失敗した理由を5つ挙げてみる。
4　自分ではどうしようもなかったことが原因で失敗した理由を5つ挙げてみる。
5　この演習をチームでおこなう場合は、チームで原因を話し合う前に、個別に3と4をおこなってもらうこと。

大まかに言えば、目標達成の妨げになるものはふたつに分類される。

- 自分で制御できるもの——自分の決断や行動。ビジネスでよくあるケースでは、チームの決断や行動。
- 自分では制御できないもの——運のほか、自分の影響力の範囲外にいる人の決断や行動。

プレモータムがきちんとできている場合、各カテゴリーで失敗の理由を挙げることができる。早朝会議があるから遅刻できないあなたは、それでも遅刻し、会議で失態を演じるとする。なぜそうなってしまったのか？
自分の決断に関連する理由——スヌーズボタンを何度も押して寝過ごす、アラームをセットし忘れる、渋滞の時間を失念する、メールをしながら運転をしていて事故に遭う、など。
自分とは関係ない理由――携帯電話のバッテリーが切れてアラームが鳴らない、突然の吹雪に見舞われる、いつもは空いている道で事故が起こる、運転しながらメールをしていた人に車をぶつけられる、など。

あなたはスタートアップ事業「キングダム・コム」に専念している。しかし1年後、事業が失敗したとする。なぜそうなったのか？

自分の決断に関連する理由――あなたが不愉快な上司で従業員が続かない、資金の調達で欲を出し友人や家族以外の賛同を得られない、自分で自分の髪を切ることにこだわっていたがその見た目は悪く、潜在的な投資家にネガティブな印象を残す、など。

自分とは関係ない理由――資金調達を始めた矢先に不況に見舞われ資金が枯渇する、大手のライドシェア会社が同じ分野に進出しビジネスチャンスを潰される、など。

❶目標や、現在検討中の決断をひとつ書き出してみよう。

❷目標を達成する、あるいは結果が出るまでの妥当な期間は？

その期間が過ぎた直後、思ったとおりになっていなかったとする。なぜか？

❸あなたの決断と行動が原因で失敗した理由を5つ挙げてみよう。

1

2

3

4

5

❹あなたと関係ないことが原因で失敗した理由を5つ挙げてみよう。

1

2

3

4

5

❺以前は特定できなかった障害が、プレモータムで特定できただろうか？

はい　　　　いいえ

あなたが大半の人と同じなら、普通なら見逃していた失敗の原因を特定するのに、プレモータムはきっと役に立つはずだ。

研究によると、メンタルタイムトラベル（前知恵）とメンタルコントラスティングの組み合わせで、将来の失敗の理由が30％多くわかるようになるという。これは明らかにあなたの水晶玉をパワーアップさせる。この二つを合わせたプレモータムは、未来を垣間見る力を向上させる。そして未来をより明確に見通すことができれば、優れた意思決定ができるようになる。

＊集団でのプレモータムの付加価値——多くの意見を知恵に変える

私たちは通常、意思決定をおこなうには、ひとりよりも多数のほうがいいと考える。外の視点に触れることで質の高い決断を得られるし、外の視点の一部は他者の頭のなかにあるため、集団は——つまり、より多くの人たちがいたほうが——外の視点を明確にしてくれるはずだからだ。

簡単な計算だ。

しかし、残念ながら、チームの力学はしばしば潜在的な優位性を阻害する。チームは自然と集団思考に傾き、メンバーは互いの信念を確認し合う。コンセンサスが得られたと感じると、チームのメンバーは（たいてい無意識のうちに）チームの考えとは異なる意見を述べるのを差し控えるようになる。これは、自分でも気づかないうちにみずからの意見を変え、意見の食い違いがあったことすら忘れてしまうという現象が起こるせいでもある。また彼らは、「口やかましい人」や「反対ばかりする人」ではなく、コンセンサスの形成に協力的な「チームプレーヤー」でありたいと思っている。

グループのメンバーは、複数の異なる意見を活用することで、より多くの外の視点を得る可能性を秘めているものの、実際には、複数の人が同じような内の視点を表現するだけになるケースが多い。

プレモータムは異なる視点を明らかにし、異なる視点を奨励しながら、チームが集団思考に陥るのを防いでくれる。集団でプレモータムをおこなう際、優れたチームプレーヤーとは、決断が失敗する理由を独自の角度から見定め、総意がよくない理由を述べられる人のことである。

プレモータムをおこなうと「うるさい声」が明らかになり、報われる。

自分の信念に反するものを見るために、知らない世界を垣間見ようと思うなら、プレモータムは格好の手段である。

＊バックキャスト――成功の秘訣を自分自身と共有する

もちろん、未来を完全に見通すには、ネガティブな可能性以上のものを探らなければならない。雨の日に備えるのはいいことだが、いつも雨が降るわけではない。失敗の理由だけでなく、成功の理由もまた考えておく必要があるだろう。両方の未来を考えることで、的確な予測ができるようになる。

プレモータムに呼応するテクニックとして「バックキャスト」と呼ばれるものがある。バックキャストは、ポジティブな未来を想像してそこから現在へと立ち返る。チップ・ハースとダン・ハースはこのプロセスを、誰かがあなたのためにパレードをしてくれる理由を事前に想像することになぞらえ、

バックキャスト：
未来の自分が目標を達成したところを想像し、そこにいたる経緯をふり返ること。

「プレパレード（preparade）」と呼んでいる。

バックキャストでは、決断がうまくいったり目標を達成したりしたところを想像し、「なぜこうなったのか？」と自問する。バックキャストのステップはプレモータムのステップとよく似ている。

バックキャストのステップ

1　目指す目標や、検討中の決断をひとつ選ぶ。
2　目標を達成するための、あるいは決断の結果が出るまでの妥当な期間を設定する。
3　その期間の翌日に、目標を達成できた、あるいは決断の結果がよかったところを想像する。想像上の未来からふり返り、自分やチームの決断や行動が原因で成功した理由を５つ挙げてみる。
4　自分ではどうしようもなかったことが原因で成功した理由を５つ挙げてみる。
5　この演習をチームでおこなう場合は、チームで原因を話し合う前に、個別に３と４をおこなってもらうこと。

プレモータムのときと同じ目標や決断を用いて、今度は成功の原因を考えてみよう。

❶あなたの決断や行動のおかげで成功した理由を5つ挙げてみよう。

1

2

3

4

5

❷あなたと関係ないことが原因で成功した理由を5つ挙げてみよう。

1

2

3

4

5

未来を明確にとらえるためには、プレモータムもバックキャストも必要だが、本章でネガティブ思考を強調するのは、成功を想像するその先へと行ってほしいからだ。ポジティブな未来をイメージするのは、大半の人にとってむずかしくない。おそらくバックキャストなら何度もおこなっているだろう。

プレモータムとバックキャストの関係は、外の視点と内の視点の関係に似ている。優れた意思決定プロセスは、外の視点を検討し、その視点に留まることから始まる。内の視点のほうは、意識しなくてもあなたのなかにあるからだ。外の視点は、内の視点に存在する認知バイアスを正す役割を果たす。同様に、優れた意思決定プロセスは、プレモータムを検討し、その認識に留まることから始まる。バックキャストはすでにあなたのなかにあるからだ。

これらは未来の総合的なイメージを提供してくれる。プレモータムは過信や、制御できるという幻想、物事がうまくいくと過大評価する別の認知バイアスを抑え、バックキャストは、あなたが悲観的だったり自分に自信がなかったりする場合、その視点を切り崩してくれる。

何より重要なのは、あなたがおこなっているのは単に成功や失敗を想像するだけではないということだ。あなたはどちらにも続く道を特定しながら、成功へといたる複数の道や、避けたり対処したりすべき障害も特定しているのだ。

真実が外の視点と内の視点の交わるところにあるように、未来の確かな景色は、プレモータムとバックキャストが交わるところにある。

＊プレモータムとバックキャストを決断の探求表（Decision Exploration Table）で表す

プレモータムとバックキャストの内容をまとめて見られると便利だろう。これには「決断の探求表」を用いるといい。

次のページの「決断の探求表」には、失敗や成功の原因の可能性を書きこむ空欄がある。（あなたにどうにかできるものか否かは関係なく）すべての出来事の可能性が等しいわけではないので、予測の一部と考えてほしい。好ましくない出来事と好ましい出来事の影響の予測と合わせれば、どこに注意を向けるべきか、優先順位をつけられるようになるだろう。

1 次の決断の探求表（図38）を用いて、先ほどのプレモータム（２８９ページ）とバックキャスト（２９５ページ）の結果を書き出してみよう。各項目の起こる確率も追加で記すこと。

図38

決断の探求表

スキル（コントロールできるもの）

失敗（プレモータム）	%	成功（バックキャスト）	%
1.		1.	
2.		2.	
3.		3.	
4.		4.	
5.		5.	

運（コントロールできないもの）

失敗（プレモータム）	%	成功（バックキャスト）	%
1.		1.	
2.		2.	
3.		3.	
4.		4.	
5.		5.	

目標と決断のためのナビゲーションアプリがあるとしたら、それはプレモータムとバックキャストのように機能し、決断の探求表のような見た目になるだろう。ここまで、失敗や成功の可能性を増減させる将来の出来事をふたつのカテゴリー（制御できるものとできないもの）に分類し、その可能性について経験に基づいた推測をおこなってきた。これであなたは、目的地にたどり着くまでに遭遇するかもしれないさまざまな情報が書かれた便利な地図を手に入れた。では、アウトプットが終わったいま、これまで学んだことをどのように活かせば成功の確率を上げることができるだろう？

これらのエクササイズをおこなったあとに考えてほしいのは、学んだことを踏まえたうえで、目標や決断を変更するか否かということだ。

たとえば、あなたは医療機器会社で働いており、海外の新たな市場に自社製品を売りこもうとしている。しかしチームのプレモータムで、相手国が、売りこもうとしているデバイスの販売を禁止する新たな規制を検討していることが明らかになる。あなたは規制が敷かれる可能性は高いと予測する。そしてその予測に基づき、不確実性が解消されるまでそのデバイスの売りこみはしないことに決める。

ここまで検討したあとで、まだこの計画を進めるべき理由があるのなら、事前にプレモータムやバックキャストをおこなって、次のことを検討しておくといいだろう。

1　決断を修正したら、いいことが起こる可能性が増し、悪いことが起こる可能性は減るか？

2　未来の結果に対する自分の反応を予測し、不意を突かれない準備はできているか？

3　悪い結果になった場合、影響を緩和する方法は何か？

3 ある行動を事前に約束する

「決断の探求表」を使えば、目標に近づくための決断や行動、および前進を妨げる決断や行動を特定できる。このエクササイズを終えたあなたは、成功を妨げる行動に対してバリアを築いたり、成功を促す行動に対してバリアを取り払ったりするにはどうすればいいか、わかるようになっているはずだ。

この決断のツールは「事前契約（precommitment contract）」として知られている。この種のプレコミットメントは、ホメロスの『オデュッセイア』に登場するギリシャの英雄オデュッセウスの英語読みにちなんで、ユリシーズ契約とも呼ばれている。ユリシーズは、故郷に戻る途中でセイレーンの島を通過しなければならないことを知っていた。セイレーンの歌声を聞いたら、島の岩礁に船をぶつけて死にたいという衝動に抗えなくなると警告を受けていたのだ。

つまり彼は、障害をイメージするある種のメンタルコントラスティングをおこなっていたことになる。

ユリシーズは失敗を見極めたうえで、衝動的に死へと向かわないための行動を起こした。島を通過する前に、乗組員の耳を蜜蠟で塞いでセイレーンの歌が聞こえないようにしたのだ。さらに自分をマストに縛りつけるよう命じ、美しくも危険な歌のほうへ向かわないようにした。

ユリシーズ契約には、３タイプの「事前契約」がある。

• ユリシーズのように、まずい決断をしないよう物理的に対処する。
• バリアを築いて、目標達成を妨げる行動をしにくくする。バリアを築いても、（マストに自分を縛りつける場合のように）物理的に動けなくなるわけではないが、摩擦は増えるので、計画に手を加えにくくなる。またバリアを築くと、行動する前に立ち止まって考える時間を持つことができる。
• バリアを下げて摩擦を減らし、成功に向かって行動する。

バリアを築くユリシーズ契約は、ダイエットのために冷蔵庫に鍵をかけ、その鍵をタイムロック金庫にしまうことから、シンプルに何かの決意を友人に宣言することまで、さまざまな形がある。鍵をかければ物理的に冷蔵庫は開けられなくなり、決意を友人に宣言すれば他者への説明責任が生じて、是が非でも約束を守ろうという意識が働く。

おそらくあなたはすでに、決意をやり遂げるためにユリシー

事前契約：
特定の行動を取ったり控えたり、あるいはその行動に対してバリアを上げたり下げたりすることを事前に約束する契約。この契約は、（集団の決定や、第三者への説明責任を生じさせる際に）他者と交わしたり、自分と交わしたりすることができる。

ズ契約をいくつか交わしているだろう。

大みそかの外出時にライドシェアサービスを利用して飲酒運転をしないようにするのもそのひとつだ。これなら、夜中に酔っぱらっても物理的に自分で運転できない。時間どおりに出社するため、部屋の向こう、自分から遠いところにアラームを置いておけば、スヌーズボタンを押してもう一度眠りに落ちてしまうのを防げる。

健康的な食生活のために夜中のスナックをやめようと決意し、家にあるジャンクフードを全部捨てる。それでもデリバリーを頼んだり、ドライブスルーを利用したりする可能性はあるが、ジャンクフードを捨てることで葛藤が生まれ、衝動を抑えることができる。また、家のなかに健康食品をストックしたり、お弁当を職場に持って行ったりすれば、葛藤もなくなり、自分の決断を貫きやすくなる。

退職までに貯蓄をしたいあなたは、無駄遣いをしないよう給料の一部を退職積み立て口座に入れる。そうすれば予算をオーバーしにくくなる。

❶先ほど作成した「決断の探求表」を使って、計画に反した行動を物理的に防ぐための事前契約や、あなた（あるいはあなたのチーム）を鼓舞したり、一歩引かせたりする決断に対してバリアを上げ下げする事前契約を最大3つリストアップしてみよう。

1

2

3

事前契約は、目的地までの最適なルートを絶対に外れないと保証するものではない。ユリシーズのように、自分をマストに縛りつけて、間違いを犯さないようにするというのはまず無理だろう。しかし、今後の決定を完璧に保証するものではないとはいえ、事前契約はあなたが道に迷う可能性を引き下げてくれる。そしてわずかでも向上した決断の質が積み重なっていけば、目的地にたどり着ける可能性も高くなる。

4　あなたを失敗に導く「ドクター・イーブル・ゲーム」

　プレモータムをおこなう際、あなたは図らずも失敗した未来について考えている。成功することが目標だったのに、失敗してしまうのだ。

　しかし、自分で意図的に失敗するところを想像してみたらどうだろう？　これは「前知恵」で学んだことを踏まえた、ネガティブ思考の究極の訓練だ。

　これに必要な決断のツールは「ドクター・イーブル・ゲーム」という。

　「ドクター・イーブル・ゲーム」では、ドクター・イーブル（映画『オースティン・パワーズ』に登場する世界支配をもくろむ悪のカリスマ）があなたを絶対に失敗させるためのマインドコントロール装置を持っていると仮定する。悪の天才であるドクターは、自分の意図が見抜かれれば、あなたを失敗させられないことを知っている。あなたが明らかにまずい決断をすれば、ドクターは捕まることになる。というのも、あからさまな判断ミスにはあなたも周囲の人間も気づくからで、そうなればドクターの計画は失敗に終わる。

　ドクター・イーブルの悪の計画は、あなたを失敗させつつ、失敗させたことがばれないようにしなければならない。そのためには、あなたに失敗についてそれらしい釈明をさせる必要があるが、何度も同じ失敗をくり返せば当然計画は露見する。

差し入れのドーナッツをフリーロールだと思ったことがあるなら、あなたはすでにドクター・イーブルの企みに遭遇している。差し入れのドーナッツをひとつ食べたところで、どれほど大きな悪影響があるというのか？　甘いお菓子ひとつ食べても、健康な食生活を送るという目的からそれほどはずれるわけではないし、ひとつくらいなら大丈夫。そしてその影響が明らかになるのは、ささやかな例外が積み重なってからである。

これがドクター・イーブルのやり方だ。あなたの健康な食生活を邪魔するのに、大量のチーズケーキやポップコーンやピザやアイスクリームを差し出し、決意後1時間でそれらをすべて平らげさせるようなことはしない。

そうではなく、あなたは恋人とのけんかでむしゃくしゃしてチーズケーキをワンカット食べたり、数日後、仲直りして映画を観ながら楽しくポップコーンのバケツを平らげたりする。それに、残業でお腹を空かせた部下のために上司が頼んでくれたピザをひと切れ食べたり、週末、甥っ子の誕生日会でみんなと一緒にアイスクリームを食べたりするのだ。

ドクター・イーブルはこうやってあなたを失敗へと誘う。気づかないほど小さな、誤った選択をさせながら、あなたが失敗を決定づける決断をくり返していることに気づかないようにしているのだ。あなたはそうしたひとつひとつを独立した、正当化できる状況だとみなし、俯瞰で見ることはしない。

スヌーズボタンを押せば、もう5分眠れるという利点がある。しかし盲点は、それが積み重なることであなたは信頼を失い、遅刻の常習犯になるということだ。ドクター・イーブル・ゲームは、あなたがこうしたケースに悩まされる前に、問題を自覚するのに役に立つ。

ドクター・イーブル・ゲームの進め方

1　ポジティブな目標を思い浮かべる。
2　ドクター・イーブルがあなたの脳を操り、必ず失敗する決断をさせる場面を想像する。
3　その決断は、（それが失敗する決断だと）自分にも他人にも気づかれないものであること。
4　それらの決断を書き出してみる。

ドクター・イーブル・ゲームは、失敗の可能性のあるあらゆる決断をあぶり出してくれる。危うい決断を特定したら、対処法はふたつだ。ひとつは、それらの決断に注意を払う必要があると認識すること。意思決定プロセスで意識を高め、（累積した悪影響という文脈で考えられなかった場合でも）反射的に反応するのではなく、熟考する習慣をつける。

この種の決断をする際は、文脈に注意を払うことが重要だ。そして「最近、何回例外をつくったか？」「1週間後、1カ月後にもこうした例外を認めてよかったと思うか？」と自問してほしい。そうすれば立ち止まって考えられるようになるし、未来の自分と触れ合うためのタイムトラベルをする機会も生まれる。

文脈の必要性は、とくにチームの決断に当てはまる。チームメンバーには、一見妥当そうな決断に疑問を投げかけ、例外がルールとなる可能性のある（そして、そのルールが元来の目標を損なう）状況を探すよう、積極的に取り組んでもらうべきだろう。

ふたつめは、事前契約をおこない、「カテゴリー決定」でそうした選択をできなくすることだ。

食生活の選択については、すでに毎日カテゴリー決定をおこなっている。あなたが完全菜食主義者なら、畜産物はもはや選択肢にはなく、これはカテゴリー決定である。ケトジェニック食療法をおこなっているなら、炭水化物は選択できない。

「自分はヴィーガンだ」と言うのと「肉を食べる量を減らしたい」と言うのとでは大きな違いがある。あなたが後者であれば、食事のたびに肉を食べるか否か、という新たな決断に直面する。そして新たな決断を迫られるたびに、ドクター・イーブルの魔の手が伸びてくる。

成功している投資家たちの共通の習慣は、専門外の投資を避けるためにカテゴリーを決めていることである。専門外の投資をする機会に直面すると、とくに高額なリターンが約束されている場合、投資家は大丈夫だと自分をだましてリスクを冒す場合がある。適応範囲外の誘惑は、境界線が定まっていないととくに強くなる。一方で「私はシード投資家です」「再編、破産中

カテゴリー決定：
積み重ならないとわからない、誤った決断のカテゴリーを特定する際に、そのカテゴリーに属するどのオプションを選択し、どれを選択しないかを事前に決めておくこと。

のリート（REIT）の資産にしか投資をしません」と宣言していれば、それ以外の事業に手を出す可能性は低くなる。

カテゴリー決定をする際、あなたは事前に一度だけ「選択できるもの」と「できないもの」を選択することになる。これにより、魔が差した際の一連の決断を防ぐことができる。

1 あなたが298ページ「決断の探求表」で検討した目標について、ドクター・イーブルが目論みそうな失敗を3つ挙げてみよう。それぞれの決断は、同じような文脈で客観的に見比べないと、過ちだとは気づかないようなものであること。

1

2

3

2「一度きりの例外」をくり返さないために、あなたが事前契約としてできるカテゴリー決定をひとつ書き出してみよう。

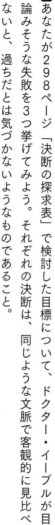

ドクター・イーブル・ゲームで気づいてほしいのは、悪の天才はあなただということだ。ドクターが思いつく方法は、絶妙にあなたの邪魔をする。

ドクター・イーブルはギロチンであなたの首をはねるのではなく、無数の切り傷によって命を奪う。それらの決断は、どんな状況下でも容易に正当化でき、目標にいたるまでの道のりで、ちょっとばかり道草をする程度の何でもないことに思える。こうした決断が積み重なり、そうと気づかないうちに、計画はゆっくりと破綻していく。

ほかの事前契約でもそうだが、カテゴリー決定をおこなう際、いつも正しい決断ができるわけではない。しかしこれをおこなうことで、あなたが迷走する可能性は大幅に減り、プラスの側面が少しずつ積み重なっていく。

5 悪い結果への対応が重要

目標達成のもうひとつの障害になりそうなものといえば、悪い結果に対するあなたのリアクションだ。あなたの意思決定は、悪い結果が判明したとたんに損なわれることが多い。将来の打撃に備えておけば、ショックを和らげ、悪い結果をさらに悪化させる事態を避けられるだろう。

悪い結果が出た直後、とくにあなたにはどうすることもできなかったことが原因の場合、あなたは感情に屈してしまうことがある。脳の感情中枢が刺激され、誤った判断をする可能性が増加するのだ。一度その領域が活性化すると、感情をつかさどる機能が理性をつかさどる機能を阻害し、あらゆる決断の質が低下する。

感情的に熱くなっているこの状態は「ティルト」と呼ばれ、ティルト状態に陥ると、状況を悪化させる決断をおこなう可能性が高くなる。

あなたは分散投資のポートフォリオを作成する。ところが株式市場が1カ月で5％下落したため、押し目買いをしようと、現金や債券を株に換える。すると1週間もしないうちに市場はさらに5％下落し、驚いたあなたはあわててすべての株を売ってしまう。

これが「ティルト」である。ティルト状態にあるとき、あなたの意思決定はさまざまな角度から失われる可能性がある。

たとえばあなたは、健康な食生活を送ると宣言したとする。1週間後、休憩室でドーナツをふたつほど食べた。多くの人はこの正しくない決断に対して「ああ、今日はもうダメだな」と言うだろう。そして翌日から、あるいは翌週……あるいは年明けから再スタートしようと、大量のジャンクフードを摂取する。これを「どうにでもなれ効果」という。

または、すでに多くの労力が費やされているプロジェクトがうまく進んでいないとする。客観的に見れば中止が妥当でも、あなたが中止を宣言することはまずないと言ってよく、悪い結果になると、状況を理性的に見ることがむずかしくなる。外の視点を得れば中止に踏み切れるかもしれないが、内の視点にとらわれているあなたに外の視点は得られない。これは「サンクコスト（埋没費用）の誤り」と呼ばれ、ティルトの別の事例である。

ティルト：
悪い結果によって感情的に熱くなり、意思決定の質が低下している状態。

＊衝撃に備える方法

前もってネガティブな結果に対する反応を考えておけば、もっと理性的に考えられるようになるだろう。物事がうまくいかないときに取るべき行動は、結果が出てからよりも出る前に考えておくほうが簡単だ。

物事がうまくいかない状況を認識し、ティルトを抑える方法は3つある。

まず、悪い結果を事前に認識し、実際の結果に直面しても意思決定に与える感情的な影響を軽減すること。「こんな結果になるなんて信じられない」という意識から「こういう結果になる可能性もたしかにあった」という意識に変えるのだ。悪い結果が出たときに後者の意識があれば、ティルトに陥る可能性は低くなる。これは、ガブリエル・エッティンゲンの指摘と同じく、うまくいかないかもしれない事実に事前に折り合いをつける「メンタルコントラスティング」が結果を向上させる理由のひとつだろう。

ふたつめは、自分がティルト状態になっている兆候を認識し、より迅速に対応すること。これは感情的になってしまった過去の事例から「ティルト」の条件を見極めることを含む。顔が赤くなっていないか？　自分の考えをまとめられなくなっていないか？　いつも悪いことは自分に降りかかる、あるいは（後知恵バイアスのように）どうしてこの結果を予想できなかったのか、などと考えてはいないか？　物事を個人的に受け取ったり、けんか腰になったり、特定の言語を使ったり、感情のままに何らかの思考パターンに陥ったりしていないか？

私たちはそれぞれ異なるサインを持っているが、自分の身に降りかかれば、そうした兆候を実感として学べるようになる。

ティルトの条件を特定できたら、外の視点から状況を眺めるのに役立つメンタルタイムトラベルをおこなってみよう。現在の自分を落ち着かせるために、未来の自分に目を向けてみるのだ。

ティルトの兆候を認識したら、こう自問してほしい。「1週間後（あるいは1カ月後、1年後）、自分はいま下そうとしている決断に満足しているだろうか？」。また、幸福度テストをおこなうのもいいだろう。このタイムトラベルは、あなたに適切な視点を与え、悪い決断をしないよう立ち止まって考える時間をもたらす。さらに、この種のタイムトラベルは、理性をつかさどる脳の領域を回復し、感情的な反応を抑制してくれる。

3つめは、悪い結果になった際に取る（あるいは取らない）特定の行動を事前に宣言しておくことだ。これは、感情的な判断を防ぐために、マストに自分を縛りつけるようなことである。たとえば、株式市場の急落に際して自分がまずい決断をしそうだと思ったら、衝動的な取引をおこなわないよう、代わりに誰かに取引をしてもらうよう頼んでおく。

ほかの事前契約と同じく、リアクションの基準を事前に決めておくといいだろう。途中でやめるべきなのにやめられない「サンクコストの誤り」に陥りそうだと思えば、どうなったらやめるべきか、その条件を事前に考えておく。そして紙に書き出し、条件に合致したら必ず計画を変更すること。これはチームで何かをする際にとくに有効だ。

「どうにでもなれ効果」に対する対応策も考えておくといい。健康な食生活を目指す場合、自分がつねに完璧な決断ができるわけではないと認識するのは簡単だ。自分が休憩室のドーナツに手を出しそうだと思ったら、一度の失敗で目標をだめにしたり、先延ばししたりしないように決めておく。第三者に自分の意図を宣言しておけば、説明責任が生じてうまくいく可能性が高くなる。

❶「決断の探求表」に戻って不運が介在する可能性があるものをひとつ選び、その不運に対する自分のリアクションをあらかじめ決めておこう。

ティルトは、「悪い結果」に対するいくつかの感情的な反応を含んでいる。が、「予想外のいい結果」もまた、あなたの意思決定を損ねる可能性があることを覚えておいてほしい。

論文の執筆や試験勉強にぎりぎりで取り組んだにもかかわらず、あなたはA判定をもらい、次の試験勉強もぎりぎりでやればいいと考える。

事業のトラブルに直面したあなたは、緊急雇用についてろくに知りもせず、少ない候補者のなかから人員を補充することになる。しかし雇ってみれば優秀な人材ばかりで、会社のアピールや面接をしなくても、自分にはいい人材を即座に獲得できる才能があると思いこむ。

投資で儲かったあなたは、株の銘柄を選ぶ自分の能力を過大評価し、分散投資などの安全策はもはや必要ないと考える。

「予想外のいい結果」に対する反応も、「予想外に悪い結果」に対する反応と同様のツールを用いて事前に準備しておくこと。

6　不運への回避策を打つ

定義上、運はコントロールできないため、介在しそうな不運を認識する唯一の方法は、自分の反応をあらかじめ決めておき、感情を押し殺すことだと思うかもしれない。だが、それは正しくない。

不運の可能性がある場合、その影響を和らげるために事前にできることがある。「ヘッジ（回避策）」と呼ばれるものだ。

ヘッジの特徴を３つ挙げる。

1　ヘッジは、不運に見舞われた際にその影響を軽減する。
2　ヘッジにはコストがかかる。
3　使わなくてすむのが一番いい。

保険証券のようなものだと思ってもらえばいいかもしれない。保険は典型的なヘッジの実例だ。火災保険に加入すると、当然保険料が発生する。だが火事で家が燃えてしまったら、保険が費用の大部分を補ってくれる。住宅所有者保険に加入している人ならわかると思うが、私たちは、使わなければそれが一番いいと思われるものにお金を払っている。

プレモータムをおこなうと、不運が介在する可能性がある場所を見極めることができる。その不運を回避する機会を積極的に見つけてほしい。

日常的に使用可能なヘッジはたくさんある。

あなたの念願が屋外での結婚式なら、それが雨のせいで台無しになる可能性をプレモータムは教えてくれる。あなたは夢を叶えるため、雨に備えてレンタルのテントを用意する。レンタルにはお金がかかるし、できればテントを使わなくてすむといいと願うものの、万一不運に見舞われて雨が降れば、あなたの結婚式はテントに救われることになる。

余裕を持って搭乗するために、早めに空港へ向かうのもヘッジである。この場合のコストは空港で暇をもてあます時間だが、時間に余裕があれば、渋滞や事故に巻きこまれたり、セキュリティゲートを通過するのに時間がかかったりしても、飛行機に乗り遅れることはない。

レストラン「Tavern on the Green」で、すべての料理を注文した（とされる）アイヴァン・ボウスキーは、注文した料理のなかに口に合わないものがある可能性をヘッジしたと言えるだろう。その料理を注文するリスクを相殺《そうさい》するためだけに全品を注文するのは、明らかに多額のコストがかかる。大半の人にとって、こうしたヘッジにかかる費用は理不尽なものだろう。

> **ヘッジ：**
> 　よくない出来事の影響を軽減するために、できれば使いたくないものに代金を払うこと。

友人と別々の料理を頼んでシェアすれば、ボウスキーのささやかバージョンのヘッジをすることができる。とはいえ、この場合もコストはかかる。自分の料理を気に入っても、半分は友人にあげなければいけないのだ。

選択肢を同時進行するときは、つねにヘッジをしていると言っていい。オプションごとのコストを引き受けたうえで、うまくいかない選択肢の影響を軽減するのである。

❶「決断の探求表」のプレモータムの項目を見て、運があなたの計画を邪魔する可能性があるものをひとつ選んでみよう。

❷不運の影響をヘッジで和らげるにはどうしたらいいか？

ヘッジについて考えると、悪い結果の影響を軽減するメリットに対するコストの大きさにどうしても目がいきがちになる。しかしヘッジをしなかったら自分はどう感じるか、ということも事前に考えておいたほうがいい。雨が降らなかったり、家が火事にならなかったりして、結局使わなかったヘッジにそもそもお金を払ってしまったことに後悔を覚えた経験があるかもしれない。どうして必要ないことがわからなかったのだろう、と感じたかもしれない。

しかし、それは後知恵バイアスである。

事前に不合理な後悔について理解しておけば、自分がコストをかけてヘッジした理由を思い出せるし、後知恵の罠を避けることもできる。

7 ネガティブもときには必要　まとめ

本章のエクササイズを通じて次のことを考えてほしい。

- 私たちは自分に対してポジティブな目標を設定するのが得意だが、その一方で、目標を達成するためにやるべきことを実行するのは不得意だ。「やるべきだとわかっていること」と、「あとから決めたこと」との隔たりは、**行動ギャップ**として知られている。
- **ポジティブ思考の力**が伝えるメッセージは、自分の成功をイメージすれば成功できるというものだ。これは、明らかに、失敗を考えれば失敗をするというメッセージとも考えられる。
- ポジティブな目標設定は重要だが、ポジティブな可視化だけでは成功への最短ルートはたどれない。**ネガティブ思考**は、行く手を阻むかもしれない障害を割り出し、効率よく目的地へと導いてくれる。
- 物事がうまくいかない場合について考えるプロセスは、**メンタルコントラスティング**として知られている。自分が達成したい目標を思い描き、その過程にある障害と対峙するのだ。

- メンタルコントラスティングと**メンタルタイムトラベル**を組み合わせることで、さらに多くの障害を特定できるようになる。目標を達成できなかった自分を想像し、そうなった過程をふり返ることができるからだ。
- 想像上の未来から、そこにいたるまでの道のりをふり返ることを**前知恵**という。
- **プレモータム**は、前知恵とメンタルコントラスティングを合わせたものだ。プレモータムでは、未来の自分が目標を達成できなかったところを想像し、その理由を検討する。
- プレモータムは個人だけでなく、チームの集団思考を最小化し、多様な意見をもたらしながら外の視点に触れる機会を最大化する。グループで話し合う前にチームメンバーが個別にプレモータムをおこなっておけば、とくにその効果は高くなる。
- プレモータムと似たような手法に**バックキャスト**があるが、この手法では成功した未来を想像し、そこから成功の理由を探っていく。
- プレモータムとバックキャストで判明した内容をすぐに参照できるよう、**決断の探求表**に書きこむといいだろう。この表には失敗と成功、それぞれの原因が起きる確率の予測も含まれる。
- 決断の探求表で知識を得たら、その目標を修正するか、あるいは決断を変えるべきか、という点をまず自問してほしい。
- 目標や決断を変えないのであれば**事前契約**を取り決め、成功を妨げる行為に対してはバリアを高くし、成功を促す行為に対してはバリアを低くする。

- また、目標へ向かう途中で遭遇する挫折にも備えておくこと。人は悪い結果のあとに不適切な決断をおこない、よくない結果をさらに悪化させる。**ティルト**は、悪い結果のあとに起こる一般的な反応である。**どうにでもなれ効果**や**サンクコストの誤り**は、ティルトの実例である。自分の反応を計画しておけば、事前契約を取り決めたり、コース変更の基準を設定したり、挫折後の感情的反応を和らげたりすることができる。
- **ドクター・イーブル・ゲーム**は、成功を損なう可能性のあるあなたの行動を特定し、対処するのに役立つ。このゲームでは、ドクター・イーブルがあなたの心を操り、一度なら大したことはないが、降り積もると打撃となる決断をくり返させることで、失敗させようと目論んでいる点に注意してほしい。
- ドクター・イーブル・ゲームは、**カテゴリー決定**と呼ばれる事前契約を採用し、カテゴリーに該当する決定に直面した際、選択できるオプションと選択できないオプションを事前に決めておくよう促す。
- よくない出来事の影響を軽減する**ヘッジ**によって、潜在的な不運に対処することもできる。

ネガティブもときには必要　チェックリスト

次のことを実践し、設定した目標や将来の決断を成功させる可能性を高めよう。

□ プレモータムの実践：
　a　目標を達成する、あるいは決断の結果が出るまでの妥当な期間を割り出し、
　b　その翌日に目標を達成していない、あるいは結果がうまくいかなかった場面を想像し、
　c　その時点からふり返って失敗した原因を「スキル」（制御できるもの）と「運」（制御できないもの）に分けて考える。

□ バックキャストの実践——結果を成功したイメージに変えて、プレモータムと同様のプロセスをおこなう。

□ プレモータムとバックキャストの結果を決断の探求表に書き出し、各項目が起こる確率の予測も記す。

□ プレモータムとバックキャストの結果を見て、目標や決断を修正、変更するか自問する。

□ 悪い決断をする可能性を減らし、いい決断をする可能性を高めるために、何らかの事前契約を結べるかどうか確認する。

□ プレモータムで明らかになった失敗の原因に備えて事前に準備する。

□ ドクター・イーブル・ゲームをおこない、一見何でもないように見えて、積もり積もると失敗をもたらす決断が、いかにあなたの目標達成を妨げるかを自覚する。

□ ドクター・イーブルの目論見をくじくカテゴリー決定の採用を検討する。

□ 不運の影響をヘッジするために何ができるかを考える。

コラム⑨　ダース・ベイダーとチームリーダー
——フォースの暗黒面の化身か、マイナス思考の名もなき英雄か

『スター・ウォーズ』の映画を観た人なら、ダース・ベイダーを上司にしたいとは思わないだろう。彼のリーダーシップの取り方は、フォースを使い、不満を述べた部下の首を絞めて議論を終わらせるというものだ。

これだけ聞くと、ダース・ベイダーは反対意見に耳を貸さない人物だと思うかもしれない。しかし意外にも、ダース・ベイダーはネガティブ思考の提唱者である。

「スター・ウォーズ」シリーズの第一作目『スター・ウォーズ』（のちに副題として「新たなる希望」を追加）では、反乱軍はデス・スターの設計図を盗み出し、排熱孔に魚雷を撃ちこめば中央反応炉を爆破できる、という弱点を突き止めることに成功する。ルーク・スカイウォーカーは、デス・スター攻撃の一員として出撃し、フォースの導きで魚雷を排熱孔に命中させ、デス・スターを破壊する。

このとき、帝国軍がプレモータムをおこなっていたらどうなっただろう？　敵の弱点を見つけた反乱軍とは裏腹に、帝国軍はデス・スターを無敵だと信じていた。

デス・スターの司令官はダース・ベイダーにこう告げる。「反乱軍がどんな技術的データを手に入れて攻撃をしかけてこようと無意味です。デス・スターはいまや宇宙における究極の力ですから」

典型的な自信過剰バイアスに直面したダース・ベイダーは、ここでメンタルコントラスティングを表明する。「自分が建設した技術要塞を過信するな。この要塞が惑星を破壊する能力など、フォースの力に比べれば取るに足りない」

それでも司令官がプレモータム思考を拒むと、ベイダーはフォースを使って司令官の顔が青くなるまでしめつける。これはどんな職場であっても許されるやり方ではないが、少なくとも彼は過信の問題点とプレモータムの重要性を理解していた。しかし帝国軍にとって不幸なことに、ダース・ベイダーのメッセージは顧みられることなく、部下たちはのどをしめあげられるばかりだった。

コラム⑩　フォースダウンでのドクター・イーブル

ドクター・イーブルのマインドコントロール装置はどこにでも存在し、その影響はナショナル・フットボール・リーグ（ＮＦＬ）にまでおよぶ。大半のチームは、フォースダウン（最終攻撃）で攻撃かキック（パント、あるいはフィールドゴールを狙う）、いずれの勝率が高いかを分析したデータを持っている。データは「攻撃」を示すことが多いが、ＮＦＬのコーチが必ずしもデータに従わないのは周知のとおりだ。コーチが分析を無視するときは、たいていいつも保守的なキックを選択する。

コーチはその瞬間にチームを最高の状態に留めておく責任があり、それゆえ「攻撃」はデータが示すよりも失敗の確率が高いという合理的な理由――勢いが足りなかった、ランニングバックが穴を見つけていなかった、オフェンスラインがひるんでいた、など――を見つけ出す。

ごくまれにではあるが、データがキックを示したときに、コーチが「攻撃」をしかけることがある。これはドクター・イーブルの決断だと言えるだろう。フォースダウンでのどんな決断に関しても、コーチが試合状況を見て分析を覆したと言えば、それに反論するのはむずかしい。しかしきわどい場面でつねにコーチが守りに入っているようなら、それもまたドクター・イーブルの仕業である。

第9章

健康的な決断

——他人の思考を知りたければ、
自分の考えで汚染してはいけない

ウィーン総合病院――産科病棟、１８４７年

イグナーツ・センメルヴェイス医師は、最初の医学論文で、多くの産婦が産褥《さんじょく》敗血症、いわゆる産褥熱で亡くなる理由を解明しようとした。

当時の病院は、現在とはかなり様相が異なっていた。医師たちは前の患者の手術で着用した手術着をそのまま、しかも誇らしげに身につけていた。手術着の汚れは医師の経験を誇示する履歴書だったのだ。先ほどまで死体を扱っていた医学生が、手も洗わずに隣の分娩室で出産を手伝うことに疑問を呈する者はいなかった。

センメルヴェイスの同僚が検死中に誤って切り傷を負い、数日後に産褥熱で死亡すると、センメルヴェイスは、分娩前に死体を扱っていた医師や学生の汚れた手が産婦の死亡率を上げているのではないかと考えるようになった。そこで手洗いの習慣を設けたところ、産褥熱による死亡率は16％から２％へ低下した。

しかし典型的なバイアスのなかで上司たちはその証拠を否定し、汚れた手が患者の死亡率を上げるという主張を嘲《あざけ》るようにこう言った。「医者は紳士である。だからその手は清潔なのだ」と。

その後、二度ほど同様の方針を導入したセンメルヴェイスは結局職を失い、１８６５年、公立の精神科病院で47歳の生涯を閉じた。追い打ちをかけるかのように、その死因は感染症によ

るものだった。

感染の危険性と伝染病の蔓延に関して、イグナーツ・センメルヴェイスが正しかったことを、今日の私たちは知っている。死体に付着していた細菌が健康な患者を汚染するように、あなたの信念や意見が他人に感染し、あなたが得ようとしていたフィードバックを汚染してしまうことがある。

医師は死亡率を下げるために手術ごとに手を洗う。私たちも衛生的で健康な決断を実践すれば、自分の信念をばらまいて感染を広めるのを防げるだろう。


これから数日間、次の実験を試してほしい。世界の大半の人が知っているような出来事を選び、みんなの意見を聞いてみるのだ。その際、ニュース、政治問題、選挙の候補者、最近の映画やテレビ番組といった大衆文化など、人によって意見が分かれるような出来事を選ぶこと。

❶トピックを選んだら、第三者に尋ねる前に自分の意見を書き出してみよう。

❷半数の人に、相手の意見を聞く前に自分の意見を伝える。これは普段私たちがしていること

だ。たとえば、映画『フォレスト・ガンプ』について尋ねるなら「私はアカデミー作品賞とか、そこまで絶賛されるほどの作品じゃないと思うんだけど、あなたはどう思う？」
3人以上に質問し、彼らの意見をメモしよう。

（あなたを含めた）この集団のなかで、同意の程度はどのくらいだったか？

ほぼ同意なし　0　1　2　3　4　5　強く同意

3 残りの半数には、こちらの意見を述べる前に相手の意見を聞いてみる。「『フォレスト・ガンプ』についてどう思う？」
3人以上に質問し、彼らの意見をメモしよう。

（あなたを含めた）この集団のなかで、同意の程度はどのくらいだったか？

ほぼ同意なし　0　1　2　3　4　5　強く同意

4 最初のグループと後半のグループの同意の度合いを比較してみよう。そこに違いはあるだろうか？（次の選択肢からひとつ選ぶ）

最初のグループのほうが同意が多かった

後半のグループのほうが同意が多かった

どちらのグループも同意の度合いは同じくらいだった

5 後半のグループのなかに、先にあなたに意見を求めた人はいただろうか？　つまり、自分が答える前に「あなたはどう思う？」と尋ねてきた人はいただろうか？

はい　　　いいえ

あなたが大半の人と同じなら、最初のグループ（あなたが初めに意見を述べたグループ）のほうが同意見は多かったはずだ。また、後半のグループのなかには、あなたの意見を先に求めた人物もひとりくらいはいただろう。

ここからわかるのは、信念は感染するということだ。

すでに知っているように、私たちは（他者の頭のなかなど）知らない宇宙をのぞきこむとき、そこに自分と同じ意見を見出したいと思っている。他者のアドバイスを求める際に自分の意見を先に述べることの問題点は、彼らがあなたと同じ意見を返す確率が大いに高まってしまうことである。後者のグループで誰かがあなたの意見を先に聞いたのもこれが理由で、あなたの意見を知っておけば、うっかり異なる意見を述べて気まずい空気になるのを避けられるからだ。

同意は心地よく、異論は気まずい。

他者の意見に同調したいという欲求は非常に強く、そのため客観的に見たら明らかにおかしい信念にさえ、同調させることができる。

20世紀でもっとも影響力のある心理学者のひとり、ソロモン・アッシュは、一連の古典的実験をおこない、次のページに描かれたBの複数の線のなかで、Aの線と長さが同じものはどれかと尋ねた。（図39）

これは、相手の目が見ているものを尋ねるという、どこにもあいまいさのない知覚テストである。集団ではなくひとりでこの実験に臨んだ被験者は、99％以上がBの真ん中の2の線がAの線と同じ長さだと答えた。

ではグループで実験をおこない、あなたが答える前にみんながいっせいに間違った答えを正しいと言ったらどうなるだろう？（たとえばあなたが答える前に、複数の人がBの右端の3の線がAの線と同じだと答えたら？）
これこそ、ソロモン・アッシュが知りたかったことだ。グループの実験で最初に答えたのは「サクラ」で、彼らは事前に間違った答えを示すよう指示されていた。こうした共犯者たちの明らかに間違った答えを聞いたあと、被験者の36・8％が「サクラ」のグループに同意を示した。

2本の線の長さの違いのように、客観的に見てわかるものに対してさえこのようなことが起こるなら、仕事の候補者が社風に合うかどうかといった、より主観的な問題に対する同調圧力の大きさはどれほどだろう。

ここから、他者からフィードバックを引き出す際に、いかに自分の信念を伝染させないよう気をつけなくてはならないかがわかる。相手の意見は、実際に彼らが思っていることとは違うかもしれない。意思決定を向上させる最善のツールのひとつは、他者の視点を得ることだ。しかしそれは、あなたの視点が他者を通じて返ってくるのではなく、相手の本当の視点を得られたときに初めて可能になる。

図39

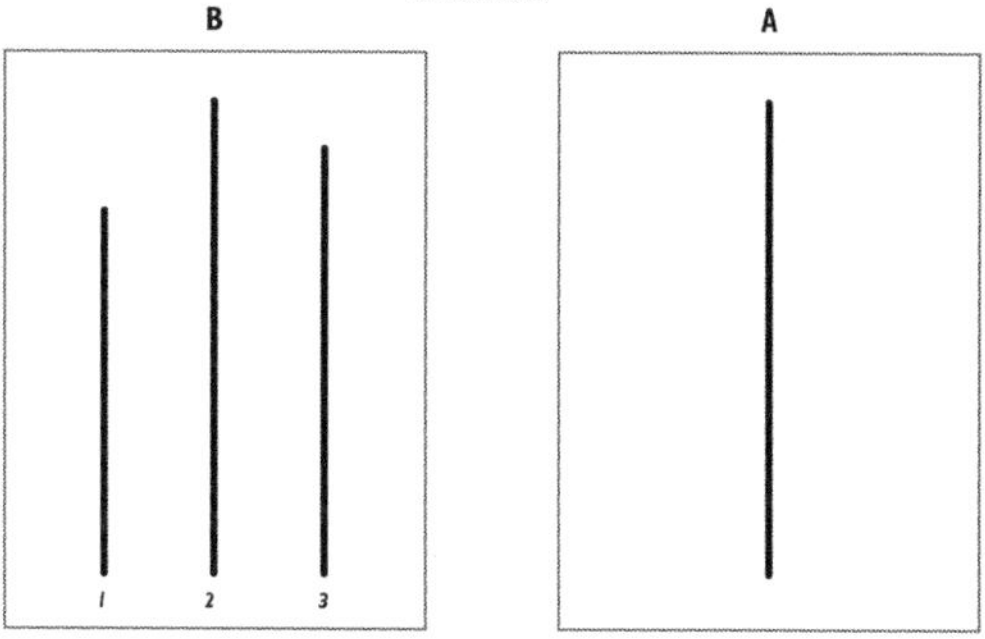

1 自分と違う他人の考えを引き出す

他者のなかにある事実や意見を地図にして、自分の地図と比べることができたらどうだろう？　きっと、自分と重なる場所とそうでない場所が見つかるだろう。一般的に人は、自分と同じ考えを認識し、積極的にそうしたものを探し出すことで、地図上の重なり合う場所に目を向けやすくなる。

しかし心躍る出来事は、地図上の分岐点でも起こりうる。そこには正しい情報や、知らないものが存在する。そうした分岐点を探検することで、客観的な真実に近づけるようになるだろう。

地図が分岐し、あなたの意見と相手の意見が異なる部分では、おそらく次に挙げる３つのうちいずれかが当てはまる。いずれも決断の質を高めるのに有効だ。

1　客観的な真実がふたつの信念のあいだにある。

十分な情報を持っているふたりが異なる意見を抱いた場合、真実はそのあいだのどこかにある。このケースでは、分岐点を見つけることで双方とも利益を得る。どちらも自分の信念を修正し、客観的な真実に近づく機会を得るからだ。

2　自分が間違っていて、相手が正しい。

不正確な信念を抱いていると、それに基づく決断の質は低下する。合理的な人なら、不正確な信念を変える機会を歓迎するはずだが、しかし人間とは、（センメルヴェイスが指摘した）手洗いをせずに患者を殺す医師たちと同じくらい、間違っていることを学んでしまうのだ。自分の信念が間違っていることを知るのがどれほどつらくとも、その信念を変える機会を生かすことができれば、その信念に基づいて下すありとあらゆる決断の質が向上する。これは公正な取引のようなものだ。わずかな痛みと引き換えに、残りの人生の決断の質を上げるのだ。

3　自分が正しくて、相手が間違っている。

このケースでは、不正確な信念を正す機会を得た相手だけが利益を得ると思われるかもしれない。しかし自分の信念を説明し、誰かに伝えるという行為はあなたの理解も深めるため、実際にはあなたにも利益がある。自分がその信念を支持する理由を理解するほど、信念の質は上がっていく。

カクテルパーティーでの雑談中に、地球は平らだと信じる人物に遭遇したら、あなたはきっとこう告げるだろう。「地球は平らではありません。球体です」

相手は「それは違う」と言う。「私も以前はみなさんと同じように地球は丸いと思っていました。しかし科学的に調べたのです」。そして彼らは、地球が平らな理由（あるいはそれ以外に考えられない理由）についてあなたに滔々《とうとう》と語って聞かせる。

❶次の空欄に地球が丸い理由を書き出してみよう。その際、インターネット等で調べないこと。また、親の切り札である「そういうものだから」や「科学者がそう言っているから」という理由も除外する。「写真を見たから」というのも、その写真が加工か否かを見分ける方法を説明できないかぎりは除外する。

❷中立的立場の第三者があなたの反論を評価するとしたらどの程度か？

ひどい　0　1　2　3　4　5　すばらしい

❸あなたが大半の人と同じなら、あなたが考え出した反論はそれほど強いものではないだろう。では次に、地球が丸い理由を調べ、その科学的根拠を簡単に書き出してみよう。

❹地球が丸い理由を調べたいま、その理解は深まっただろうか？

はい　　　　いいえ

もともと地球が丸い理由を詳しく知っている人でないかぎり、その理由を誰かに伝えるという試みは、信念の質を高めたはずだ。「誰でも知っていること」から「私が知っていること」になったのだ。

ここには、あなたが客観的に正しい信念を抱くチャンスや、他者には異なる信念があることを知るチャンスがある。あなたの信念をより深く理解する機会が与えられたと言い換えてもいい。イギリスの哲学者ジョン・ステュアート・ミルが言ったように「自分の側だけの事実を知る者は、ほとんど何も知らない」も同然なのだ。

もちろん、信念を修正したり、変更したり、理解を深めたりする機会は、他人の知識にアクセスするあなたの能力しだいであり、自分と他者の地図上の分岐点を見つけられるかどうかにかかっている。心を読めない私たちに必要なのは、彼らに自分の信念を語ってもらうことである。しかし先に自分の信念を感染させてしまうと、相手の知識のサンプルが得られなくなる。そうすると、あなたの地図と重なるサンプルが、実際よりもたくさん見つかることになる。

これが、３３５ページのソロモン・アッシュの実験の教訓だ。

2 自分の意見は言わない

相手の考えが知りたいときに自分の意見を先に述べると、相手はたちまち信頼できない語り手になってしまう。これにはふたつの理由がある。

第一に、相手より先に自分の意見を言うと、相手は無意識のうちにあなたに寄せた意見を述べる可能性がある。つまり、意見を変えてしまうのだ。彼らの信念は違うところにあるかもしれないのに、あなたの信念を聞いたせいであなたに寄ってしまう。相手があなたの考えを知らないほうが、彼らの意見はより純粋な彼らの意見である可能性が高い。

第二に、あなたの意見を聞いて意見が変わらなかったとしても、率直に自分の意見を話してくれない可能性がある。というのも、あなたの間違いを指摘して恥をかかせたり、逆に自分の誤った考えを話して恥をかいたり、あるいは「いちいちうるさいやつだ」と思われたりするのが嫌だからだ。これこそ、ソロモン・アッシュの実験で起こったことである。線の長さについて、被験者は（みんなが口をそろえた）間違った答えが正しいと思い直したわけではないだろう。あえて異論を唱えたくなかっただけなのだ。

何人かの人と一緒にいるときに、誰かがとんでもなく間違ったことを言い、それでもあなたは黙っていたことはないだろうか？　余計な摩擦を起こしたり、失礼な態度を取ったり、言い合いをしたり、恥をかかせたり、恥をかいたりしたくないあなたは、あえて自分の考えを口にしない。家族全員が集まった感謝祭の夕食会でそんな事態になったら――実際に起きることもある――それこそ目も当てられない。

相手の率直な意見が聞きたければ、ここでも同じく、相手の意見を聞く前に自分の考えを述べないようにすることだ。

1対1の状況でフィードバックを求めているなら、これを守るだけでいい。それができなければ、細菌だらけの手術着を着て手術室に現れる医師たちと同じである。

私はポーカーで生計を立てていたころ、むずかしい手をどうやってプレイしたらいいか、ほかのプレーヤーにしょっちゅう尋ねていた。フィードバックを求めるときは、優れた助言に必要な情報――賭けの順番、各プレーヤーのチップの量、ほかのプレーヤーのハンド数など――を彼らに伝えた。

伝えないようにしていたのは、私の意見――実際にどのハンドを選んだか――で、それこそ私が求めていたフィードバックだったが、私の戦略を教えれば、フィードバックの質が下がることはわかっていた。

ハンドの説明をする際は、「私の前のプレーヤーがレイズ（上乗せ）して、私はエースとク

あなたと異なる意見を引き出したければ、先に自分の意見を言わないことだ。フィードバックがほしいときは、自分の意見を言わないほうが、相手の本心を聞き出せる可能性が高くなる。

イーンを持っていた」という言い方をし、「相手がレイズしたから私は対抗してバックレイズしたんだけど、どう思う？」とは訊かず、単に「どうしたらよかったと思う？」と尋ね、相手が私の選んだ実際の戦略の影響を受けないようにしていた。

＊結果もまた伝染する

あなたは大規模な人員募集をおこない、最終的に3人の候補者のなかからひとりを雇うことに決めたが、1年も経たないうちにその人物を解雇した。そしていま、あなたは質の高い雇用の決断をできたかどうかアドバイスを受けようとしている。

どんなアドバイスを求めているにしろ、あなたは相手に雇用の結果（雇った人物を解雇したこと）は伝えたくないし、最終的にどの人物を雇ったかもできれば言いたくない。

自分の意見を伝えることで相手のフィードバックに影響を及ぼすように、物事の結果を伝えても相手のフィードバックに影響を及ぼす。

結果を知らなければ結果ありきのアドバイスを送るのは不可能で、後知恵バイアスに屈することもない。

決断の結果を伝えないのは、予想以上にむずかしいだろう。というのも、決定がその後どうなったかというのは、第三者が知るべき関連情報であるからだ。しかし、サンプルの規模がある程度大きければたしかにそうだが、特定の小さな決断であればそれほど困難ではない。

結果を知ってしまうと、その結果が決断の質を見抜く能力に影を落とし、せっかくのフィードバックを台無しにすることがある。だからこそ、できるだけ結果は伝えないようにしてほしいのだ。

過去に起きたことについて助言を受けようと思うと、実際の結果が妨げになることがよくある。そういう場合は、過去の出来事を順に説明し、段階ごとに相手からフィードバックをもらい、結果に差しかかる前に話をやめるといい。

先ほどの雇用の例では、まずどのポジションを募集していたかを伝え、その職種で重要な要素や、適切な給料について意見を求める。そしてその件についてフィードバックを得たら、実際の仕事内容と給料を伝え、次は採用を社内でおこなうべきだったか、外部の業者に依頼すべきだったかを検討する。その際もあなたが選んだ方法を伝える前に、先に相手の意見を聞くこと。それから最終候補者の情報を伝え、どの人物がよかったかなど、諸々の意見を訊いてみる。

質の高いフィードバックを得るには、あなたの決断時となるべく同じ状態に相手を近づけることが重要。

フィードバックをくれる相手から、あなたの信念や結果を隔離しておけば、相手もあなたが決断をおこなったときと近い状態でフィードバックをおこなうことができる。また、本書で紹介した決断のツールを使って記録を残すというのもひとつの手段で、あとから何らかの決断についてフィードバックを受けたいと思ったときに役立つだろう。「決定木」「知識の追跡」「決断の探求表」といったツールは、決断時にあなたが持っていた知識の状態を記録するので、のちに誰かのフィードバックを得たいと思ったときに、必要な情報を相手に容易に伝えられる。

＊フィードバックの求め方であなたの意見が相手に知られる

誰かにフィードバックを求める際、その聞き方で、あなたの信念が漏れていることに気づかないことがある。

ある日、私の子どもがケヴィンという友達の文句を言いながら帰ってきた。子どもは私にこう告げた。「ケヴィンって本当に最低。ほかのみんなもそう言ってる」

それを聞いた私はすぐにこう尋ねた。「みんなにケヴィンのことを聞いたとき、どんな言い方をしたの？『ケヴィンのことどう思う？』それとも『ケヴィンって本当最低じゃない？』」。もちろん後者だった。これはフレーミング効果といわれるものだ。

質問をするときは、自分がどの視点に立って話しているかに注意してほしい。選んだ視点によって、あなたがそれについてポジティブな見解を持っているのか、ネガティブな見解を持っているのかがわかってしまう。できるだけ中立的な視点を維持しよう。

フレーミング効果：
情報の提示の仕方で、聞き手の判断に影響を与える認知バイアス。

「合わない、不一致（disagree）」という言葉には、かなりネガティブな意味合いがある。誰かのことを「付き合いにくい（disagreeable）」と呼べば、それはけっしてほめ言葉にはならない。私が「合わない、不一致（disagree）」ではなく、あえて「分岐、相違（diverge）」という言葉を使っていることに気づいた人もいるかもしれない。こちらのほうが意味合いとして中立的だ。意見の「不一致」と言うよりも、意見の「相違」や「ばらつき（dispersion）」と言ったほうが、自分と相手の意見が異なったときでも角が立たず、「不一致」を上手に包みこめる。

3 グループ内で意見を隔離する方法

1対1での対話なら、「伝染問題」に対するシンプルな解決策がある。あなたの求めているフィードバックがどんなものであれ、自分の意見を最初に言わないことだ。しかしこの方法はグループ内だとうまく機能しない。グループで話しているときにあなたが黙っているのは可能だが、誰かが意見を言うと、それがほかの人にも伝染してしまうからだ。

人数が多いほうが優れた決断ができるように思える。意見が多ければ、外の視点をはじめ、獲得できる視点や信念の幅も広がり、決断の質も上がるだろう。

しかし実際は、グループになると決断の質が落ちることが多く、というのも決断の過程で関与する人数が増え、決断の自信が増すためだ。決断の質が必ずしもいいものではないのに、自信だけが深まっていくのは、よくない取り合わせである。

グループ内での「伝染問題」がとくに問題なのはこのためだ。

研究によると、グループ内で個人が異なる意見を持つ場合、言わないことが多いという。

マイアミ大学のギャロルド・スタッサーとブライアークリフ大学のウィリアム・タイタスがおこなった独創的な実験では、4人グループのメンバーに、3人の候補者のなかから生徒会長にふさわしい人物を選んでもらった。その際、事前に各候補者のポジティブな側面とネガティブな側面をまとめた書類を作成し、すべての情報を踏まえると、候補者Aがもっともふさわしい人物になるよう調整した。グループのメンバーはあらかじめ書類を確認し、各自の意見を示したあとで、グループでの話し合いに臨んだ。

ひとつめのグループ（ここでは「完全な情報を持っているグループ」と呼ぼう）には、各候補者に関する情報をすべて記した「完全な書類」が各メンバーに配られた。予想どおり、このグループでは候補者Aを気に入った人が多く、グループとしても候補者Aが最有力となった。

一方、もうひとつのグループ（「部分的な情報を持っているグループ」と呼ぶ）のメンバーには不完全な書類が与えられた。各候補者に関する基本的な情報は全員が共有していたものの、各候補者の詳細については人によって違う情報が与えられたのだ。それぞれに与えられた情報を参照したメンバーの大半は、会議前の段階で候補者Aを第一候補に挙げなかった（注：実験の参加者たちは、与えられた情報は完全ではなく、自分の知らない情報をほかのメンバーが持っている可能性がある旨をあらかじめ伝えられていた）。

もし部分的な情報を持っているグループが、話し合いで自分の持っている情報をみんなと共有していたら、完全な情報を持っているグループとまったく同じ条件になり、おそらく候補者Aを最有力候補にしただろう。しかしここでのポイントは、実際に彼らがその情報をみんなと共有しなかったという点にある。

部分的な情報を持っているグループは、会議前の各自の好みに基づき、すぐに意見を一致させた。一度合意すると、異なる情報（その候補者に対してネガティブな情報や、ほかの候補者に対してポジティブな情報）を持っているメンバーは、その情報を共有しないことが多かった。候補者Aを推す完全な情報を持つグループとは違い、部分的な情報を持つグループが候補者Aを選ぶことはほとんどなかった。

つまり、部分的な情報を持つグループは、グループ全体として候補者Aを選ぶべき理由を持っていたにもかかわらず、その情報を共有しなかったために最善ではない選択をおこなってしまったのだ。

これは、コンセンサスが形成されはじめるととくに、人は自分の持っている情報を必ずしもグループと共有しないことを示している。こうした場合、（ほかのメンバーが本来なら提供すべき）異なる視点を知るために、こちらから働きかけなければならなくなる。

＊独自にフィードバックを募る

では、誰かの発言によって、信念や結果が台無しにされるのを防ぐにはどうすればいいだろう？ グループの場合、メンバーひとりひとりの意見や理由をあらかじめ聞き出し、それをグループで共有してから会議に臨めばいい。こうすれば、各自が知らない情報や視点に触れられるため、「不完全な情報問題」が緩和できる。

人事部で最終候補者の面接をおこなう場合、どの候補者がよかったか、理由も含めて自分の意見をメールするよう採用担当全員に指示し、そのフィードバックをまとめたものを会議前にみんなで共有する。

投資委員会で特定の投資をおこなうか否かを決定する場合は、会議の前に各自の意見を募って共有する。

法律チームがクライアントから和解について訊かれた場合、担当メンバーに妥当な和解金額とその上限下限、および相手側がその条件で和解に応じる可能性について意見を述べるよう指示し、全員の意見をまとめたものを各自にメールして、会議で話し合う前に共有する。

グループ内より、個人的に意見を聞かれたほうが、人は正確に自分の知識や好みを伝えることが研究でわかっている。ハーバード・ケネディスクールのダン・レヴィー、ジョシュア・ヤードリー、リチャード・ゼックハウザーらが、あるテーマを生徒たちに提示して挙手——教室において昔から用いられているフィードバックシステムだ——を求めたところ、ハーディング効果［周囲と同じ行動をとって安心感を得ようとする心理現象］が起こった。コンセンサスが形成されそうになったとたんに生徒たちがこぞって手を挙げはじめ、多数派の意見に同調して超多数派を形成したのだ。

一方、ほかの人の意見がわからないようにして回答を募ったときには、手を挙げたときに形成された超多数派は分裂し、教師は各生徒の知識や好みを深く知ることができた。

各自の本来の意見やアイディアが引き出され、見せかけの多数派が減少し、信念が分岐する箇所が明白になったのだ。

フィードバックを喚起するには、人がそれをどんな形で提供するかも考慮する必要がある。本書では、チームでフィードバックをおこなうのに有効な、さまざまな決断のツールについて説明している。特定の出来事や結果の予測、決定木に見る結果、検討すべきオプション、見返り、反事実、トラッカー、決断の探求表（プレモータム、バックキャスト）、ドクター・イーブル・ゲーム、ユリシーズ契約、ヘッジなど。また、「はい」か「いいえ」の質問や、0～5段階の評価でフィードバックをもらってもいい。

あなたが求めているフィードバックの種類がわかれば、グループはそれらを同一条件で比較し、どこで分岐しているのか特定できるようになるだろう。

＊匿名にすることで意見の感染を防ぐ

とくに感染力の強い意見というものがある。人の意見を自分寄りの意見にねじ曲げたり、他者の異なる見解を抑えこんだりする人もいるが、チーム内では往々にして、立場の高い人の意見ほど感染しやすい。立場とは、指導的地位、経験、専門知識、説得力、カリスマ、外向性といった要素から生まれるもので、単に明瞭な人柄が存在感を醸す場合もある。

グループのメンバーからフィードバックを引き出す際、客観的に見て妥当なアイディアがCEOから出てもインターンから出ても、扱いが変わらないことが理想だ。しかし現実には、地位の低い者の意見は平等に扱ってはもらえない。

この「地位的感染問題」を回避するには、最初のフィードバックを誰の意見かわからないよう匿名にし、地位の低い者のフィードバックもきちんと考慮されるようにすることだ。

＊そうはいっても専門知識や経験は重要？

あなたはいまこう考えているかもしれない。「でも、誰が発言したかによってフィードバックの重みが変わるのは妥当なのではないか？　もしグループが相対性理論について議論していて、そこにアインシュタインがいたら、彼の意見はインターンプログラムを終えたばかりの新人のそれよりも重要なのでは？」

たしかにアインシュタインがいれば、彼の意見がほかの人の意見より、はるかに重みを持つ場合もあるだろう。物理に関する議論をしているときなら間違いない。だからこそ、意見はずっと匿名のままにはできないし、するべきだとも思わない。

それでも、最初の段階で匿名にするメリットは多い。

アインシュタインであれＣＥＯであれ、高い専門知識や地位を有する人物に公然と異を唱えるのはむずかしい。しかも「ハロー効果」のせいで、たとえその人の専門分野でなくとも、私たちは成功者の意見を重視する傾向がある。

相対性理論でも、家主を訴えるか否かの問題でも、アインシュタインの意見にあえて反対しようと思う者はいないだろう。

また、専門家であってもその知識が偏っていないとはかぎらない。フィリップ・テトロック（160ページ）が示したように、内容領域専門家になると、自分の世界観に固執する傾向があり、がっちり築き上げた自分の世界とは異なる視点で物事を見ることがむずかしくなる。

最初のフィードバックを匿名にする大きな利点はここにある。メンバーは自然に異なる視点で物事を見られるようになるし、発言者がわからないため、それぞれの意見がきちんと考慮される可能性が高くなる。どの意見を無視し、どの意見を重視すべきかわからないからだ。

地位の低いメンバーが、人とは違う鋭い意見を持っている可能性もある。ときに彼らが思いもよらない解決策を見出すことがあるが、それは彼らが現状に固執していないからだろう。世界の歴史に目を向ければ、後続の世代は異なる視点を提供することで、革新的な飛躍やパラダイムシフトを遂げている。

ハロー効果：
特定の分野で誰かに好印象を抱くと、無関係な分野でもその人物を好意的に見る認知バイアス。

＊でも、どうして？

もちろん、一番経験の浅いメンバーが待ち望んだ天才とはかぎらないし、グループを次の高みへと導いてくれるとはかぎらない。彼らの意見は、理解不足を反映しているだけのことも多い。

グループでいい議論をするには、理解不足も含めたフィードバックを奨励することだ。そうすれば、専門家は彼らの論点がずれている理由を理解できるし、専門知識を伝える機会にもなる。さらに、専門家たちの持つ不正確な知識を正す機会にもなるため、グループ全体として恩恵を受けられる。

これは、子どもに何かの説明を求められて答えたら、「でも、どうして？」と聞かれる、あの経験と同じである。

「ママ、空はどうして青いの？」

そう聞かれたあなたは、5歳のわが子に、光の屈折について嬉々として説明する。「本当は空にはいろんな色があるのだけど、大気のせいで私たちの目には青色しか見えないの」

しかし5歳の子どもはこう続ける。「でも、なんで？　どうして大気は青色しか見せてくれないの？」

あなたはその質問に答えなければならない。そしてこれがあなたの知識の限界にぶつかるまで続き、そこまでくるとたいていの親は「そういうものなの！」とか「そろそろアニメの始まる時間じゃない？」とか「アイスクリーム食べる？」などと言って話を終わらせる。

子どもがあなたの知識の限界をついてくるように、どんなグループも「でも、なんで？」から恩恵を受ける。

＊手早く形にする――影響力が低く、方向転換できる決断は簡単におこなう

いま、あなたはこう考えているかもしれない。「チームの決断で毎回これをやっていたら、ひと月のうちに決められることがわずかになってしまう」と。

この種のプロセス（フィードバックを個人的に募り、匿名の意見を会議前に共有する）は、たしかに余分な時間がかかる。しかしそれなら、時間と正確さのバランスをとればいい。影響力の低い、方向転換のできる決断であれば、ここまで述べてきた「フィードバックを引き出す方法」の簡易バージョンで、時間をかけずに感染を防ぐことができる。

たとえばグループで何かを決断する際、各自の意見とその理由を紙に書いてもらい、会議前に代表者がそれを読み上げるか、ホワイトボードに書き出す。そうすれば作業を簡略化できるし、ほかの人の意見を聞く前に自分の意見を述べるチャンスが全員に与えられる。

さらに時間を節約したければ、紙に書いてもらった意見を各自読み上げてもらってもいい。が、その際は、一番影響力の低い（そして高位の人物からの影響を受けやすい）新人の視点が損なわれないよう、彼らから始めるようにしてほしい。

質の高いフィードバックができる情報を持っている人がいないなら、意見を別々に聞いてもあなたの決断の助けにはならない。彼らのフィードバックは、あなたが彼らに与えるものと同程度でしかない。つまり、がらくたをインプットして、がらくたをアウトプットすることになる。

4 関連事項をチェックリストにまとめ、説明する

採用の候補者について第三者の意見を聞きたいときに、その候補者が前職で横領した事実を伝えなかったら、はたして質の高いフィードバックは受けられるだろうか？

訴訟の代理人として裁判前の和解を検討するときに、最近被告に有利な裁判官に変わったことを伝えなければ、ベテラン弁護士のアドバイスを聞く意味はないのではないだろうか？

もちろん、こうした明らかな関連情報を省く人はまずいないだろう。しかし、何の制限もない場合、私たちは多少なりとも情報を強調したり省略したりして、自分に都合のいいアドバイスをもらおうとする傾向がある。

これは、他人を騙そうと思ってしているわけではない。たいていは自分を騙すためだ。この方法で物語を紡ぐと、あなたは相手の地図とあなたの地図の分岐点ではなく、重なる部分の話

を聞く可能性が高くなり、そうなると、もらえるフィードバックの質が低下する。

＊外の視点を用いることで「物語を紡ぐ」のをやめる

決断のプロセスで重要な妨げとなっているのは、あなたが受けるフィードバックの質が、あなたが提供する情報の質によって制限されてしまうことだ。私たちの物語は当然、内の視点に息づいており、私たちの世界観を支持するようになっている。この問題の対処法は、自分の欲しいフィードバックを求めるのではなく、フィードバックをくれる人の立場に立って外の視点を得ることだ。

外の視点を得るには、「自分がこういうタイプの決断について意見を求められた場合、何を知っていれば、相手に質の高いフィードバックを与えられたと感じるか」を自問するといい。そして必要な情報を書き出し、あなたがアドバイスを求めている相手にそのリストを渡すのだ。

これはどんな決断にも有効だが、（特定の決断に直面する前に考える時間のある）くり返しの決断にはとくに有効だ。決断の最中、おそらくあなたは自分の好みの選択肢に比重をかけている。しかしそうなるとその好みのせいで、あなたが知るべきだと思っていた情報がわからなくなってしまう。このチェックリストを事前に作成しておけば、すでに形成された自分の意見に影響されることなく、容易に客観的になれるうえに、外の視点も得やすくなる。

＊チェックリストに載せる項目

決断の内容ごとに関連情報のチェックリストは異なるが、「妥当な目標」「価値」「リソース」「状況の詳細」などに着目するのが一般的だ。役立つフィードバックを得るために必要な情報だけを提供し、それ以上は与えない。

何よりもまず、「あなたが達成したいこと」を伝えよう。人にはそれぞれ異なる目標や価値観があり、それは大切なことだ。誰かにとっての正しい選択は、別の人にとってはそうではないかもしれない。

休暇の旅行先についてアドバイスを求めるなら、相手はあなたの目的や好みや条件を知っている必要がある。2月に、天気がよくて歴史のある場所に旅行に行きたいと伝えても、休暇が3日しかないことを伝えなければ、相手は、自分が過去に2週間ほどすばらしい時間を過ごしたオーストラリアを勧めてくるかもしれない。

私はポーカーで、毎回ほかのプレーヤーたちにハンド（役、カードの組み合わせ）に関する意見を聞いて回った。そして今後も同じ質問をくり返すことがわかっていた私は、こちらが提供する情報の一覧があればと考え、ベットの（賭ける）順番、ほかのプレーヤーのチップの額など、「誰かにハンドについて意見を求められたら、いい助言をするのに知っておくべき情報は何だろう？」と自問した。ほどなくチェックリストを作成し、誰かに意見を求める際は、そこに書かれた情報を残らず提供するよう気をつけた。

誰を採用しようか迷っているなら、「自分の目的」「価値観」「リソース」を盛りこむことが重要だ。採用の目的は、経験豊富な人材を雇って将来新人の育成を手がけてもらうため？　それとも明るい性格を重視している？　候補者に関する情報には、履歴書、推薦状の内容、面接の内容などが含まれる。

チェックリストができたら、フィードバックを求める相手にそれらの情報を必ず提供するようにしてほしい。そうすれば、自分のなかで形成済みの意見に合わせた物語を紡ぐ可能性が減り、受け取るフィードバックの質が向上する。

チームでチェックリストを作る場合は、チーム内でフィードバックを引き出す方法と同様の段階を踏めばいい。まずは、メンバーに個別に質問に答えてもらう。「こういう決断に関するフィードバックを求められたら、どんな情報を知っておきたいか？」それから各自の答えをまとめ、匿名でメンバーに配布し、チーム全体で議論する。できあがったものは、マスターチェックリストとして、フィードバックを求められたメンバーに必ず提供すべき情報となる。

グループのメンバーは、チェックリストに関して互いに責任を負う。フィードバックを求める側はチェックリストの情報を必ず提供し、求められた側はチェックリストの情報がすべて提示されたかどうかを確認する必要がある。

> 部分的な情報では「部分的にいい」フィードバックは得られない。

仕事や私生活でくり返しおこなう決断について、共有すべき情報のチェックリストを作成しよう。このエクササイズは個人でおこなってもいいし、チームで取り組んでもいい。

1 個人的に、あるいは仕事上でくり返しおこなう決断を書き出してみよう。

2 右のような決断についてフィードバックを求められたら、質の高いフィードバックをおこなうために知っておくべき情報は何だろう？

次に、良質なフィードバックに必要な情報のリストを書き出してみよう。目的、価値観、リソースから始めるといいだろう。

グループ会議でも、1対1の対話でも、参加者全員がフィードバックに関するこのチェックリストについて了承していることが重要だ。

こうした合意がなければ、フィードバックを求められた側は、相手が強調して話す部分に着目し、省略された部分には気を留めない。

詳細がわからなくても、人はとりあえずアドバイスをしようとする。理由はおそらく、アドバイスを求められたのに答えられないと、相手に失礼だと思うからだろう。あるいは、事実を把握していなくてもいい助言ができると思うほど、自分の意見に自信があるのかもしれない。

チェックリストに対する本当の意味での説明責任とは、質の高いフィードバックをするための必要な情報を相手から得られなければ、意見を差し控えることだ――意地悪ではなく、親切心から。

ポーカーを教えていたころ、ときどき生徒が私のもとへやってきて、フィードバックに必要な情報が欠けた状態で、自分のハンドについて意見を求めてくることがあった。ハンドの最後のカードでコールす（同額かける）べきだったかと尋ねられても、生徒がそのとき賭けられていた金額を覚えていなければ、私はコールすべきだったかどうかは答えない。というのも、ポットサイズ（既に賭けられたチップの額）がわからなければ、私の意見には価値がなく、何を言っても無意味になってしまうからだ。

本質的に無価値な（しかも誤解を招く可能性のある）フィードバックを与えまいとする私の姿勢は、生徒たちの将来に多くの利点をもたらした。まず、彼らはポットサイズを気にするようになった。それから、ハンドに関するフィードバックを私からもらいたいときは、ポットサイズを必ず伝えるようにもなった。これは彼らが（最初から知っていたのに）注意を払っていなかった細部であり、私が指摘しなければきっと無視しつづけた事実である。

何より重要なのは、私がフィードバックを断ったことで、彼らがポットサイズを知ることの大切さに気づけるようになった点だ。今後、フィードバックを求めるか否かは別として、彼らは重要な細部に注意を払い、ポーカーの試合中にもこの情報を取り入れるだろう。

チェックリストに従うメリットは、さまざまな場面で見受けられる。ポーカーのポットサイズしかり、フットボールの第四クォーター後半で残っているタイムアウトの数しかり。

新入社員を採用するにあたって、文化的適合がいかに大切かを見極める際にも。

被告に有利な裁判官の存在が、あなたの訴訟にとってどれだけ大切かを理解する場面でも。

新規の電気自動車会社の株購入にあたって、その会社の経営力の高さを判断する際にも。

適切なチェックリストを持っていれば、偏った物語に抵抗し、将来の決断における情報処理の枠組みを手にすることができる。

5 最終考察

人生には、決断を下す場面が無数に訪れるが、うまくいくものもあればいかないものもある。意思決定の目指すところは、すべての決断をうまく機能させることではない。なかには運が介在したり、情報が不完全だったりするものがあって、どうしたって無理な場合もあるからだ。

あなたが下す決断は、投資のポートフォリオのようなものだ。あなたの目標は、個々の商品がいい結果を出そうと出すまいと、ポートフォリオ全体が目標に向かって進むようにすることだ。

中古の家を改装して高く売る人（ハウスフリッパー）のことを考えてみてほしい。彼らのゴールは家を改装してお金を稼ぐことだが、改装によってお金を得る可能性もあれば、失う可能性もある。ポートフォリオのなかのどの住宅がアンダーウォーター［住宅資産価格がローン残高を下回ること］状態になるか、事前に知ることはできないのだ。それを知ることができるのなら、間違いなくお金になる資産にだけ投資するだろう。

あなたの決断も同じだ。あなたが目指すべきは、人生で下す決断というポートフォリオをゴールに近づけることだ。しかしハウスフリッパーのように、決断のなかにはうまくいかないものもあるだろう。優れた意思決定をおこなうには、この事実を受け入れなければならない。

なんとなくうまくいくと思って決断すると、心を開いて自分の知らない世界を歩くのがむずかしくなる。そして自分の決断ミスや、間違った信念を抱いた可能性を追い払いながら、その場でしゃがみこんで守りの態勢を死守することになってしまう。

こうした守りの態勢は、やがて非常に居心地の悪いものになる。

判断ミスや間違った信念を抱いたという意識を無視して悪い結果へ突き進むと、セルフ・コンパッション［自分に向ける思いやり、慈しみ］のようなものを覚えるかもしれない。自分は悪くないと思いこむことで、いっとき気分が高揚するのだ。

だからといって、自分の決断の質や、信念の正否を確認するだけでは、効率的に学ぶことはできない。決断の質を向上させる能力が阻害されることになる。

あなたの未来は、質の高い決断を下し、その質を向上させつづけることができるかどうかにかかっている。真のセルフ・コンパッションとは、未来のあなたを失望させないことである。

6 健康的な決断　まとめ

本章のエクササイズを通じて次のことを考えてほしい。

- 自分の信念の質を向上させる最善の方法のひとつは、他者の視点を得ることだ。相手の信念とあなたの信念が分岐していれば、正しい情報や知らないものに触れ、決断を改善することができる。
- **信念は伝染する。**フィードバックをもらう前に自分の考えを伝えると、相手があなたと同じ考えを示す可能性が格段に高くなる。
- 信念の感染を防ぐために**衛生的で健康な決断**を実践する。
- あなたに対する反対意見を知るには、**フィードバックをもらう前に自分の意見を言わないことだ。**
- あなたの**話し方**で、肯定的なフィードバックがほしいのか、否定的なフィードバックがほしいのかがわかることがある。できるだけ中立を保つこと。
- 「合わない、不一致」という言葉にはとてもネガティブな意味合いがある。意見の「不一致」ではなく**「分岐」**や**「相違」**を使うと、みんなの意見が異なる箇所をよりニュートラルに表現できる。

- **結果もフィードバックの質に影響する。**相手からフィードバックをもらうまで、出来事の結果は知らせないようにする。
- 過去の出来事に関するフィードバックを求めると、たびたび結果が邪魔をするので、説明を区切り、**何度かに分けてフィードバックをもらうこと。**
- どんなフィードバックをもらう場合でも、相手の状況を、あなたが決断を下したときの状況にできるだけ近づけること。
- **グループ**の場合、メンバーの異なる視点に触れることができれば、決断の質が向上する可能性がある。この可能性が損なわれるのは、グループがすぐにコンセンサスを形成し、総意に反する意見や情報が共有されなくなるときだ。
- **グループ内でも健康的な決断**をおこない、グループで共有する前に各自の意見や理由を個別に集めておくと、ポテンシャルを十分に発揮できる。
- **ハロー効果**により、地位の高い人の意見はとくに伝染しやすい。
- **最初の段階でフィードバックを匿名にしておく**と、発言者の地位に関係なく、それぞれのアイディアの利点に応じて丁寧に検討することができる。
- 影響が低く、方向転換できる決断の場合、グループ会議の前に、各自が書き留めた意見を誰かが読み上げる、ホワイトボードに書き出す、地位の低い順からそれぞれの意見を読み上げていく、といった方法でもグループ内の伝染を防ぐことができる。
・**フィードバックの質は、フィードバックをおこなうプロセスで与えられる情報によって限定される。**私たちは、自分の求める結論に相手を導くために話を強調したり省略したりする。
・質の高い意見をもらうためには、相手に必要な情報を与え、それ以上は与えないこと。
・「誰かに意見を求められたら、それについてどんな情報があればいい助言ができるか？」と自問することで、外の視点にアクセスする。
・くり返しの決断には、関連する情報の**チェックリスト**を作成しておく。リストには、状況の詳細とともに目的、価値観、リソースを記すこと。
・グループのメンバーは**チェックリストに対して各自責任を負う。**フィードバックを求めた相手がチェックリストの情報を提供しなければ、フィードバックを与える必要はない。

健康的な決断　チェックリスト

他者からのフィードバックを求める際は、次の項目を参照して健康的な決断を実践しよう。

□　フィードバックを求める場合、自分の意見や信念は黙っておく。

□ フィードバックをもらうときは中立的な姿勢を維持し、自分の求める結論を相手に示さないようにする。

□ 過去の出来事について尋ねるときは、相手に結果を伝えないようにする。

□ 過去のある出来事に対して複数のフィードバックが欲しいときは、話を区切ってその都度答えてもらうようにする。

□ あなたが求めているアウトプットの形を説明する。

□ ある決断に直面する前に、（同種の決断の）フィードバックに必要な事実や関連情報をチェックリストにまとめておく。

□ フィードバックを求める側も与える側も、関連情報を提供するという約束に同意し、提供されていない情報は開示するよう求め、必要な情報が提示されないときはフィードバックを拒否すること。

グループの場合は、次の項目も追加しよう。

□ 会議前、あるいはメンバーどうしが意見を述べ合う前に、個別にフィードバックをまとめておく。

□ グループミーティングやディスカッションの前に、匿名で意見をまとめ、メンバーに配布して目を通してもらう。

謝辞

本書は、思想的パートナー、過去と現在にわたる私の仕事に鋭い洞察をくれた方々、ずっと応援してくれていたみなさん、執筆に行き詰まったときに支えてくれた仲間の存在がなければ誕生しなかっただろう。

私の一番の応援団である著作権エージェントのジム・レヴィーンは、前作を執筆する前から私を信じ、本書の執筆中もずっと寄り添ってくれた。すばらしいアドバイスで私を導き、絶えず支えてくれた。ありがとう、ジム。レヴィーン・グリーンバーグ・ロスタン・リテラリー・エージェンシーのみなさんにも感謝を捧げる。

世界一の編集者にしてすばらしい友人のニキ・パパドプロスは、本書の執筆に多大な貢献をしてくれた。なかでも本書を単に『確率思考――不確かな未来から利益を生みだす』（日経BP、2018年）のワークブックという立ち位置にするのではなく（もともとの構想はそうだった）、独立した価値ある作品にしてくれた功績は大きい。おかげで私は新たな世界を数多く開拓し、さまざまなトピックを深く掘り下げることができた。また、序章の段階で彼女が率直に述べてくれた批評は本書の軌道を大きく変えた。さらに、当初の予定より2倍の時間をかけて倍の分量を書き上げることとなった私に時間をくれ、時間のやりくりに悩んでいた私に「本は書き上げるのに必要なだけ時間がかかるものです」と言ってくれた彼女の優しい言葉はきっと忘れないだろう。ありがとう、ニキ。

ポートフォリオ社、ペンギン・ランダムハウス社の仲間にも感謝を捧げる。とくにレイアウトを担当し、締め切りの調整をしてくれたニキの編集アシスタントのキンバリー・メイラム、マーケティング担当のジェイミー・レシュト、私の仕事ぶりを信じ、ポートフォリオというすばらしい会社を牽引しているエイドリアン・ザックハイムに格別の感謝を。

本書の制作に不可欠な人物マイケル・クレイグにも大変お世話になった。彼はすばらしい友人であるだけでなく、編集者、リサーチャー、オーディオ版リスナー、アイディアや実例の提供者、コンパイラー、資料のオーガナイザーとしてその才能をいかんなく発揮してくれた。彼がいなければ本書は絶対に誕生しなかっただろう。

私を励まし、時間やアイディアを惜しみなく提供し、教え、仲間として扱ってくれた、優秀で実績のある行動科学者のみなさんにも心から感謝する。彼らの敬意や友情を得たいという気持ちが、がんばりつづける原動力になった。

マイケル・モーブッシンは、この旅における思想的パートナーとして、私が各章を書き上げるそばから洞察に富んだ批評をくれた。彼の両手は深く本書に関与している。一字一句じっくり読みこみ、これほど丁寧に指導してくれる人物がいてくれたのは、私にとってこのうえない幸運だった。

フィル・テトロックとバーブ・メラーズは、私のインスピレーションの源でありメンターだ。

予測と専門的判断に関する彼らの仕事は、本書のほぼすべてのページにわたって織りこまれている。彼らとの会話はつねに私の頭脳をアップグレードしてくれた。

キャス・サンスタインは、私がアイディアを整理するための相手役を買って出てくれただけでなく、原稿を進んで読み、鋭いフィードバックとともに、私の文章をほめて自信を与えてくれた。

ダニエル・カーネマンは、現在行動経済学として知られる空間の創造をリードし、本書にも多大な影響を与えている。彼もまた多くの時間を割き、アイディアを整理するのに付き合ってくれた（ダニー、タイトルをあなた好みのものにできなくてごめんなさい。ニキのせいです）。キャス・サンスタインを紹介してくれたフランク・ブロセンズ、そしてフランク・ブロセンズを紹介してくれたテッド・セイデスにも格別の感謝を。ダニエル・カーネマンを紹介してくれたジョシュ・ウルフにも感謝を捧げる。

エイブラハム・ワイナーは、いつもランチタイムを引き延ばして本書のコンセプトに関するとりとめのない話に付き合ってくれた。本書のアイディアの大半はそうした会話のなかでまとまっていき、おかげで格段にいい作品になった。

アダム・グラントが、初期段階の本書のアイディアをペンシルヴェニア大学の彼のクラスで発表する機会を与えてくれたおかげで、原稿を読んでくれた数人の生徒から貴重なフィードバックをもらうことができた。アダムをはじめ、協力してくれた生徒のみなさんにお礼を言いたい。レイチェル・アビ、ザカリー・ドラプキン、マシュー・ワイス、ありがとう。

アダムのクラスでは、メグナ・スリニーヴァスにも出会えた。すばらしいリサーチ・アシスタントとして活躍してくれた彼女もまた、最高の人物だ。

ダン・レヴィーとリチャード・ゼックハウザーは、私の「健康的な決断」に関する思想に影響を与えた。ふたりは多くの時間を割いて、アイディアや参考資料を提供してくれた。

時間をかけて初期の原稿を読み、フィードバックをくれたマイケル・バーンズ、ソナル・チョクシ、セス・ゴーディン、リック・ジョーンズ、グレッグ・カプラン、カール・ロジン、ヴィドゥシ・シャルマ、ジョーダン・ティボドー、ダグラス・ヴィゴリオッティ、ポール・ライトにも格別の感謝を捧ぐ。スマートで実績のある思想家のみなさんとアイディアを交換するのは楽しく、とても有意義だった。本書の方向性を示し、粗削りな文章を辛抱強く読んでくれてありがとう。

ピーター・アティアのアーチェリーへの情熱にも刺激を受けた。ダン・イーガンが話してくれた「ダミアン・ゲーム」が、「ドクター・イーブル・ゲーム」というアイディアを生んだ。ダンは本当に悪の天才だ。ティモシー・フーリハンとカート・ネルソンは本書の執筆過程で私のよき友人となり、序盤のでこぼこした道のりを修正しながら、私が本書の声を見つける手助けをしてくれた。シェーン・パリッシュは、彼のポッドキャスト番組だけでなく、いくつかのワークショップで本書のアイディアを披露する機会を与えてくれた。

ダニエル・コスビー、ブライアン・ポートノイ、ハル・スターン、ジム・オーシャウネシー、パトリック・オーシャウネシー、ウェス・グレイ、デイヴィッド・フォークの見解からも、多大な恩恵を受けた。彼らは本書のアイディアに多くの洞察を与え、私を奮い立たせてくれた。

本書に登場する多くの実例やアイディアは、私の友人にして「Alliance for Decision Education（意思決定教育のためのアライアンス）」（K－12教育［幼稚園1年と12年間の初等、中等教育を含めた13年間の教育期間］における意思決定教育の構築を目的として私が共同設立した非営利団体）のエグゼクティブ・ディレクター、ジョー・スウィーニーとの長く曲がりくねった会話を通じて磨かれた。ありがとう、ジョー。組織のスタッフと、組織を支えてくれるすべてのみなさんにも感謝を捧げたい。

ジェニファー・サーヴァー、マラリン・ベック、ラズ・ステイブル、アリシア・マックラング、ジム・ドゥーガン、私の日常生活を支えてくれてありがとう。

私の師であるリラ・グライトマンは、インスピレーションを与えつづけてくれている。90歳の彼女は、いまでも私の最大の思想的パートナーだ。その思考の正確さと創造力の高さに少しでも近づければと願っている。彼女はユーモアも抜群で、そんな彼女の友情に私がどれだけ感謝し、愛情を抱いているかは言葉では言い尽くせない。

何よりも、私を支えてくれた夫、家族、きょうだい、父をはじめとするすべての親族に感謝を捧げたい。彼らは驚くほど協力的で、本書の執筆に理解を示してくれた。私の人生にみながいて幸せだ。今後もずっと変わらぬ愛を贈る。

意思決定の戦略に関する執筆、講演、コンサルティングを通じて、ビジネス、マネジメント、イノヴェーション、金融市場等に携わる多くの優れた思想家たちと知り合い、アイディアを共有し、友人になる機会を得た。これには著者、ライター、講演者、コンサルタント、ポッドキャストホストとして、みずからのスキルをコミュニケーションや意思決定戦略の教育に活用している人たちも含まれる。

本書には、ポッドキャスト、インタビュー、その他さまざまな人々とのディスカッションを通じて形成されたアイディアがたくさんあるが、そのすべてに言及するスペースがない。また、ワークショップ、基調講演、多くのビジネスや専門家グループ相手におこなってきたコンサルティング活動も本書の内容を成熟させる助けになった。私にアイディアを表現する場を与えてくれたみなさん、下準備をさせてくれたみなさん、反応やフィードバックを返してくれたみなさんに感謝したい。

本書のなかで、この謝辞が一番気がかりだ。本書に携われたことを私がどれだけ幸運に思っているか、きちんと伝えられているだろうか。ひょっとすると、本書が刊行されたあと、本来ならここでお礼を言うべきだった人を思い出して猛烈に後悔するかもしれない。仮にそうなっても、私があなたに心から感謝していることをわかってもらえたら幸いだ。

訳者あとがき

「人生は選択の連続だ」と言われるように、私たちは日々、無数の決断を下しながら生きている。無数の決断を下していれば、当然、悪い結果になることもあるし、たとえ時間をかけてじっくり選んだとしても、うまくいかないこともある。しかし、そうなると私たちは、決まって「どうしてこっちを選んでしまったのだろう」という後悔に苛《さいな》まれる。本書は、生きるうえで絶対に避けては通れない「決断」のプロセスを解説し、その質を上げるためのヒントを記したものだ。

著者のアニー・デュークは、大学で認知心理学を専攻。修士号を取得し、博士課程の途中でプロのポーカープレーヤーに転身。長年にわたり第一線で活躍したのち、２０１２年に引退。引退後は、知識と経験を活かして意思決定に関するコンサルタントとして活躍中。知識と経験と実績に裏づけられた彼女の言葉は、数々の場で説得力を持って受け入れられてきた。ポーカーに限らず、どんな職業であっても４００万ドル以上を稼ぎ出すというのは並大抵のことではない。結果を生むには努力が必要で、そのコツが本書には詰まっている。

著者はまず、結果の質と決断の質を切り離すよう主張する。本書でいうところの「結果主義（リザルティング）」の放棄だ。目の前の結果だけでことの良し悪しを判断するのは簡単だが、そこには思わぬ落とし穴（バイアス）が潜んでいる。各自がバイアスを認識したら、いよいよ決断のプロセスへ。ここから著者は、決断の過程で必要な情報、起こりうる可能性を整理し、これまで培ってきた自分の経験や知識、他者の客観的な視点をうまく取り入れながら、最適と思われる選択をおこなえるよういざなっていく。また、重要な決断とそうでもない決断を見極めて時間を節約し、ネガティブ思考を駆使してあらかじめ失敗の要因に対処する方法にも触れる。

本書の内容自体はむずかしいものではない。謝辞でも少し触れられているが、そもそも本書は、前作『確率思考——不確かな未来から利益を生みだす』（日経BP、2018年）のワークブックという形で企画されたが、決断に関する知識を各自の血肉に落としこむことを目的とする単独の本として刊行された。

読者自身の決断に関する実体験を具体的にいくつか取り上げるよう促し、さまざまなエクササイズを通じてそれらを掘り下げていく。何気なく「直感」で下している決断も、こうして分析し、多角的に眺めると、なんとも複雑な作業に思えてくる。「いい決断」を日常的に下す、というのはやはり大変なことなのかもしれない。

とりわけ重大な決断に関しては、あらゆる可能性を俯瞰で眺め、他者の視点を取り入れながら、求める結果を考慮したい。著者が言うように、一概に結果の良し悪しだけで語るのではなく、それまでの過程を、自分にも他人にも思いやりを持って評価することが大切なのだろうと思う。

なお、訳注は［　］で入れさせていただいた。

この本が読者のみなさんが人生のさまざまな決断をするにあたり、少しでもお役に立てば訳者冥利に尽きる。

片桐恵理子

———. "Loss Aversion in Riskless Choice: A Reference-Dependent Model." *Quarterly Journal of Economics* 106, no. 4 (November 1999); 1039–61.

———. "Rational Choice and the Framing of Decisions." *Journal of Business* 59 (1986): 251–278.

Ullmann-Margalit, Edna, and Sidney Morganbesser. "Picking and Choosing." *Social Research* 44, no. 4 (Winter 1977): 757–85.

Weller, Chris. "A Neuroscientist Explains Why He Always Picks the 2nd Menu Item on a List of Specials." *Business Insider*, July 28, 2017.

West, Richard, Russell Meserve, and Keith Stanovich. "Cognitive Sophistication Does Not Attenuate the Bias Blind Spot." *Journal of Personality and Social Psychology* 103, no. 3 (September 2002): 506–19.

Wheeler, Michael. "The Luck Factor in Great Decisions." HBR.org, November 18, 2013.

———. "The Need for Prospective Hindsight." *Negotiation Journal* 3, no. 7 (January 1987): 7–10.

Zeckhauser, Richard. "Investing in the Unknown and Unknowable." *Capitalism and Society* 1, no. 2 (2006): 1–39.

Zweig, Jason, and Philip Tetlock. "The Perilous Task of Forecasting." *Wall Street Journal*, June 17, 2016.

Sunstein, Cass. "Historical Explanations Always Involve Counterfactual History." *Journal of Philosophy of History* (November 2016), 433–40.

Sunstein, Cass, and Reid Hastie. *Wiser: Getting Beyond Groupthink to Make Groups Smarter*. Boston: Harvard Business Press, 2014.

Svenson, Ola. "Are We All Less Risky and More Skillful than Our Fellow Drivers?" *Acta Psychologica* 47 (1981): 143–48.

Sweeney, Joseph. "Beyond Pros and Cons—Start Teaching the Weight and Rate Method." Medium.com, October 22, 2018.

Thaler, Richard. "Mental Accounting and Consumer Choice." *Marketing Science* 4, no. 3 (1985): 199–214.

———. "Mental Accounting Matters." *Journal of Behavioral Decision Making* 12, no. 3 (1999): 183–206.

Thorpe, Clare. "A Guide to Overcoming FOBO, the Fear of Better Options." Medium.com, November 19, 2018.

Trope, Yaacov, and Ayelet Fishbach. "Counteractive Self-Control in Overcoming Temptation." *Journal of Personality and Social Psychology* 79, no. 4 (2000): 493–506.

Trouche, Emmanuel, Petter Johansson, Lars Hall, and Hugo Mercier. "The Selective Laziness of Reasoning." *Cognitive Science* (2015): 1–15.

Tversky, Amos, and Daniel Kahneman. "Advances in Prospect Theory: Cumulative Representation of Uncertainty." *Journal of Risk and Uncertainty* 5, no. 4 (1992): 297–323.

———. "Availability: A Heuristic for Judging Frequency and Probability." *Cognitive Psychology* 5, no. 2 (1973): 207–32.

———. "Evidential Impact of Base Rates." *ONR Technical Report* (May 1981).

———. "Extensional Versus Intuitive Reasoning: The Conjunction Fallacy in Probability Judgment." *Psychological Review* 90, no. 4 (October 1983): 293–315.

———. "The Framing of Decisions and the Psychology of Choice." *Science* 211, January 30, 1981, 453–58.

Personality and Social Psychology 83, no. 5 (2002): 1178–97.

Schwartz, Janet, Daniel Mochon, Lauren Wyper, Josiase Maroba, Deepak Patel, and Dan Ariely. "Healthier by Precommitment." *Psychological Science* 25, no. 2 (2014): 538–46.

Sheikh, Hasan, and Cass Sunstein. "To Persuade As an Expert, Order Matters: 'Information First, Then Opinion' for Effective Communication." October 24, 2019 draft. ssrn.com/abstract=3474998.

Simonson, Itamar. "The Influence of Anticipating Regret and Responsibility on Purchase Decisions." *Journal of Consumer Research* 19, no. 1 (June 1992): 105–18.

Slovic, Paul, Melissa Finucane, Ellen Peters, Donald MacGregor. "The Affect Heuristic." *European Journal of Operational Research* 177, no. 3 (2007): 1333–52.

Smets, Koen. "More Indifference: Why Strong Preferences and Opinions Are Not (Always) for Us." Medium.com, May 3, 2019.

Stanovich, Keith, and Richard West. "On the Failure of Cognitive Ability to Predict Myside and One-Sided Thinking Biases." *Thinking & Reasoning* 14, no. 2 (2008): 129–67.

Stark, Emily, and Daniel Sachau. "Lake Wobegon's Guns: Overestimating Our Gun-Related Competences." *Journal of Social and Political Psychology* 4, no. 1 (2016): 8–23.

Stasser, Garold, and William Titus. "Pooling of Unshared Information in Group Decision Making: Biased Information Sampling During Discussion," *Journal of Personality and Social Psychology* 48, no. 6 (1985): 1467–78.

Staw, Barry. "The Escalation of Commitment to a Course of Action." *Academy of Management Review* 6, no. 4 (1981): 577–87.

Stone, Peter. *The Luck of the Draw: The Role of Lotteries in Decision Making*. New York: Oxford University Press, 2011.

Sturm, Mike. "Satisficing: A Way Out of the Miserable Mindset of Maximizing." Medium.com, March 28, 2018.

Richards, Carl. *The Behavior Gap: Simple Ways to Stop Doing Dumb Things with Money*. New York: Penguin/Portfolio, 2012.

Robinson, John. "Unlearning and Backcasting: Rethinking Some of the Questions We Ask About the Future." *Technological Forecasting and Social Change* 33, no. 4 (July 1998): 325–38.

Roese, Neal, and Kathleen Vohs. "Hindsight Bias." *Perspectives on Psychological Science* 7, no. 5 (2012): 411–26.

Ross, Michael, and Fiore Sicoly. "Egocentric Biases in Availability and Attribution." *Journal of Personality and Social Psychology* 37, no. 3 (March 1979): 322–36.

Russo, J. Edward, and Paul Schoemaker. *Winning Decisions: Getting It Right the First Time*. New York: Doubleday, 2002.（J・エドワード・ルッソ、ポール・ショーメーカー『勝てる意思決定の技術　最初の決断で正しい答えを導き出すために』齋藤英孝訳、ダイヤモンド社、2003年）

Samuelson, William, and Richard Zeckhauser. "Status Quo Bias in Decision Making." *Journal of Risk and Uncertainty* 1 (1988): 7–59.

Schkade, David, and Daniel Kahneman. "Does Living in California Make People Happy? A Focusing Illusion in Judgments of Life Satisfaction." *Psychological Science* 9, no. 5 (September 1998): 340–46.

Schoemaker, Paul, and Philip Tetlock. "Superforecasting: How to Upgrade Your Company's Judgment." *Harvard Business Review* 94 (May 2016): 72–78.

Schwardmann, Peter, and Joel van der Weele, "Deception and Self-Deception." *Nature Human Behaviour* 3, no. 10 (2019), 1055–61.

Schwartz, Barry. *The Paradox of Choice: Why More Is Less*. New York: HarperCollins, 2003.（バリー・シュワルツ『なぜ選ぶたびに後悔するのか　オプション過剰時代の賢い選択術』瑞穂のりこ訳、武田ランダムハウスジャパン、2012年）

Schwartz, Barry, Andrew Ward, John Monterosso, Sonya Lyubomirsky, Katherine White, and Darrin Lehman. "Maximizing Versus Satisficing: Happiness Is a Matter of Choice." *Journal of*

Moore, Don, and Derek Schatz. "The Three Faces of Overconfidence." *Social & Personality Psychology Focus* 11, no. 8 (August 2017): e12331.

Morse, Mitch. "Thinking in Bets: Book Review and Thoughts on the Interaction of Uncertainty and Politics." Medium.com, December 9, 2018.

Murdock, Bennett. "The Serial Position Effect of Free Recall." *Journal of Experimental Psychology* 64, no. 5 (1962): 482–88.

Nickerson, Raymond. "Confirmation Bias: A Ubiquitous Phenomenon in Many Guises." *Review of General Psychology* 2, no. 2 (1998): 175–220.

O'Brien, Michael, R. Alexander Bentley, and William Brock. *The Importance of Small Decisions*. Cambridge, MA: MIT Press, 2019.

Oettingen, Gabriele. *Rethinking Positive Thinking: Inside the New Science of Motivation*. New York: Current, 2014.

Oettingen, Gabriele, and Peter Gollwitzer. "Strategies of Setting and Implementing Goals." In *Social Psychological Foundations of Clinical Psychology*, edited by J. Maddox and Tangney. New York: Guilford Press, 2010.

Pachur, Thorsten, Ralph Hertwig, and Florian Steinmann. "How Do People Judge Risks: Availability Heuristic, Affect Heuristic, or Both?" *Journal of Experimental Psychology: Applied* 18, no. 3 (2012): 314–330.

Phillips, Katherine, Katie Liljenquist, and Margaret Neale. "Is the Pain Worth the Gain? The Advantages and Liabilities of Agreeing with Socially Distinct Newcomers." *Personality and Social Psychology Bulletin* 35, no. 3 (2009): 336–50.

Price, Vincent, Joseph Cappella, and Lilach Nir. "Does Disagreement Contribute to More Deliberative Opinion?" *Political Communication* 19, no. 1 (January 2002): 95–112.

Rapp, David. "The Consequences of Reading Inaccurate Information." *Current Directions in Psychological Science* 25, no. 4 (2016): 281–85.

———. "Bridging Individual, Interpersonal, and Institutional Approaches to Judgment and Decision Making: The Impact of Accountability on Cognitive Bias." In *Emerging Perspectives on Judgment and Decision Research*, edited by S. Schneider and J. Shanteau. Cambridge, UK: Cambridge University Press, 2003.

Levitt, Steven, and Stephen Dubner. *Think Like a Freak*. New York: HarperCollins, 2014.（スティーヴン・レヴィット、スティーヴン・ダブナー『0ベース思考　どんな難問もシンプルに解決できる』櫻井祐子訳、ダイヤモンド社、2015年）

Levy, Dan, Joshua Yardley, and Richard Zeckhauser. "Getting an Honest Answer: Clickers in the Classroom." *Journal of the Scholarship of Teaching and Learning* 17, no. 4 (October 2017): 104–25.

Lyon, Don, and Paul Slovic. "Dominance of Accuracy Information and Neglect of Base Rates in Probability Estimation." *Acta Psychologica* 40, no. 4 (August 1976): 287–98.

MacCoun, Robert, and Saul Perlmutter. "Blind Analysis as a Correction for Confirmatory Bias in Physics and in Psychology." In *Psychological Science Under Scrutiny: Recent Challenges and Proposed Solutions*, edited by Scott Lilienfeld and Irwin Waldman. Oxford, UK: Wiley Blackwell, 2017.

———. "Hide Results to Seek the Truth: More Fields Should, Like Particle Physics, Adopt Blind Analysis to Thwart Bias." *Nature* 526, no. 7572 (October 8, 2015): 187–90.

Mauboussin, Andrew, and Michael Mauboussin. "If You Say Something Is 'Likely,' How Likely Do People Think It Is?" HBR.org, July 3, 2018.

Mauboussin, Michael, Dan Callahan, and Darius Majd. "The Base Rate Book: Integrating the Past to Better Anticipate the Future," Credit Suisse Global Financial Strategies, September 26, 2016.

Mitchell, Deborah, J. Edward Russo, and Nancy Pennington. "Back to the Future: Temporal Perspective in the Explanation of Events." *Journal of Behavioral Decision Making* 2, no. 1 (January 1989): 25–38.

Mitchell, Terence, and Laura Kalb. "Effects of Outcome Knowledge and Outcome Valence on Supervisors' Evaluations." *Journal of Applied Psychology* 66, no. 5 (1981): 604–12.

American Psychologist 64, no. 6 (September 2009): 515–26.

Kahneman, Daniel, Jack Knetsch, and Richard Thaler. "The Endowment Effect, Loss Aversion, and Status Quo Bias." *Journal of Economic Perspectives* 5, no. 1 (Winter 1991): 193–206.

Kahneman, Daniel, Paul Slovic, and Amos Tversky, eds. *Judgment Under Uncertainty: Heuristics and Biases*. New York: Cambridge University Press, 1982.

Kahneman, Daniel, and Amos Tversky. "Choices, Values, and Frames." *American Psychologist* 39, no. 4 (April 1984): 341–50.

———. "Intuitive Prediction: Biases and Corrective Procedures." Defense Advanced Research Project Agency, Technical Report PTR-1042-77-6, June 1977.

———. "Prospect Theory: An Analysis of Decision Under Risk." *Econometrica: Journal of the Econometric Society* 47, no. 2 (March 1979), 263–91.

Khazan, Olga. "The Power of 'Good Enough.'" TheAtlantic.com, March 10, 2015.

Klein, Gary. "Performing a Project Premortem." *Harvard Business Review* 85, no. 9 (September 2007), 18–19.

Klein, Gary, Paul Sonkin, and Paul Johnson. "Rendering a Powerful Tool Flaccid: The Misuse of Premortems on Wall Street." February 2019 draft. capitalallocatorspodcast.com/wp-content/uploads/Klein-Sonkin-and-Johnson-2019-The-Misuse-of-Premortems-on-Wall-Street.pdf.

Laakasuo, Michael, Jussi Palomäki, and Mikko Salmela. "Emotional and Social Factors Influence Poker Decision Making Accuracy. *Journal of Gambling Studies* 31, no. 3 (2015): 933–47.

Langer, Ellen. "The Illusion of Control." *Journal of Personality and Social Psychology* 32, no. 2 (1975): 311–28.

Larson, James, Pennie Foster-Fishman, and Christopher Keys. "Discussion of Shared and Unshared Information in Decision-Making Groups," *Journal of Personality and Social Psychology* 67, no. 3 (1994): 446–61.

Lerner, Jennifer, and Philip Tetlock. "Accounting for the Effects of Accountability." *Psychological Bulletin* 125, no. 2 (March 1999): 255–75.

Heck, Patrick, Daniel Simons, and Christopher Chabris. "65% of Americans Believe They Are Above Average in Intelligence: Results of Two Nationally Representative Surveys." *PLoS ONE* 13, no. 7 (2018): e0200103.

Horowitz, Kate. "Why Making Decisions Stresses Some People Out." MentalFloss.com, February 27, 2018.

Hughes, Jeffrey, and Abigail Scholer. "When Wanting the Best Goes Right or Wrong: Distinguishing Between Adaptive and Maladaptive Maximization." *Personality and Social Psychology Bulletin* 43, no. 4 (2017): 570–83.

Jarrett, Christian. "'My-Side Bias' Makes It Difficult for Us to See the Logic in Arguments We Disagree With." *BPS Research Digest* (October 9, 2018).

Johnson, Hollyn, and Colleen Seifert. "Sources of the Continued Influence Effect: When Misinformation in Memory Affects Later Inferences." *Journal of Experimental Psychology: Learning, Memory, and Cognition* 20, no. 6 (November 1994): 1420–36.

Johnson-Laird, Philip. "Mental Models and Probabilistic Thinking." *Cognition* 50, no. 1 (June 1994):189–209.

Kahan, Daniel, David Hoffman, Donald Braman, Danieli Evans, and Jeffrey Rachlinski. "They Saw a Protest: Cognitive Illiberalism and the Speech-Conduct Distinction." *Stanford Law Review* 64 (2012): 851–906.

Kahan, Daniel, and Ellen Peters. "Rumors of the 'Nonreplication' of the 'Motivated Numeracy Effect' Are Greatly Exaggerated." Cultural Cognition Project, Working Paper No. 324, 2017.

Kahan, Daniel, Ellen Peters, Erica Dawson, and Paul Slovic. "Motivated Numeracy and Enlightened Self-Government." *Behavioural Public Policy* 1, no. 1 (May 2017): 54–86.

Kahneman, Daniel. "Maps of Bounded Rationality: A Perspective of Intuitive Judgment and Choice." *American Economic Review* 93, no. 5 (December 2003): 1444–75.

Kahneman, Daniel, and Gary Klein. "Conditions for Intuitive Expertise: A Failure to Disagree."

Gilbert, Daniel, Roman Tafarodi, and Patrick Malone. "You Can't Not Believe Everything You Read." *Journal of Personality and Social Psychology* 65, no. 2 (August 1993): 221–33.

Gino, Francesca, Don Moore, and Max Bazerman. "No Harm, No Foul: The Outcome Bias in Ethical Judgments." Harvard Business School NOM Working Paper 08-080, 2009.

Gino, Francesca, and Gary Pisano. "Why Leaders Don't Learn from Success." *Harvard Business Review* 89, no. 4 (April 2011): 68–74.

Godker, Katrin, Peiran Jiao, and Paul Smeets. "Investor Memory." July 2019 draft. www.uibk.ac.at/credence-goods/events/sfb-seminar/documents/sfb_seminar_19_smeets_paper.pdf.

Gollwitzer, Peter, and Paschal Sheeran. "Implementation Intentions and Goal Achievement: A Meta-Analysis of Effects and Processes." *Advances in Experimental Social Psychology* 38 (2006): 69–119.

Guwande, Atul. *The Checklist Manifesto: How to Get Things Right*. New York: Metropolitan Books, 2009.（アトゥール・ガワンデ『アナタはなぜチェックリストを使わないのか？』吉田竜訳、晋遊舎、2011年）

Haidt, Jonathan, and Richard Reeves, eds. *All Minus One: John Stuart Mill's Ideas on Free Speech Illustrated*. New York: Heterodox Academy, 2018.

Hammond, John, Ralph Keeney, and Howard Raiffa. "The Hidden Traps in Decision Making." *Harvard Business Review* 76, no. 5 (September–October 1998): 47–58.

Harford, Tim. "Why Living Experimentally Beats Taking Big Bets." *Financial Times*, February 14, 2019.

Hastorf, Albert, and Hadley Cantril. "They Saw a Game: A Case Study." *Journal of Abnormal and Social Psychology* 49, no. 1 (January 1954): 129–34.

Heath, Chip, and Dan Heath. *Decisive: How to Make Better Choices in Life and Work*. New York: Crown, 2013.（チップ・ハース、ダン・ハース『決定力！　正解を導く4つのプロセス』千葉敏生訳、早川書房、2013年）

Edwards, Kari, and Edward Smith. "A Disconfirmation Bias in the Evaluation of Arguments." *Journal of Personality and Social Psychology* 71, no. 1 (1996): 5–24.

Eskreis-Winkler, Lauren, Katherine Milkman, Dena Gromet, and Angela Duckworth. "A Large-Scale Field Experiment Shows Giving Advice Improves Academic Outcomes for the Advisor." *PNAS* 116, no. 30 (July 23, 2019): 14808–810.

Festinger, Leon. *A Theory of Cognitive Dissonance*. Stanford, CA: Stanford University Press, 1957.（レオン・フェスティンガー『認知的不協和の理論　社会心理学序説』末永俊郎訳、誠信書房、1965年）

Fischhoff, Baruch. "Hindsight Is Not Equal to Foresight: The Effect of Outcome Knowledge on Judgment Under Uncertainty." *Journal of Experimental Psychology: Human Perception and Performance* 1, no. 3 (August 1975): 288–99.

Franz, Timothy, and James Larson. "The Impact of Experts on Information Sharing During Group Discussion." *Small Group Research* 33, no. 4 (August 2002): 383–411.

Frederick, Shane, George Loewenstein, and Ted O'Donoghue. "Time Discounting and Time Preference: A Critical Review." *Journal of Economic Literature* 40, no. 2 (June 2002): 351–401.

Friedman, Jeffrey. *War and Chance: Assessing Uncertainty in International Politics*. New York: Oxford University Press, 2019.

Friedman, Jeffrey, and Richard Zeckhauser. "Handling and Mishandling Estimative Probability: Likelihood, Confidence, and the Search for Bin Laden." *Intelligence and National Security* 30 (2015): 77–99.

Gigerenzer, Gerd, Ulrich Hoffrage, and Heinz Kleinbölting. "Probabilistic Mental Models: A Brunswikian Theory of Confidence." *Psychological Review* 98, no. 4 (1991): 506–28.

Gigone, Daniel, and Reid Hastie. "The Common Knowledge Effect: Information Sharing and Group Judgment." *Journal of Personality and Social Psychology* 65, no. 5 (1993): 959–74.

Gilbert, Daniel. "How Mental Systems Believe." *American Psychologist* 46, no. 2 (February 1991): 107–19.

Chapman, Gretchen, and Eric Johnson. "Anchoring, Activation, and the Construction of Values." *Organizational Behavior and Human Decision Processes* 79, no. 2 (August 1999): 115–53.

Clear, James. *Atomic Habits: An Easy & Proven Way to Build Good Habits & Break Bad Ones*. New York: Avery, 2018.（ジェームズ・クリアー『ジェームズ・クリアー式複利で伸びる1つの習慣』牛原眞弓訳、パンローリング、2019年）

Cochran, Winona, and Abraham Tesser. "The 'What the Hell' Effect: Some Effects of Goal Proximity and Goal Framing on Performance." In *Striving and Feeling: Interactions Among Goals, Affect, and Self-Regulation*, edited by L. Martin and Abraham Tesser. New York: Lawrence Erlbaum Associates, 1996.

Coyle, Daniel. *The Culture Code: The Secrets of Highly Successful Groups*. New York: Bantam, 2018.（ダニエル・コイル『THE CULTURE CODE　最強チームをつくる方法』楠木建監訳、桜田直美訳、かんき出版、2018年）

Cross, K. Patricia. "Not Can, But Will College Teaching Be Improved?" *New Directions for Higher Education* 17 (1977): 1–15.

De Wit, Frank, Lindred Greer, and Karen Jehn. "The Paradox of Intragroup Conflict: A Meta-Analysis." *Journal of Applied Psychology* 92, no. 2 (2012): 360–90.

Dekking, F. M., C. Kraaikamp, H. P. Lopuhaä, and L. E. Meester. *A Modern Introduction to Probability and Statistics: Understanding Why and How*. London: Springer Science & Business Media, 2005.

Dion, Karen, Ellen Berscheid, and Elaine Walster. "What Is Beautiful Is Good." *Journal of Personality and Social Psychology* 24, no. 3 (1972): 285–90.

Duarte, Jose, Jarret Crawford, Charlotta Stern, Jonathan Haidt, Lee Jussim, and Philip Tetlock. "Political Diversity Will Improve Social Psychological Science. *Behavioral and Brain Sciences* 38 (January 2015): 1–58.

Dunning, David. "The Dunning–Kruger Effect: On Being Ignorant of One's Own Ignorance." In *Advances in Experimental Social Psychology*, volume 44. San Diego: Academic Press, 2011.

【その他参考書】

Arbesman, Samuel. *The Half-Life of Facts: Why Everything We Know Has an Expiration Date*. New York: Current, 2012.

Ariely, Dan, and Jeff Kreisler. *Dollars and Sense: How We Misthink Money and How to Spend Smarter*. New York: Harper, 2017.

Ariely, Dan, and Klaus Wertenbroch. "Procrastination, Deadlines, and Performance: Self-Control by Precommitment." *Psychological Science* 13, no. 3 (2002): 219–24.

Arkes, Hal, and Catherine Blumer. "The Psychology of Sunk Cost." *Organizational Behavior and Human Decision Processes* 35, no. 1 (1985): 124–40.

Arvai, Joseph, and Ann Froschauer. "Good Decisions, Bad Decisions: The Interaction of Process and Outcome in Evaluations of Decision Quality." *Journal of Risk Research* 13, no. 7 (October 2010): 845–59.

Asch, Solomon. "Opinions and Social Pressure." *Scientific American* 193, no. 5 (1955): 31–35.

Bar-Eli, Michael, Azar Ofer, Ilana Ritov, Yael Keidar-Levin, and Galin Schein. "Action Bias Among Elite Soccer Goalkeepers: The Case of Penalty Kicks." *Journal of Economic Psychology* 28, no. 5 (October 2007): 606–21.

Baron, Jonathan, and John Hershey. "Outcome Bias in Decision Evaluation." *Journal of Personality and Social Psychology* 54, no. 4 (1988): 569–79.

Browne, Basil. "Going on Tilt: Frequent Poker Players and Control." *Journal of Gambling Behavior* 5, no.1 (March 1989): 3–21.

Burch, E. Earl, and William Henry. "Opportunity Costs: An Experimental Approach." *Accounting Review* 45, no. 2 (1970): 315–21.

Cavojova, Vladimira, Jakub Srol, and Magalena Adamus. "My Point Is Valid, Yours Is Not: Myside Bias in Reasoning About Abortion." *Journal of Cognitive Psychology* 30, no. 7 (2018): 656–69.

NJ: Princeton University Press, 2004.（ジョン・フォン・ノイマン、オスカー・モルゲンシュテルン『ゲームの理論と経済行動（I II III）』銀林浩、橋本和美、宮本敏雄、阿部修一訳、筑摩書房、2009年）

Weinberg, Gabriel, and Lauren McCann. *Super Thinking: The Big Book of Mental Models*. New York: Penguin/Portfolio, 2019.（ガブリエル・ワインバーグ、ローレン・マッキャン『超一流が実践する思考法を世界中から集めて一冊にまとめてみた。』小浜杳訳、ＳＢクリエイティブ、2020年）

Giroux, 1995.（ニコラス・レッシャー『運をつかむ人　運にみはなされる人　宿命をかえる哲学』高坂政枝訳、ＰＨＰ研究所、1999年）

Shermer, Michael. *The Believing Brain: From Ghosts and Gods to Politics and Conspiracies: How We Construct Beliefs and Reinforce Them as Truths*. New York: Times Books, 2011.

Silver, Nate. *The Signal and the Noise: Why So Many Predictions Fail—but Some Don't*. New York: Penguin, 2012.（ネイト・シルバー『シグナル＆ノイズ　天才データアナリストの「予測学」』川添節子訳、日経BP、2013年）

Suroweicki, James. *The Wisdom of Crowds: Why the Many Are Smarter than the Few and How Collective Wisdom Shapes Business, Economies, Societies and Nations*. New York: Random House, 2004.（ジェームズ・スロウィッキー『群衆の智慧』小高尚子訳、KADOKAWA、2014年）

Taleb, Nassim. *Fooled by Randomness: The Hidden Role of Chance in Life and in the Markets*. New York: Random House, 2004.（ナシーム・タレブ『まぐれ　投資家はなぜ、運を実力と勘違いするのか』望月衛訳、ダイヤモンド社、2008年）

Tetlock, Philip. *Expert Political Judgment: How Good Is It? How Much Can We Know?* Princeton, NJ: Princeton University Press, 2005.

Tetlock, Philip, and Dan Gardner. *Superforecasting: The Art and Science of Prediction*. New York: Crown, 2015.（フィリップ・テトロック、ダン・ガードナー『超予測力　不確実な時代の先を読む10カ条』土方奈美訳、早川書房、2016年）

Thaler, Richard. *Misbehaving: The Making of Behavioral Economics*. New York: W. W. Norton & Co., 2015.（リチャード・セイラー『行動経済学の逆襲』遠藤真美訳、早川書房、2016年）

Thaler, Richard, and Cass Sunstein. *Nudge: Improving Decisions About Health, Wealth, and Happiness*. New York: Penguin, 2008.（リチャード・セイラー、キャス・サンスティーン『実践行動経済学』遠藤真美訳、日経BP、2009年）

Tversky, Amos, and Daniel Kahneman. "Judgment Under Uncertainty: Heuristics and Biases." *ONR Technical Report* (August 1973).

Von Neumann, John, and Oskar Morgenstern. *Theory of Games and Economic Behavior*. Princeton,

Mauboussin, Michael. *The Success Equation: Untangling Skill and Luck in Business, Sports, and Investing*. Boston: Harvard Business Review Press, 2012.（マイケル・モーブッシン『偶然と必然の方程式　仕事に役立つデータサイエンス入門』田淵健太訳、日経BP、2013年）

———. *Think Twice: Harnessing the Power of Counterintuition*. Boston: Harvard Business School Publishing, 2009.（マイケル・モーブッサン『まさか!?　自信がある人ほど陥る意思決定8つの罠』関谷英里子訳、ダイヤモンド社、2010年）

Mauboussin, Michael, Dan Callahan, and Darius Majd. "The Base Rate Book: Integrating the Past to Better Anticipate the Future," Credit Suisse Global Financial Strategies, September 26, 2016.

Merton, Robert K., "The Normative Structure of Science," 1942. In *The Sociology of Science: Theoretical and Empirical Investigations*, edited by Norman Storer. Chicago and London: University of Chicago Press, 1973.

Mill, John Stuart. *On Liberty*. London: John W. Parker and Son, 1859.（ジョン・ステュアート・ミル『自由論』塩尻公明、木村健康訳、岩波書店、1971年）

Moore, Don. *Perfectly Confident: How to Calibrate Your Decisions Wisely*. New York: HarperBusiness, 2020.

Page, Scott. *The Model Thinker: What You Need to Know to Make Data Work for You*. New York: Hachette, 2018.

Parrish, Shane. *The Great Mental Models: General Thinking Concepts*. Ottawa, Canada: Latticework, 2020.

Pink, Daniel. *When: The Scientific Secrets of Perfect Timing*. New York: Riverhead, 2018.（ダニエル・ピンク『When 完璧なタイミングを科学する』勝間和代訳、講談社、2018年）

Pinker, Steven. *Enlightenment How: The Case for Reason, Science, Humanism, and Progress*. New York: Viking, 2018.（スティーブン・ピンカー『21世紀の啓蒙：理性、科学、ヒューマニズム、進歩（上下巻）』橘明美、坂田雪子訳、草思社）

Rescher, Nicholas. *Luck: The Brilliant Randomness of Everyday Life*. New York: Farrar Straus &

ん』大貫昌子、江沢洋訳、岩波書店、2009年）

Firestein, Stuart. *Ignorance: How It Drives Science*. New York: Oxford University Press, 2012.（スチュアート・ファイアスタイン『イグノランス　無知こそ科学の原動力』佐倉統、小田文子訳、東京化学同人、2014年）

Gilbert, Daniel. *Stumbling on Happiness*. New York: Alfred A. Knopf, 2006.（ダニエル・ギルバート『明日の幸せを科学する』熊谷淳子訳、ハヤカワ・ノンフィクション文庫、2013年）

Haidt, Jonathan. *The Righteous Mind: Why Good People Are Divided by Politics and Religion*. New York: Pantheon Books, 2012.（ジョナサン・ハイト『社会はなぜ左と右にわかれるのか―対立を超えるための道徳心理学』高橋洋訳、紀伊國屋書店、2014年）

Holmes, Jamie. *Nonsense: The Power of Not Knowing*. New York: Crown, 2015.

Kahneman, Daniel. *Thinking, Fast and Slow*. New York: Farrar, Straus & Giroux, 2011.（ダニエル・カーネマン『ファスト＆スロー　あなたの意思はどのように決まるか？（上下巻）』村井章子訳、早川書房、2014年）

Kahneman, Daniel, and Amos Tversky. "On the Psychology of Prediction." *Psychological Review* 80, no. 4 (July 1973): 237–51.

Levitt, Steven, and Stephen Dubner. *Freakonomics: A Rogue Economist Explores the Hidden Side of Everything*. New York: HarperCollins, 2005.（スティーヴン・レヴィット、スティーヴン・ダブナー『ヤバい経済学［増補改訂版］』望月衛訳、東洋経済新報社、2007年）

Loewenstein, George, Daniel Read, and Roy Baumeister, eds. *Time and Decision: Economic and Psychological Perspectives on Intertemporal Choice*. New York: Russell Sage Foundation, 2003.

Marcus, Gary. *Kluge: The Haphazard Evolution of the Human Mind*. New York: Houghton Mifflin, 2008.（ゲアリー・マーカス『脳はあり合わせの材料から生まれた　それでもヒトの「アタマ」がうまく機能するわけ』鍛原多惠子訳、早川書房、2009年）

Marcus, Gary, and Ernest Davis. *Rebooting AI: Building Artificial Intelligence We Can Trust*. New York: Pantheon, 2019.

【参考文献および推薦図書】

Ariely, Dan. *Predictably Irrational: The Hidden Forces That Shape Our Decisions*. Revised and expanded edition. New York: HarperCollins, 2009.（ダン・アリエリー『予想どおりに不合理：行動経済学が明かす「あなたがそれを選ぶわけ」』熊谷淳子訳、ハヤカワ・ノンフィクション文庫、2013年）

Brockman, John, ed. *Thinking: The New Science of Decision-Making, Problem-Solving, and Prediction*. New York: HarperPerennial, 2013.

Cialdini, Robert. *Influence: The Psychology of Persuasion*. Revised edition. New York: HarperCollins, 2009.（ロバート・チャルディーニ『影響力の正体　説得のカラクリを心理学があばく』岩田佳代子訳、ＳＢクリエイティブ、2013年）

Dalio, Ray. *Principles: Life and Work*. New York: Simon & Schuster, 2017.（レイ・ダリオ『PRINCIPLES（プリンシプルズ）人生と仕事の原則』斎藤聖美訳、日本経済新聞出版、2019年）

Duhigg, Charles. *The Power of Habit: Why We Do What We Do in Life and Business*. New York: Random House, 2012.（チャールズ・デュヒッグ『習慣の力』渡会圭子訳、講談社、2013年）

———. *Smarter Better Faster: The Secrets of Being Productive in Life and Business*. New York: Random House, 2016.（チャールズ・デュヒッグ『あなたの生産性を上げる8つのアイディア』鈴木晶訳、講談社、2017年）

Ellenberg, Jordan. *How Not to Be Wrong: The Power of Mathematical Thinking*. New York: Penguin, 2014.（ジョーダン・エレンバーグ『データを正しく見るための数学的思考　数学の言葉で世界を見る』松浦俊輔訳、日経BP、2015年）

Epstein, David. *Range: Why Generalists Triumph in a Specialized World*. New York: Riverhead, 2019.（デイビッド・エプスタイン『RANGE（レンジ）知識の「幅」が最強の武器になる』東方雅美訳、日経BP、2020年）

Feynman, Richard. “Cargo Cult Science.” *Engineering and Science* 37, no. 7 (June 1974): 10–13.

———. *The Pleasure of Finding Things Out: The Best Short Works of Richard P. Feynman*. New York: Perseus Publishing, 1999.（リチャード・ファインマン『聞かせてよ、ファインマンさ

手早く形にする [p. 355]

ハーバード大学のリチャード・ゼックハウザー教授は、グループのメンバーに各自の意見を書かせ、それを新入りから順に読み上げさせるという手法をよく使う。

話は、最初にゴム手袋を使用した先駆的外科医のひとり、バークレー・モイニハンの（センメルヴェイス医師の死後およそ40年後の）記述を参照。イグナーツ・センメルヴェイス医師の生死に関する詳細は以下も参照した。Codell Carter and Barbara Carter, *Childbed Fever: A Scientific Biography of Ignaz Semmelweis* (Livingston, NJ: Transaction Publishers, 2005), 78; Duane Funk, Joseph Parrillo, and Anand Kumar, "Sepsis and Septic Shock: A History," *Critical Care Clinics* 25 (2009): 83–101.

アッシュの実験 [pp. 334–335]

Solomon Asch, "Opinions and Social Pressure," *Scientific American* 193, no. 5 (November 1955): 31–35.

ジョン・ステュアート・ミル [p. 339]

ジョン・ステュアート・ミルの『自由論』は、個人の権利や権力と自由の関係について書かれたもっとも影響力のある著作のひとつであるだけでなく、意思決定に関する強力で永続的な概念を示している。第2章「思想及び言論の自由について」は、ジョナサン・ハイトとリチャード・リーヴスの手で見事に要約され、イラストブックとして刊行されている（イラストはデイヴ・シクレリ）。*All Minus One: John Stuart Mill's Ideas on Free Speech Illustrated* (New York: Heterodox Academy, 2018). (heterodoxacademy.org/mill/.にてPDFのフリーダウンロードが可能)

スタッサーとタイタスの実験 [pp. 347–349]

Garold Stasser and William Titus, "Pooling of Unshared Information in Group Decision Making: Biased Information Sampling During Discussion," *Journal of Personality and Social Psychology* 48, no. 6 (1985): 1467–78.

レヴィー、ヤードリー、ゼックハウザーの実験 [p. 350]

Dan Levy, Joshua Yardley, and Richard Zeckhauser, "Getting an Honest Answer: Clickers in the Classroom," *Journal of the Scholarship of Teaching and Learning* 17, no. 4 (October 2017): 104–25.

内容領域専門家の限界と確認 [pp. 351–355]

フィリップ・テトロックは、グループ決定における専門家の役割を含め、意思決定全般における専門家の役割について幅広く執筆している。Philip Tetlock and Dan Gardner, *Superforecasting: The Art and Science of Prediction* (New York: Crown, 2015)（フィリップ・テトロック、ダン・ガードナー『超予測力　不確実な時代の先を読む10カ条』土方奈美訳、早川書房、2016年）Philip Tetlock, *Expert Political Judgment: How Good Is It? How Much Can We Know?* (Princeton, NJ: Princeton University Press, 2005).

バックキャスト：プレパレード [p. 293]

Chip Heath and Dan Heath, *Decisive: How to Make Better Choices in Life and Work* (New York: Crown, 2013).

ドクター・イーブル・ゲーム [p. 305]

このゲームはもともとダン・イーガンが提案してくれたもので、彼はこれを「ダミアン・ゲーム」と呼んでいた。私はこれに「第三者は個人の判断を悪いものだと見抜けない」という制約を付け加えた。

ダース・ベイダーの管理法 [p. 326–327]

引用の台詞は、ジョージ・ルーカス『スター・ウォーズ　エピソードⅣ——新たなる希望』脚本改訂第四稿（1976年1月15日）より。www.imsdb.com/scripts/Star-Wars-A-New-Hope.html.

フォースダウンでのドクター・イーブル [p. 328]

Andrew Beaton and Ben Cohen, "Football Coaches Are Still Flunking on Fourth Down," *Wall Street Journal*, September 16, 2019, www.wsj.com/articles/football-coaches-are-still-flunking-their-tests-on-fourth-down-11568642372; Dan Bernstein, "Revolution or Convention—Analyzing NFL Coaches' Fourth-Down Decisions in 2018," *Sporting News*, January 17, 2019, www.sportingnews.com/us/nfl/news/revolution-or-convention-analyzing-nfl-coaches-fourth-down-decisions-in-2018/1kyyi026urad31qwvitnbz2rnc; Adam Kilgore, "On Fourth Down, NFL Coaches Aren't Getting Bolder. They're Getting Smarter," *Washington Post*, October 8, 2018, www.washingtonpost.com/sports/2018/10/09/fourth-down-nfl-coaches-arent-getting-bolder-theyre-getting-smarter/; NYT 4th Down Bot, "Fourth Down: When to Go for It and Why," *New York Times*, September 5, 2014, www.nytimes.com/2014/09/05/upshot/4th-down-when-to-go-for-it-and-why.html; Ty Schalter, "NFL Coaches Are Finally Getting More Aggressive on Fourth Down," FiveThirtyEight.com, November 14, 2019, fivethirtyeight.com/features/nfl-coaches-are-finally-getting-more-aggressive-on-fourth-down/.

第9章　健康的な決断

センメルヴェイス医師とヴィクトリア朝の医学 [p. 330]

Lindsey Fitzharris, *The Butchering Art: Joseph Lister's Quest to Transform the Grisly World of Victorian Medicine* (New York: Scientific American/Farrar, Straus and Giroux, 2017), 46. 汚れた手術着の

ノーマン・ヴィンセント・ピール [p. 278]
アイゼンハワー、ニクソン、トランプとピールとの関係はウィキペディアをはじめ広く文書化されている。en.wikipedia.org/wiki/Norman_Vincent_Peale. Peale officiated at Trump's first wedding, as well as the wedding of David Eisenhower (President Eisenhower's only grandson) and Julie Nixon (one of President Nixon's daughters). Charlotte Curtis, "When It's Mr. and Mrs. Eisenhower, the First Dance Will be 'Edelweiss,'" *New York Times*, December 14, 1968, timesmachine.nytimes.com/timesmachine/1968/12/14/76917375.html?pageNumber=58; Andrew Glass, "Julie Nixon Weds David Eisenhower, Dec. 22, 1968," Politico.com, December 22, 2016, www.politico.com/story/2016/12/julie-nixon-weds-david-eisenhower-dec-22-1968-232824; Paul Schwartzman, "How Trump Got Religion—and Why His Legendary Minister's Son Now Rejects Him," *Washington Post*, January 21, 2016, www.washingtonpost.com/lifestyle/how-trump-got-religion—and-why-his-legendary-ministers-son-now-rejects-him/2016/01/21/37bae16e-bb02-11e5-829c-26ffb874a18d_story.html; Curtis Sitomer, "Preacher's Preacher Most Enjoys Helping People One-to-One," *Christian Science Monitor*, May 25, 1984, www.csmonitor.com/1984/0525/052516.html.

メンタルコントラスティング [p. 280–282]
Gabriele Oettingen, *Rethinking Positive Thinking: Inside the New Science of Motivation* (New York: Current, 2014)（ガブリエル・エッティンゲン『成功するにはポジティブ思考を捨てなさい――願望を実行計画に変えるＷＯＯＰの法則』大田直子訳、講談社、2015年）を参照。; Gabriele Oettingen and Peter Gollwitzer, "Strategies of Setting and Implementing Goals," in *Social Psychological Foundations of Clinical Psychology*, edited by J. Maddox and J. Tangney (New York: Guilford Press, 2010).

プレモータム [p. 286–293]
ゲイリー・クラインのアイディアは、私がプレモータムに取り組む大きなきっかけになった。Gary Klein, "Performing a Project Premortem," *Harvard Business Review* 85, no.9 (September 2007): 18–19; and Gary Klein, Paul Sonkin, and Paul Johnson, "Rendering a Powerful Tool Flaccid: The Misuse of Premortems on Wall Street," February 2019 draft, capitalallocatorspodcast.com/wp-content/uploads/Klein-Sonkin-and-Johnson-2019-The-Misuse-of-Premortems-on-Wall-Street.pdf.

メンタルタイムトラベルとメンタルコントラスティングを合わせる効果 [p. 291]
失敗の理由が30％増しで理解できるようになるという研究結果は以下を参照。Deborah Mitchell, J. Edward Russo, and Nancy Pennington, "Back to the Future: Temporal Perspective in the Explanation of Events," *Journal of Behavioral Decision Making* 2, no. 1 (January 1989): 25–38.

『ビーバーちゃん』[p. 260]
Leave It to Beaver, "The Haircut," October 25, 1957 (original U.S. air date), written by Bill Manhoff, IMDb.com, www.imdb.com/title/tt0630303/.を参照。

『ターミネーター』[p. 269]
ジェームズ・キャメロン監督『ターミネーター』（ロサンゼルス、オライオン・ピクチャーズ、1984年）、脚本ジェームズ・キャメロン、ゲイル・アン・ハード。

満足化vs最大化 [p. 271]
満足化と最大化に関する研究論文、および満足化と最大化の実際の重要性を説いた文献は以下の通り。Kate Horowitz, "Why Making Decisions Stresses Some People Out," MentalFloss.com, February 27, 2018 (which described recent research by Jeffrey Hughes and Abigail Scholer, "When Wanting the Best Goes Right or Wrong: Distinguishing Between Adaptive and Maladaptive Maximization," *Personality and Social Psychology Bulletin* 4, no. 43 (February 8, 2017): 570–83), http://mentalfloss.com/article/92651/why-making-decisions-stresses-some-people-out; Olga Khazan, "The Power of 'Good Enough,'" TheAtlantic.com, March 10, 2015, www.theatlantic.com/health/archive/2015/03/the-power-of-good-enough/387388/; Mike Sturm, "Satisficing: A Way Out of the Miserable Mindset of Maximizing," Medium.com, March 28, 2018, medium.com/@MikeSturm/satisficing-how-to-avoid-the-pitfalls-of-the-maximizer-mindset-b092fe4497af; and Clare Thorpe, "A Guide to Overcoming FOBO, the Fear of Better Options," Medium.com, November 19, 2018, medium.com/s/story/a-guide-to-overcoming-fobo-the-fear-of-better-options-9a3f4655bfae.

第8章　ネガティブもときには必要

新年の抱負を守る [p. 277]
Ashley, Moor, "This Is How Many People Actually Stick to Their New Year's Resolutions," December 4, 2018, www.msn.com/en-us/health/wellness/this-is-how-many-people-actually-stick-to-their-new-year-e2-80-99s-resolutions/ar-BBQv644.

行動ギャップ [p. 277–278]
Carl Richards, *The Behavior Gap: Simple Ways to Stop Doing Dumb Things with Money* (New York: Portfolio, 2012).

フリーロール [p. 232]
ウィキペディアによると、「フリーロール」というギャンブル用語は、1950年代初頭、ラスベガスのホテルで宿泊客がチェックインする際にスロット用の5セントを無料で渡していたことに由来するという。

決断がむずかしければ、それは簡単だということ [p. 242]
類似の、影響力の大きい選択肢に関するこのコンセプトについては、エイブラハム・ワイナーが例のランチの最中に見事な提案を授けてくれた。

オンリー・オプション・テスト [p. 245]
このコンセプトはコーエン・スメッツの以下の記事を参照。"More Indifference: Why Strong Preferences and Opinions Are Not (Always) for Us," Medium.com, May 3, 2019, medium.com/@koenfucius/more-indifference-cdb2b1f9d953?sk=f9cb494adfb86451696b3742f140e901.

大学生の編入 [p. 253]
National Student Clearinghouse Research Center, "Transfer & Mobility—2015," July 6, 2015, nscresearchcenter.org/signaturereport9/; Valerie Strauss, "Why So Many College Students Decide to Transfer," *Washington Post*, January 29, 2017, www.washingtonpost.com/news/answer-sheet/wp/2017/01/29/why-so-many-college-students-decide-to-transfer/.

取り返しのつく決断 [p. 254]
ジェフ・ベゾス「株主への書簡」アマゾン・ドット・コム2016年年次報告 www.sec.gov/Archives/edgar/data/1018724/000119312516530910/d168744dex991.htm; Richard Branson, "Two-Way Door Decisions," Virgin.com, February 26, 2018, www.virgin.com/richard-branson/two-way-door-decisions.

アイヴァン・ボウスキーの伝説 [p. 255–256]
アイヴァン・ボウスキーが「Tavern on the Green」で全メニューを注文したというこの極端な話を紹介したのは、複数の選択肢を同時に選ぶというコンセプトを説明するためだ。一般に紹介されているこの逸話は以下を参照のこと。"legend," something that "reportedly" happened. Myles Meserve, "Meet Ivan Boesky, the Infamous Wall Streeter Who Inspired Gordon Gekko," *Business Insider*, July 26, 2012, www.businessinsider.com/meet-ivan-boesky-the-infamous-wall-streeter-who-inspired-gordon-gecko-2012-7; Nicholas Spangler and Esther Davidowitz, "Seema Boesky's Rich Afterlife," *Westchester Magazine*, November 2010, www.westchestermagazine.com/Westchester-Magazine/November-2010/Seema-Boesky-rsquos-Rich-Afterlife/.

Kyle Hoffman, "41 New Fitness & Gym Membership Statistics for 2020 (Infographic)," NoobGains.com, August 28, 2019, htnoobgains.com/gym-membership-statistics/.

天候と気質 [p. 218]

David Schkade and Daniel Kahneman, "Does Living in California Make People Happy? A Focusing Illusion in Judgments of Life Satisfaction," *Psychological Science* 9, no. 5 (September 1998): 340–46.

第7章　意思決定の時間を賢く使う

食事、視聴番組、着るものを選ぶのにかかる時間 [p. 222]

食事：平均的なアメリカ人カップルが何を食べるか決めるのにかける時間は年間132時間。SWNS, "American Couples Spend 5.5 Days a Year Deciding What to Eat," NewYorkPost.com, November 17, 2017, nypost.com/2017/11/17/american-couples-spend-5-5-days-a-year-deciding-what-to-eat/.

ネットフリックスでの視聴：ネットフリックス・ユーザーは何を視聴するか決めるのに1日平均18分費やす。Russell Goldman and Corey Gilmore, "New Study Reveals We Spend 18 Minutes Every Day Deciding What to Stream on Netflix," Indiewire.com, July 21, 2016, www.indiewire.com/2016/07/netflix-decide-watch-studies-1201708634/.

着るもの：2491人の女性を対象にした世論調査で、何を着るか決めるのにかかる時間は平日の朝で平均16分、週末の朝は14分であることが判明した。Tracey Lomrantz Lester, "How Much Time Do You Spend Deciding What to Wear? (You'll Never Believe What's Average!)," Glamour.com, July 13, 2009, www.glamour.com/story/how-much-time-do-you-spend-dec.

世界をつつく [p. 225]

ティム・ハーフォードによるこの素晴らしい批評は「ファイナンシャル・タイムズ」で見つけた。"Why Living Experimentally Beats Taking Big Bets," www.ft.com/content/c60866c6-3039-11e9-ba00-0251022932c8, この記事は、拙著『確率思考』が、「すべての賭けが大事なわけではない」ということを十分に強調しきれていなかった点を指摘している。多くの決断は、情報収集のための小さな、影響力の低い賭け（ポーカーでいうプローブベット）である。ハーフォードが言うように、情報を収集するための決断には多くの実験が必要であり、本書ではその点を強調している。

"They Saw a Protest: Cognitive Illiberalism and the Speech-Conduct Distinction," *Stanford Law Review* 64 (2012): 851–906; and Daniel Kahan, Ellen Peters, Erica Dawson, and Paul Slovic, "Motivated Numeracy and Enlightened Self-Government," *Behavioural Public Policy* 1, no. 1 (May 2017), 54–86.

また、「マイサイド・バイアス」(「バイアスの盲点」)に関する影響力のある研究には以下も含まれる。Richard West, Russell Meserve, and Keith Stanovich, "Cognitive Sophistication Does Not Attenuate the Bias Blind Spot," *Journal of Personality and Social Psychology* 103, no. 3 (September 2002), 506–19; Keith Stanovich and Richard West, "On the Failure of Cognitive Ability to Predict Myside and One-Sided Thinking Biases," *Thinking & Reasoning* 14, no. 2 (2008): 129–67; and Vladimira Cavojova, Jakub Srol, and Magalena Adamus, "My Point Is Valid, Yours Is Not: Myside Bias in Reasoning About Abortion," *Journal of Cognitive Psychology* 30, no. 7 (2018): 656–69. An instructive article on myside bias, which brought the work of Cavojova and colleagues (along with other recent research) to my attention is from Christian Jarrett, "'My-side Bias' Makes It Difficult for Us to See the Logic in Arguments We Disagree With," *BPS Research Digest*, October 9, 2018, digest.bps.org.uk/2018/10/09/my-side-bias-makes-it-difficult-for-us-to-see-the-logic-in-arguments-we-disagree-with/.

基準率の実例 [p. 203]

結婚と離婚：Casey Copen, Kimberly Daniels, Jonathan Vespa, and William Mosher, "First Marriages in the United States: Data from the 2006–2010 National Survey of Family Growth," National Health Statistics Reports, March 22, 2012.

心臓疾患による死亡率：Centers for Disease Control, National Center for Health Statistics, National Health Statistics Reports, Number 49, March 22, 2012, www.cdc.gov/nchs/data/nhsr/nhsr049.pdf.

心臓疾患による死亡率：Centers for Disease Control, Heart Disease Facts, www.cdc.gov/heartdisease/facts.htm.

大都市の人口：U.S. Census, census.gov/popclock.

高校卒業後そのまま大学へ進学する学生：NCHEMS Information Center for Higher Education Policymaking and Analysis, 2016, www.higheredinfo.org/dbrowser/?year=2016&level=nation&mode=graph&state=0&submeasure=63.

レストランの倒産：Rory Crawford, "Restaurant Profitability and Failure Rates: What You Need to Know," FoodNewsFeed.com, April 2019, www.foodnewsfeed.com/fsr/expert-insights/restaurant-profitability-and-failure-rates-what-you-need-know.

ジム会員に関する基準率 [p. 205]

Zachary Crockett, "Are Gym Memberships Worth the Money?," TheHustle.co, January 5, 2019, thehustle.co/gym-membership-cost.

不正確さがもたらす負担 [p. 181]

関連する基準の説明は以下を参照。Damon Fleming and Gerald Whittenburg, "Accounting for Uncertainty," *Journal of Accountancy*, September 30, 2007, www.journalofaccountancy.com/issues/2007/oct/accountingforuncertainty.html. The ranges for the different terms comes from a summary in "Tax Opinion Practice—Confidence Levels for Written Tax Advice," June 12, 2014, taxassociate.wordpress.com/2014/06/12/tax-opinion-practice/. I'm indebted to Ed Lewis for bringing this practice among tax attorneys to my attention.

第6章　決断を外から見る

内の視点に仕える正負リスト [p. 194]

Chip Heath and Dan Heath, in *Decisive: How to Make Better Choices in Life and Work* (New York: Crown, 2013)。この本では正負リストの歴史を詳細に説明し、意思決定におけるバイアスに立ち向かえないなど、その欠陥を分析している。

平均以上効果の実例 [p. 198]

平均より優れた教師たち：K. Patricia Cross, "Not Can, But *Will* College Teaching Be Improved?," *New Directions for Higher Education* 17 (1977): 1–15.

平均より優れたドライバー：Ola Svenson, "Are We All Less Risky and More Skillful than Our Fellow Drivers?," *Acta Psychologica* 47, (1981): 143–48.

平均以上のソーシャルスキル：College Board, Student Descriptive Questionnaire, 1976–1977, Princeton, NJ: Educational Testing Service.

平均以上の責任感と判断力：Emily Stark and Daniel Sachau, "Lake Wobegon's Guns: Overestimating Our Gun-Related Competences," *Journal of Social and Political Psychology* 4, no. 1 (2016): 8–23. スタークとザハウは、平均以上効果に関する多数の追加情報とともに、これらの実例や出典を引用している。

真実のあるところ [p. 200]

この図はマイケル・モーブッシンも使用しており、以下の報告書に登場する。Michael Mauboussin, Dan Callahan, and Darius Majd, "The Base Rate Book: Integrating the Past to Better Anticipate the Future," Credit Suisse Global Financial Strategies, September 26, 2016.

賢い人の判断が鈍るわけ [p. 201]

この「進んで予測する」ことに関する実質的な研究はダニエル・カハーンらによっておこなわれた。Daniel Kahan, David Hoffman, Donald Braman, Danieli Evans, and Jeffrey Rachlinski,

バイソンを馬鹿にするな [p. 110]

2018年7月31日の夕方、イエローストーン国立公園の道路で男がバイソンを挑発したこの出来事は大きく報道された。写真は『ＵＳＡトゥデイ』に掲載されたもの。David Strege, "Yellowstone Tourist Foolishly Taunts Bison, Avoids Serious Injury," USAToday.com, August 2, 2018, ftw.usatoday.com/2018/08/yellowstone-tourist-foolishly-taunts-bison-avoids-serious-injury. A video of the bison on the road appears on CNN.com, "Man Taunts Charging Bison," August 3, 2018, www.cnn.com/videos/us/2018/08/03/man-taunts-bison-yellowstone-national-park-hln-vpx.hln.

弓の射手の心構え [p. 127]

射手の心構えという隠喩は、ポッドキャストの番組でピーター・アティア医師が語っていた、アーチェリーに対する情熱にインスパイアされた。peterattiamd.com/podcast/.

可能性を表す単語と等価性 [p. 131]

モーブッシンの調査に関する論文は以下を参照。Andrew Mauboussin and Michael Mauboussin, "If You Say Something Is 'Likely,' How Likely Do People Think It Is?," *Harvard Business Review*, HBR.org, July 3, 2018, hbr.org/2018/07/if-you-say-something-is-likely-how-likely-do-people-think-it-is, as well as https://probabilitysurvey.com.

牛の推測 [p. 148]

雄牛の体重を推測するフランシス・ガルトンの実験に関する説明は、ジェームズ・スロウィッキーの『群衆の智慧』（小高尚子訳、KADOKAWA、2014年）で紹介されている。ＮＰＲの「プラネット・マネー・ポッドキャスト」はオンラインで類似の実験をおこなった。Jacob Goldstein, "How Much Does This Cow Weigh?," NPR.org, July 17, 2015, www.npr.org/sections/money/2015/07/17/422881071/how-much-does-this-cow-weigh; Quoctrung Bui, "17,205 People Guessed the Weight of a Cow. This Is How They Did," NPR.org, August 7, 2015, www.npr.org/sections/money/2015/08/07/429720443/17-205-people-guessed-the-weight-of-a-cow-heres-how-they-did. The picture of Penelope and the graph appeared in the August 7 article.

第5章　正確性の力

ショック・テスト [p. 168]

いつかのランチでこのアイディアを提案してくれたエイブラハム・ワイナーに感謝する。彼はこのほかにも多くのアイディアを本書に提供してくれた。

クリントン対トランプ：先知恵と後知恵における世論調査ミス [pp. 79–82]

2016年の大統領選の投票数と獲得した選挙人の数は以下を参照。Wikipedia, en.wikipedia.org/wiki/2016_United_States_presidential_election.

クリントンの敗北は選挙キャンペーンの優先順位を間違った（フロリダ、ノースカロライナ、ニューハンプシャーを優先し、ペンシルヴェニア、ミシガン、ウィスコンシンにリソースを割かなかった）せいだとした選挙後の記事の見出しは以下を参照。Ronald Brownstein, "How the Rustbelt Paved Trump's Road to Victory," *The Atlantic*, November 10, 2016, www.theatlantic.com/politics/archive/2016/11/trumps-road-to-victory/507203/; Sam Stein, "The Clinton Campaign Was Undone by Its Own Neglect and a Touch of Arrogance, Staffers Say," *Huffington Post*, November 16, 2016, www.huffpost.com/entry/clinton-campaign-neglect_n_582cacb0e4b058ce7aa8b861; Jeremy Stahl, "Report: Neglect and Poor Strategy Cost Clinton Three Critical States," *Slate*, November 17, 2016, slate.com/news-and-politics/2016/11/report-neglect-and-poor-strategy-helped-cost-clinton-three-critical-states.html.

クリントンではなく、トランプの選挙運動の優先順位に疑問を呈した記事の見出しは以下を参照。Philip Bump, "Why Was Donald Trump Campaigning in Johnstown, Pennsylvania?," *Washington Post*, October 22, 2016, www.washingtonpost.com/news/the-fix/wp/2016/10/22/why-was-donald-trump-campaigning-in-johnstown-pennsylvania/?utm_term=.90a4eb293e1f; John Cassidy, "Why Is Donald Trump in Michigan and Wisconsin?," *New Yorker*, October 31, 2016, www.newyorker.com/news/john-cassidy/why-is-donald-trump-in-michigan-and-wisconsin.

各州の投票数に関する情報は以下のサイトを参照。FiveThirtyEight.com.

第3章　決断によって生まれる無限の可能性

高い城の男 [p. 105]

アマゾン・スタジオのシリーズ『高い城の男』のあらすじは以下を参照。Wikipedia, IMDB.com, and Amazon.com. また次も参照。Philip K. Dick, *The Man in the High Castle* (New York: Putnam, 1962).

第4章　「好み」「見返り」「確率」がモノを言う

意思決定の予測：テトロックとメラーズ

確率の推測と予測の改善に焦点を当てた第4章から第6章は、フィリップ・テトロックとバーバラ・メラーズの調査をもとに構成されている。意思決定の予測に関連する主題を深く掘り下げるには、彼らの調査結果は必読である。

【注】

第1章　結果主義

決断と結果の関係をチャートにする [p. 36]

ミッチ・モース "Thinking in Bets: Book Review and Thoughts on the Interaction of Uncertainty and Politics," Medium.com, December 9, 2018を参照。J・エドワード・ルッソ、ポール・ショーメーカー『*Winning Decisions: Getting It Right the First Time*』(New York: Doubleday, 2002)も参照。

『スター・ウォーズ』と結果主義 [p. 52]

『スター・ウォーズ』1作目の製作費、2020年1月17日現在の興行収入、フランチャイズ収入は以下を参照。"Box Office History for Star Wars Movies," www.the-numbers.com/movies/franchise/Star-Wars#tab=summary. The details of Disney's 2012 acquisition of the franchise came from the press release announcing the transaction, reported by Steve Kovach, "Disney Buys Lucasfilm for $4 Billion," October 30, 2012, *Business Insider*, www.businessinsider.com/disney-buys-lucasfilm-for-4-billion-2012-10.

Innumerable retellings of the history of *Star Wars* include its initial rejection by United Artists, along with other studios passing on the project, including Universal and Disney. The Syfy Wire version is from Evan Hoovler, "Back to the Future Day: 6 Films That Were Initially Rejected by Studios," Syfy Wire, July 3, 2017, www.syfy.com/syfywire/back-to-the-future-day-6-hit-films-that-were-initially-rejected-by-studios. The quote from George Lucas about the film's history appeared in Kirsten Acuna, "George Lucas Recounts How Studios Turned Down 'Star Wars' in Classic Interview," *Business Insider*, February 6, 2014, www.businessinsider.com/george-lucas-interview-recalls-studios-that-turned-down-movie-star-wars-2014-2.

"Nobody knows anything" is from William Goldman, *Adventures in the Screen Trade: A Personal View of Hollywood and Screenwriting* (New York: Warner Books, 1983).

第2章　後知恵バイアス

後知恵バイアスの別名 [p. 61]

Neal Roese and Kathleen Vohs, "Hindsight Bias," *Perspectives on Psychological Science* 7, no. 5 (2012): 411–26参照。

This edition published by arrangement with Portfolio,
an imprint of Penguin Publishing Group,
a division of Penguin Random House LLC, through Tuttle-Mori Agency, Inc., Tokyo

✣ 著者紹介

アニー・デューク（Annie Duke）

作家、コーポレートスピーカー、意思決定に関するコンサルタント。

米国科学財団（NSF）から奨学金を得てペンシルヴェニア大学で認知心理学を専攻し、修士号取得。

認知心理学の知識をもとにプロのポーカープレーヤーとして活躍し、2012年の引退までにポーカーの大会で400万ドル以上の賞金を獲得。共同設立した非営利団体「Alliance for Decision Education」は、意思決定に関する教育を通じて生徒や学生を支援し、彼らの生活を向上させることを使命としている。このほかにも「National Board of After-School All-Stars」のメンバーや、「Franklin Institute」の役員を務め、2020年には「Renew Democracy Initiative」の一員となる。

自著『確率思考――不確かな未来から利益を生みだす』（日経BP、2018年）が全米ベストセラーになる。

✣ 訳者紹介

片桐恵理子（かたぎり・えりこ）

英語翻訳者。愛知県立大学日本文化学科卒。主な訳書にマイケル・グラント著『〈GONE ゴーン〉シリーズ』（ハーパーコリンズ・ジャパン）、エレイン・N・アーロン著『敏感すぎる私の活かし方』、ナディン・バーク・ハリス著『小児期トラウマと闘うツール』（ともにパンローリング）、アナスタシア・エドワーズ著『ビスケットとクッキーの歴史物語』（原書房）などがある。

How to Decide
誰もが学べる決断の技法

2021年7月20日　初版印刷
2021年7月30日　初版発行

著　者　アニー・デューク
訳　者　片桐恵理子
発行人　植木宣隆
発行所　株式会社 サンマーク出版
東京都新宿区高田馬場2-16-11
(電)03-5272-3166
印　刷　中央精版印刷株式会社
製　本　株式会社村上製本所

ISBN978-4-7631-3898-9　C0030
ホームページ　https://www.sunmark.co.jp

サンマーク出版の翻訳書

不可能を可能にせよ！

NETFLIX 成功の流儀

マーク・ランドルフ【著】／月谷真紀【訳】

四六判並製　定価＝本体 2000 円＋税

「絶対、うまくいかない」と誰もが言った。
サブスクの王者
NETFLIXのすべてを明かした圧巻の実話！

第 1 章　ひらめきなんか信じるな
第 2 章　「絶対うまくいかないわ」
第 3 章　人生一番のリスクはリスクをとらないこと
第 4 章　型破りな仲間を集める
第 5 章　どうやって資金調達をするか？
第 6 章　いよいよ会社が立ち上がる
第 7 章　こうして社名は決まった
第 8 章　準備完了
第 9 章　ある日のオフィス
第 10 章　ハルシオン・デイズ
第 11 章　ビル・クリントンにちょっと一言
第 12 章　「君を信頼できなくなっている」
第 13 章　山を越えて
第 14 章　先のことは誰にもわからない
第 15 章　成功の中で溺れる
第 16 章　激突
第 17 章　緊縮策
第 18 章　株式公開
エピローグ　ランドルフ家の成功訓

電子版は Kindle、楽天〈kobo〉等で購読できます。